MBA

工商管理硕士（MBA）
教学案例分析研究

雷振华　李玉琼　刘保平　李冬生 ◎ 著

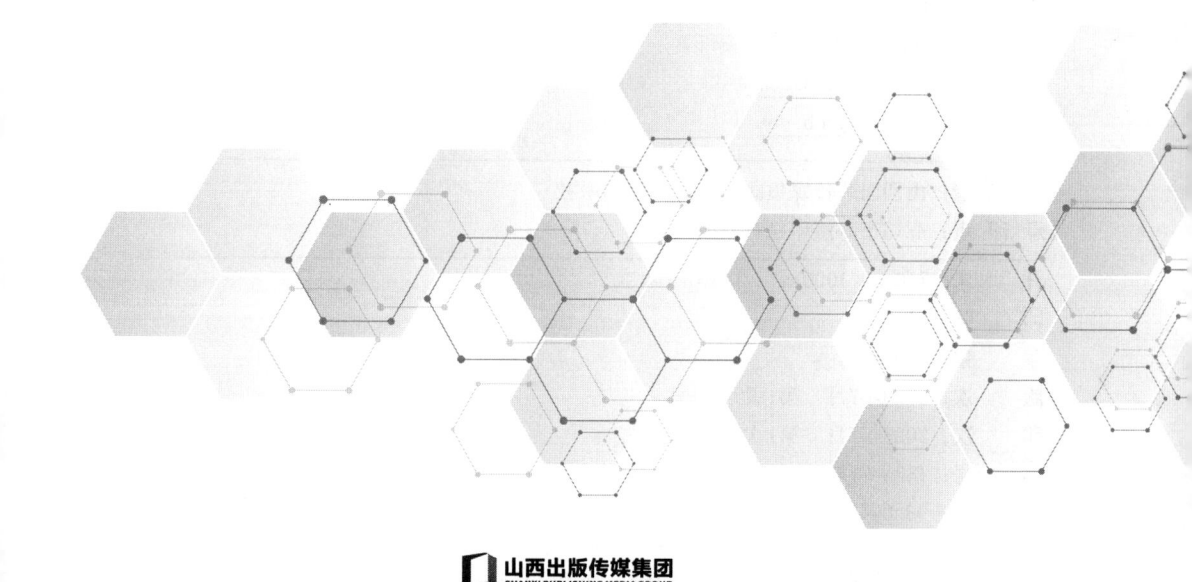

山西出版传媒集团
山西经济出版社

图书在版编目（CIP）数据

工商管理硕士（MBA）教学案例分析研究 / 雷振华等著. —太原：山西经济出版社，2023.7
ISBN 978-7-5577-1162-7

Ⅰ．①工… Ⅱ．①雷… Ⅲ．①工商行政管理－研究生－教案(教育)－研究 Ⅳ．①F203.9

中国国家版本馆CIP数据核字（2023）第130148号

工商管理硕士（MBA）教学案例分析研究

著　　者：	雷振华　李玉琼　刘保平　李冬生
责任编辑：	郭正卿
装帧设计：	中北传媒
出 版 者：	山西出版传媒集团·山西经济出版社
地　　址：	太原市建设南路21号
邮　　编：	030012
电　　话：	0351-4922133（市场部）
	0351-4922085（总编部）
E-mail：	scb@sxjjcb.com
	zbs@sxjjcb.com
经 销 者：	山西出版传媒集团·山西经济出版社
承　印　者：	廊坊市海涛印刷有限公司
开　　本：	710mm×1000mm　1/16
印　　张：	21.25
字　　数：	300千字
版　　次：	2023年7月　第1版
印　　次：	2023年7月　第1次印刷
书　　号：	ISBN 978-7-5577-1162-7
定　　价：	98.00元

版权所有，翻印必究；如有印装问题，负责调换

前　言

1990年，国务院学位办正式批准设立MBA学位并试办MBA教育。MBA教育以案例教学为特色，为了促进MBA案例教学融入课堂，提高MBA学生解决实际问题的能力，全国MBA教育指导委员会及各省、直辖市教育行政部门积极推动MBA案例比赛，构建了全国MBA精英赛及省级MBA企业案例比赛共存的局面，形成了"以赛促学"的浓厚氛围，MBA各项案例比赛成果丰硕。

湖南省高校MBA企业案例大赛旨在深入贯彻落实教育部、国家发改委、财政部发布的《关于加快新时代研究生教育改革发展的意见》，指出要加快MBA学科学位点建设，进一步提升MBA研究生创新和专业实践能力，不断提高研究生培养质量。截至2022年，湖南省人民政府学位委员会办公室已主办七届MBA企业案例比赛。南华大学作为全国第八批MBA培养高校，积极组织学生参加比赛，与全省其他MBA高校同台竞技，荣获冠军1项，一等奖3项，二等奖3项，三等奖3项，最佳风采奖4人，最佳优秀指导老师奖5人。为了全面总结南华大学参加湖南省高校MBA企业案例比赛的经验，更好地服务于MBA案例教学，本MBA教学案例分析研究汇集2017年至2022年南华大学各代表队的研究报告共10篇，均为获奖案例分析研究报告，案例教学分析研究选取了高顿教育、华新水泥、永辉超市、古阳河茶业等公司素材，从理论基础、案例公司现状、案例问题分析、案例对策研究及案例启示等方面对案例进行全面研究，内容涉及战略管理、营销管理、财务管理、运营管理及人力资源管理等方面，理论体系全面，案例分析框架完整，解决问题思路清晰。案例教学分析报告既是MBA学生汗水与智慧的结晶，也是指导老师辛勤劳动的研究结果。

MBA教学案例分析研究不仅可以作为MBA学生、工商管理专业其他研究生进行案例分析的指南，也可以作为企业管理人员进行案例分析的重要参考。

目 录

第一章　业绩倍增目标下华新水泥"一体两翼"战略研究 …… **001**

　　一、追根溯源·理论方法篇 …………………………………… 001

　　二、行稳致远·公司现状篇 …………………………………… 003

　　三、行成于思·环境分析篇 …………………………………… 011

　　四、挥斥方遒·战略构建篇 …………………………………… 020

　　五、金戈铁马·保障措施篇 …………………………………… 029

　　六、高瞻远瞩·总结展望篇 …………………………………… 033

第二章　高质量发展理念下永辉超市经营之道 ……………… **035**

　　一、理论篇：相关概念与理论基础 …………………………… 035

　　二、秘诀篇：永辉超市经营成功之秘诀 ……………………… 039

　　三、困惑篇：永辉超市持续发展之困惑 ……………………… 047

　　四、策略篇：永辉超市持续发展之策略 ……………………… 056

　　五、保障篇：永辉超市未来发展之保障 ……………………… 063

　　研究结论 ………………………………………………………… 067

第三章　高顿教育"双轮驱动"生态圈再造战略研究 …… **069**

一、理"圈"：理论基础 …………………………………… 069

二、话"圈"：高顿教育生态圈现状分析 ………………… 073

三、破"圈"：高顿教育内外部环境分析 ………………… 079

四、造"圈"：高顿教育"双轮驱动"生态圈实施 ………… 090

五、立"圈"：高顿教育"双轮驱动"生态圈保障措施 …… 098

研究结论 ……………………………………………………… 104

第四章　探华新水泥业绩倍增问道之路 …………………… **106**

一、探路：理论基础篇 …………………………………… 106

二、引路：案例背景篇 …………………………………… 109

三、望路：战略评估篇 …………………………………… 113

四、夯路：业务优化篇 …………………………………… 126

五、护路：职能保障篇 …………………………………… 132

研究结论 ……………………………………………………… 135

第五章　古阳河茶业公司圆梦之方 ………………………… **137**

一、背景篇：新时代·梦之源 …………………………… 138

二、问题篇：新问题·梦之源 …………………………… 143

三、方案篇：新思路·梦之圆 …………………………… 148

四、愿景篇：新梦想·梦之愿 …………………………… 160

附　录 ………………………………………………………… 165

ZH 市古丈毛尖市场调查报告 ……………………………… 166

第六章　高顿核心竞争力提升之路 ………………………… **169**

一、往岁求浆忆叩门：简介篇 …………………………… 169

二、节物风光不相待：现状篇 …………………………… 171

三、料峭春风吹酒醒：问题篇 …………………………………… 183

　　四、柳暗花明又一村：对策篇 …………………………………… 190

　　五、直挂云帆济沧海：愿景篇 …………………………………… 200

第七章　数字化助推新冠肺炎疫情背景下 Y 企业风险管理与财务战略转型 …………………………………… **202**

　　一、旁征博引·理论基础篇 ……………………………………… 202

　　二、知人论世·案例背景篇 ……………………………………… 205

　　三、抽丝剥茧·风险识别篇 ……………………………………… 207

　　四、洞若观火·风险评价篇 ……………………………………… 217

　　五、澄源正本·风险应对篇 ……………………………………… 227

　　六、继往开来·总结启示篇 ……………………………………… 234

第八章　"全员合伙制"：永辉超市的组织变革之路 …………… **235**

　　一、卢橘杨梅次第新——简介篇 ………………………………… 235

　　二、八千里路云和月——现状篇 ………………………………… 240

　　三、山雨欲来风满楼——问题篇 ………………………………… 251

　　四、世上今人胜古人——对策篇 ………………………………… 257

　　五、直挂云帆济沧海——愿景篇 ………………………………… 262

第九章　华新水泥绿色高质量发展之路 …………………………… **264**

　　一、回顾篇 ………………………………………………………… 264

　　二、环境篇 ………………………………………………………… 271

　　三、问题篇 ………………………………………………………… 289

　　四、对策篇 ………………………………………………………… 295

　　五、展望篇 ………………………………………………………… 300

第十章　KM 药业财务造假之"法""利"博弈 　302
　　一、现眼：案例回顾 　302
　　二、冷眼：问题表现 　304
　　三、慧眼：原因分析 　312
　　四、法眼：解决策略 　317
　　五、总结与展望 　322

参考文献 　323

第一章　业绩倍增目标下华新水泥"一体两翼"战略研究

一、追根溯源·理论方法篇

古人学问无遗力，少壮工夫老始成。

纸上得来终觉浅，绝知此事要躬行。

（一）字字珠玑：理论基础

1."双碳"目标理论

"双碳"即"碳达峰"与"碳中和"的简称。"碳达峰"是指在某一时点二氧化碳的排放达到峰值之后逐步回落。"碳中和"是指通过植树造林、节能减排等形式以抵消自身产生的二氧化碳排放量，实现二氧化碳"零排放"。中国力争2030年前实现碳达峰，2060年前实现碳中和。

2."双循环"理论

党的十九届五中全会提出"要加快构建以国内大循环为主体、国内国际双循环相互促进的新发展格局"。新的时代背景下外贸增长有压力，中美贸易摩擦期后西方国家贸易保护主义蔓延，逆全球化思潮盛行，同时，新冠肺炎疫情的暴发更加剧了国际贸易的不确定性、外需的萎缩以及全球产业链的不稳定，单纯依靠外贸的增长模式变得不可持续。

3.战略管理理论

公司总体战略、事业部战略与职能战略共同构成企业战略体系。公司层战略着重考虑企业未来发展定位的总体战略，从整个企业的角度进行资源配置，是企业最高层次的战略。业务层战略是对公司层战略的细化补充，研究企业如何进行持续性竞争等一系列可落地执行的具体方略。职能层战略主要涉及企业内各职能（如研发、采购、生产、营销、财务、人力等）的资源和能力的具体配置和利用，以便更好地实现业务层战略。

（二）剖毫析芒：分析工具

1.PEST分析

利用PEST分析研究战略实施中面临的政治、经济、社会与技术层面背景，从总体层面把握宏观环境因素对企业战略目标和战略制定的影响，正确认识和把握企业所处的生产经营环境以达到规避行业风险的目的。

2.SWOT分析

通过SWOT分析从宏观层面评价企业自身的优势与劣势，外部竞争的机会和威胁，更加准确系统化地研究企业所处的情境，有助于其制定相应发展战略、计划与对策。

3.BCG矩阵分析

利用BCG矩阵立足企业本身，分析其主营业务特点及不同业务在企业中的不同地位，进一步明确其战略目标与战略选择，及时调整公司业务投资组合以实现企业利益与效益最大化。

（三）钻坚研微：研究方法

1.文献资料法

分析综合国内外学术文献，通过公开网站查阅华新水泥年度财务报表与水泥行业财务指标，从本质出发指出华新水泥企业概况与战略实施现状，了解其发展历程与成功之道，梳理归纳相关研究成果，奠定科学严谨的理论基础。

2.案例研究法

以相关战略理论为基础确定文章框架，选取华新水泥"业绩倍增"战略实施为典型案例进行研究，以"双碳"目标理论、"双循环"理论与公司战略管理理论为基础研究华新水泥战略实施现状，发现其战略实施难题并剖析动因，为华新水泥明确未来战略实施方向提出合理建议，为水泥行业其他企业提供借鉴与指引。

二、行稳致远·公司现状篇

守正出奇韧性足，内生外延效果显。

倍增进程阻碍扰，自省短板差距明。

（一）概而言之：述华新百年历程

华新水泥股份有限公司（以下简称"华新水泥"）起源于清末洋务派于1907年创办的湖北水泥厂，被誉为"中国水泥工业的摇篮"，110多年来为国家经济社会发展做出了卓越贡献。1994年，公司A、B股在上海证券交易所上市。2022年3月28日，华新成功实施B股转H股，正式登陆香港交易所主板。华新水泥发展历程见图1.1。

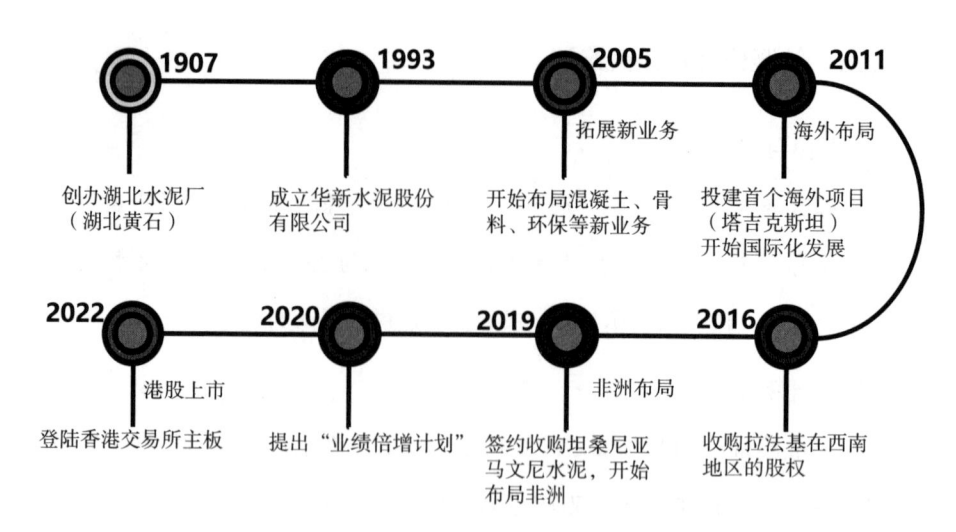

图 1.1 华新水泥发展历程

华新水泥已在国内外拥有 270 余家分公司和子公司，是涉足水泥、混凝土、骨料、环保、装备制造及工程、新型建筑材料等领域全产业链一体化发展的全球化建材集团，并上榜中国制造业 500 强和财富中国 500 强（净资产收益率位居第 10 位）。2020 年公司举行董事会战略委员会会议，正式提出"十四五"的新发展目标——"业绩倍增计划"，即到 2025 年公司的销售收入达到 600 亿元，利税翻番。2021 年，在"中国 500 最具价值品牌"榜单中，华新水泥以 702.69 亿元的品牌价值位列第 80 位。

（二）收效斐然：论华新水泥成效

2021 年华新水泥与部分水泥企业主要指标对比见表 1.1。即使新冠肺炎疫情影响建筑施工进度，公司还是实现了从 2019 年产销量低谷的反弹，延续了 2020 年产销量的上升态势。华新水泥 2021 年，公司全年实现营业收入 324.64 亿元，同比增长 10.59%。2021 年公司水泥熟料业务收入实现小幅增长，吨均价进一步提升，骨料收入大幅提升，且在煤炭价格大幅上涨背景下，整体净利率仍维持平稳，龙头优势凸显。

表 1.1　2021 年部分水泥企业主要指标对比

公司名称	总市值（亿元）	营业总收入（亿元）	净利润（亿元）
海螺水泥	1 966.00	1 680.00	341.70
天山股份	1 085.00	1 700.00	149.20
华新水泥	379.70	324.60	58.05
金隅集团	294.70	1 236.00	52.13
冀东水泥	281.80	363.40	41.82
行业平均	183.20	185.00	20.25

数据来源：各公司年报

1.水泥销量稳定，板块收入提升

华新水泥作为华中区域的龙头。2017—2021 年华新水泥熟料销量趋势见图 1.2，部分企业吨水泥价格见图 1.3。2021 年，公司水泥熟料销量 7014 万吨，同比下滑 1.72%。其中水泥销售收入 240.68 亿元，同比增长 1.84%，毛利率 33.84%，同比减少 5.31%，营业成本 159.25 亿元，同比增长 10.72%。水泥吨收入为 343.14 元，同比增长 12.02 元；吨成本为 227.04 元，同比增加 30.70 元；吨毛利为 116.10 元，同比下降 18.68 元。

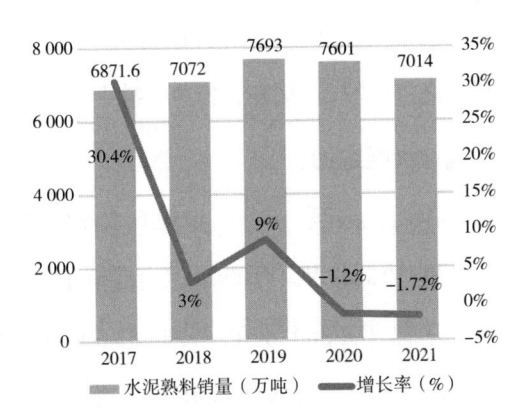

图 1.2　2017—2021 年华新水泥熟料销量及增速

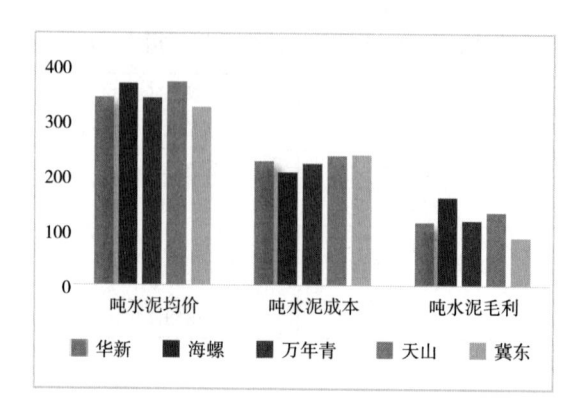

图 1.3 部分企业吨水泥价格（单位：元/吨）

数据来源：公司年报

2.骨料增速明显，毛利有所提升

根据图 1.4 进行分析，2021 年华新水泥骨料业务实现销量 3 497 万吨，同比增长 51.7%；营收 20.53 亿元，同比增长 73.57%；收入占比同比提升 2.3% 至 6.3%，毛利率 65.62%，增加 3.03%。骨料吨收入为 58.72 元，同比增长 7.39 元；吨成本为 20.19 元，同比增长 0.99 元；吨毛利为 38.53 元，同比增长 6.41 元。华新水泥的骨料产能分布于 7 个省、市，随着公司阳新亿吨机制砂项目等 10 个在建骨料项目后续投产，公司每年骨料产能将达到 2.7 亿吨，公司骨料业务竞争优势将显著提升。

3.商混量升价降，营收大幅增加

华新水泥在湖北、湖南、云南等 10 省、市现有水泥熟料生产线周边投资建设混凝土搅拌站，充分发挥协同优势。华新水泥商混销量及增速见图 1.5。2021 年产能同比增加 62%，达每年 4 380 万方；营收 31.6 亿元，同比增长 68.9%，收入占比同比提升 3.4% 至 9.8%；销量 905 万方，同比增长 96.49%；毛利率 18.8%，同比下降 0.7%。公司采用低成本、低售价策略抢占市场，混凝土吨收入为 350.87 元，同比下降 56.84 元；吨成本为 284.92 元，同比下降 8.49 元；吨毛利为 65.96 元，同比下降 48.35 元。

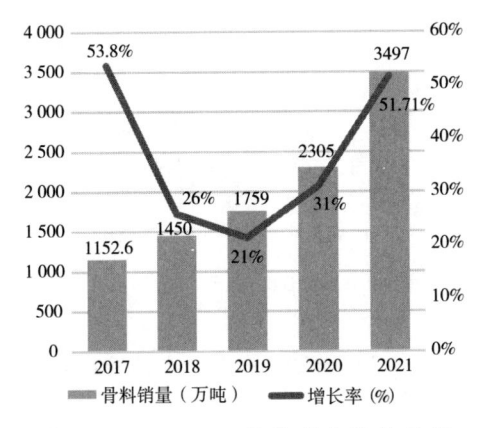

图1.4　2017—2021年华新水泥骨料销量及增速

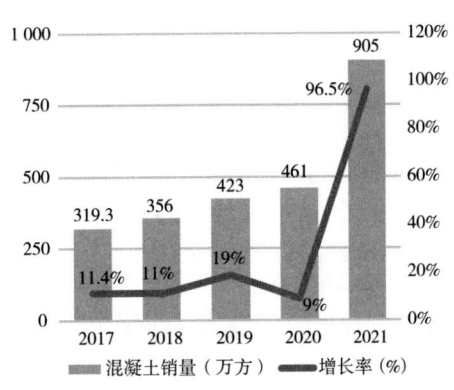

图1.5　2017—2021年华新水泥商混销量及增速

数据来源：公司年报

4.环保技术领先，引领行业前沿

华新水泥环保技术领跑行业。华新水泥处置废弃物总量及增速见图1.6，2021年公司环保业务处置总量328万吨，同比增长11.56%。公司发布了业内首份《2050—2060年双碳减排路径白皮书》，展现实现"碳中和"的决心。截至2021年底，公司拥有自主知识产权的"水泥窑高效生态化协同利用固体废弃物成套技术"，已在7个省、市20家工厂内应用，水泥窑线环保业务覆盖率达到50%。新投产的黄石万吨线工厂，峰值燃料热替代率可达到40%以上，处于国际领先水平。

5.出海进展顺利，海外发展可期

2022年3月，华新水泥成功在香港上市，利于公司参与境外资本运作，充分利用境外资本及市场激励来加强核心竞争力。依托大股东拉豪的优势，公司有望承接其部分海外水泥资产。华新水泥海外收入及增速见图1.7，截至2021年底，公司每年海外水泥产能达到1 083万吨，海外熟料产能排名全国第二，仅次于海螺水泥。2021年公司境外业务收入25.83亿元，同比增长36.67%，"一带一路"倡议发布后，公司海外水泥业务将更加稳步发展。

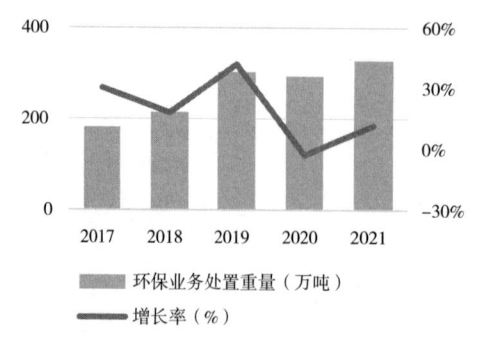

图 1.6　2017—2021年华新水泥处置废弃物总量及增速

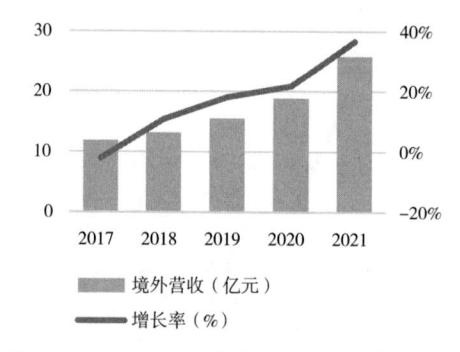

图 1.7　2017—2021年华新水泥海外收入及增速

数据来源：公司年报

（三）形格势禁：析业绩倍增瓶颈

华新水泥始终保持着对市场的敏锐洞察力，善于发现市场蓝海并能把握时代浪潮，总发展态势良好。但是，如今公司存在多重压力与风险，华新水泥面临的问题是如何实现"十四五"规划、"业绩倍增"的战略目标，同时，解决其在产能、成本、人才、海外市场等方面存在的瓶颈。

1.水泥产能过剩，增长空间受阻

水泥为重要建筑材料，行业技术壁垒低，产品同质化严重，应用领域包括地产、基建，受宏观经济和政策影响较明显，属于典型的周期性行业。在当前中国加快构建新发展格局、"去产能"的总基调不变、强化房地产调控等因素的影响下，根据图1.8分析可得，2016—2021年全国水泥产量增速呈下降趋势，2021年全国水泥产量增速同比下降1.3%，低于房地产与基建投资增速，但产能过剩问题尚未得到根本解决，市场仍存在竞争加剧的风险，水泥赛道增长面临天花板。

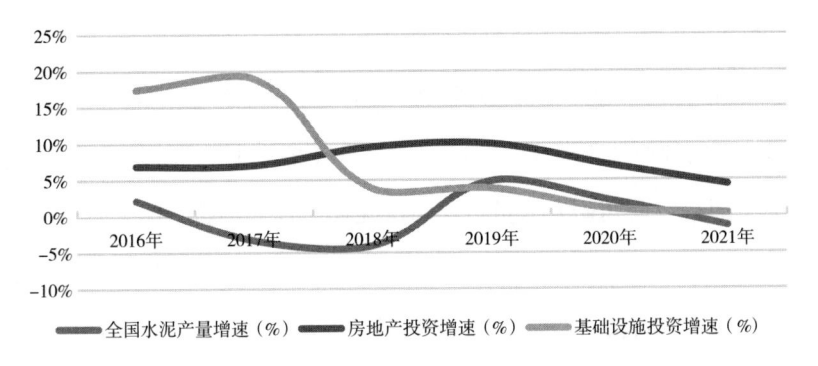

图 1.8　2016—2021年全国水泥产量增速与地产、基建投资增速统计图

数据来源：国家统计局

2.成本压力上升，效益收入不稳

水泥生产成本上升，稳定效益难度加大。受需求、政策等因素的影响，2021年煤炭和电价大幅上涨。2017—2021年公司水泥产品成本构成见图1.9，2021年燃料和动力成本在华新水泥生产总成本中占比高达58%。在"双碳"目标下，能耗、安全、环保、运输治超及矿山整治等政策执行力度不断加大，水泥生产过程中 CO_2 排放量占整个建材行业比重达83%。华新水泥需要不断加大合规性的技术改造投入，公司各种生产要素成本将会继续上涨，这对公司成本管控能力提出更高的要求。

图 1.9　2017—2021年公司水泥产品成本构成图

数据来源：公司年报

3.业务赛道拓展,研发人员有限

在水泥增长受限、商混拓展缓慢的情况下,未来想要进一步发展,需依靠新业务赛道,则需要解决混凝土、骨料、新材料等相关业务人才储备不足的问题。华新水泥与同行业公司研发人员占比情况见图1.10,华新水泥现有员工16 283名,基本满足生产经营需求,但研发人员仅占总员工人数的0.7%。与天山水泥研发人员占比9.9%而言,相差较远。同样不仅是在技术研发上,在公司治理、战略转型、新业务拓展等方向,华新水泥都需依靠高素质人员的力量。

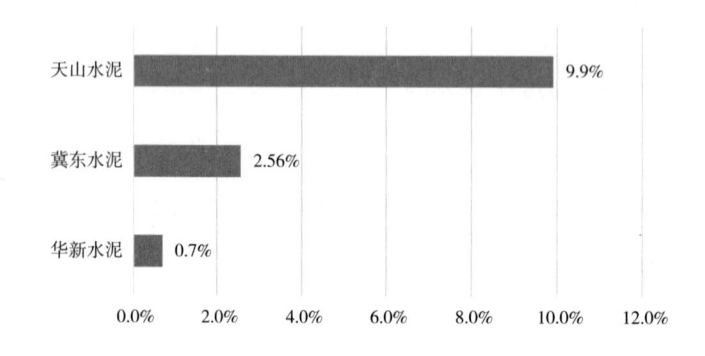

图1.10 部分水泥公司研发人员占比情况

数据来源:公司年报

4.海外市场进攻,国际环境复杂

从市场来看,海外的水泥需求较为旺盛,在发展中国家布局水泥业务将为公司带来可观的利润。如图1.11所示,国内水泥企业正加快海外布局,海外投资产能持续增长,2021年总量已达到4 502.595万吨。一旦中国产能投放过快,水泥价格回落,华新水泥在海外投资产线的盈利就会下降。同时,不同国家政治、经济、社会、环境复杂多样,国际化经营中人才储备、汇率波动、贸易摩擦等多种不确定性因素,都会给公司的海外经营发展带来挑战。

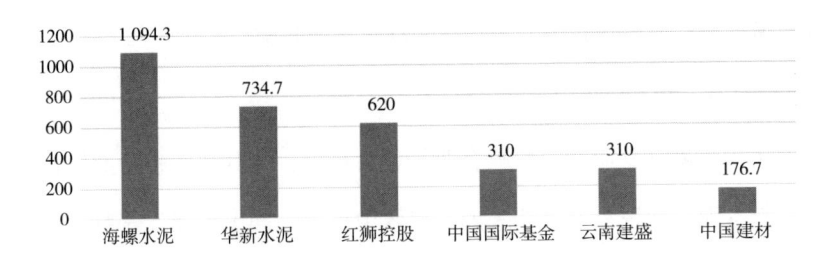

图1.11 中国企业在海外投产水泥熟料产能排行榜（单位：万吨/年）

海螺水泥 1 094.3
华新水泥 734.7
红狮控股 620
中国国际基金 310
云南建盛 310
中国建材 176.7

数据来源：公司年报

百年华新作为水泥行业的龙头企业，焕发成长活力。公司水泥主业经营稳健，骨料、混凝土及环保等"水泥+"业务发展迅速，海外业务稳定。但在风云诡谲的时代背景下，华新水泥要突破业绩倍增目标的瓶颈，需进一步探索与分析。

三、行成于思·环境分析篇

飞来山上千寻塔，闻说鸡鸣见日升。

不畏浮云遮望眼，自缘身在最高层。

根据华新水泥公司概况、发展成效及"业绩倍增"目标实现瓶颈的分析结果，本案例拟采取PEST（宏观环境）、BCG（波士顿矩阵）、SWOT（态势分析）等分析工具，对华新水泥所处的外部环境和内部环境进行分析，选择适合公司发展的战略，以期实现公司"业绩倍增"的目标。

（一）审时度势：外部环境分析

外部环境对企业经营发展的影响是直接且重要的，明确自身面临的机会与威胁后，企业才能对自身的发展方向做出相应选择，因此，企业需要对不断变化的外部环境做出准确判断或预测,为战略的制定奠定基础。

1. 政策环境(P)

政策法律环境常常制约、影响企业的经营行为,尤其是影响企业较长期的投资行为。与水泥行业发展紧密相关的国家政策包括:国家产能发展政策、节能减排与绿色发展政策、数字化转型政策、"一带一路"倡议等。

(1)国家产能发展政策

水泥行业是我国重要的基础原材料工业,但是行业产能过剩矛盾突出,近年来国家出台多项政策推进水泥行业供给侧结构性改革,其中包括禁止新增产能、实现产能置换、错峰生产等。在限制新增产能和产能置换上,国家出台的相关政策见表1.2。

表1.2 水泥行业限制新增产能和产能置换政策汇总表

时间	政策名称及发布单位	主要内容
2020.01	《水泥玻璃行业产能置换实施办法操作问答》工业和信息化部	明确产能置换的总体要求、项目范围、指标等
2021.07	《水泥玻璃行业产能置换实施方法》工业和信息化部	大气污染防治重点区域水泥项目由1.5:1调整至2:1,非大气污染防治重点区域由1.25:1调整至1.5:1

在错峰生产方面,2016年10月《工业和信息化部 环境保护部关于进一步做好水泥错峰生产的通知》中提到要做好水泥错峰生产;2020年12月工信部和生态环境部出台的《两部委关于进一步做好水泥常态化错峰生产的通知》中提到要推动全国水泥错峰生产地域和时间常态化。

(2)节能减排与绿色发展政策

在节能减排与绿色发展方面,国家出台的相关政策见表1.3。

表 1.3 节能减排与绿色发展政策汇总表

时间	政策名称及发布单位	主要内容
2021.02	《关于加快建立健全绿色低碳循环发展经济体系的指导意见》国务院	加快实施建材等行业绿色化改革，促进工业固体废弃物综合利用
2021.03	《2021年国务院政府工作报告》国务院	扎实做好碳达峰、碳中和各项工作，制定2030年前碳排放达峰行动方案
2022.03	《住房和城乡建设部关于印发"十四五"建筑节能与绿色建筑发展规划的通知》住房城乡建设部	到2025年，努力实现城镇新建建筑全面建成绿色建筑，建筑能源利用效率稳步提升，基本形成绿色、低碳、循环的发展方式

（3）数字化转型政策

在当今国家经济发展"新常态"下，水泥行业急需转型升级，推动水泥行业数字化转型，有利于加快促进传统水泥行业结构调整和转型升级。因此，国家针对水泥行业数字化建设出台了相关支持政策，如2020年9月出台的《建材工业智能制造数字转型行动计划（2021—2023年）》中指出，要加快促进建材工业全产业链价值链与工业互联网深度融合，推进水泥等建材工业企业数字化转型；2020年10月出台的《"工业互联网＋安全生产"行动计划（2021—2023年）》指出，到2023年底，建成运行一批重点行业互联网安全生产监管平台。

（4）"一带一路"倡议

自"一带一路"国家级顶层合作倡议实施以来，沿线国家的基础设施建设投入加大，带动了水泥消费量的大幅提升。《2020年国务院政府工作报告》和《2021年国务院政府工作报告》相继指出要加强"一带一路"高质量建设，在这一要求下我国与沿线国家将不断深化合作，沿线国家对水泥等建材产品以及相关产业能力建设的需求空间显著提升。

政府陆续出台的政策文件推动着水泥行业的健康发展，华新水泥在此环境下，应以一体化战略为核心发展水泥上下游业务；持续拓展高新建筑材料业务，推进企业绿色发展；深化实施传统工业＋数字化创新战略，提升企业生产管理运营效率；合理利用"一带一路"倡议，继续海外发展战略扩大水泥主业。

2.经济环境（E）

2021年我国经济发展保持全球领先地位，国家战略科技力量加快壮大，产业链韧性得到提升，改革开放向纵深推进，民生保障有力有效，生态文明建设持续推进。经有关部门初步核算，全年国内生产总值1 143 670亿元，比上年增长8.1%，两年平均增长5.1%，具体情况见图1.12。

图1.12　2017—2021年国内生产总值及增速

数据来源：国家统计局

国内水泥产量于2014年达到24.8亿吨的高峰，此后总产量进入平台期。2021年产量23.63亿吨，同比2020年下降1.2%，增速为负，2017—2021年中国水泥行业产量及增速具体见图1.13。在水泥行业进入平台期后，华新水泥应寻找新的盈利增长点，加快去产能进度。

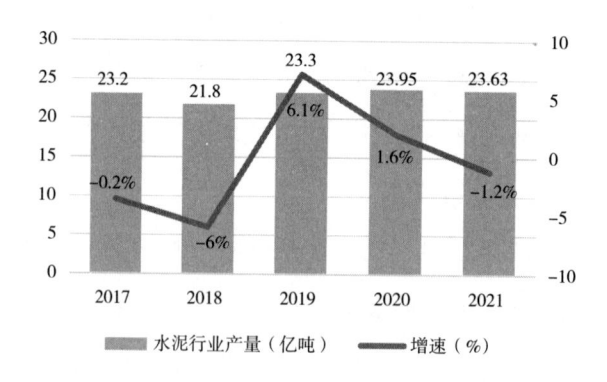

图1.13　2017—2021年中国水泥行业产量及增速

数据来源：国家统计局

3.社会环境（S）

随着中国人民的生活水平和受教育程度的持续提高，社会对环境保护和生态文明的需求也越来越重视。同时，中国的水泥工业仍属于严重的"资源依赖型产业"，水泥生产需要消耗大量的矿石，矿山的地理位置和品质都对水泥的销售和质量有很重要的影响。

（1）水泥生产和销售受自然天气影响较大

受自然天气的变化影响，建筑施工的高峰低谷呈现出明显的季节性和地域性，因而水泥生产和销售也受到很大的季节波动影响。在北方，4—10月通常是水泥需求的高峰期；在南方，往往3—6月和9—12月是水泥销售的旺季。此外，一旦发生地震、泥石流、洪涝等自然灾害，短时间内也会触发大量的水泥需求。

（2）受环保和自我保护意识加强的影响

由于水泥的生产燃料目前主要是煤，烧煤带来了大量的二氧化硫、氮氧化物、粉尘、烟尘、温室气体，我国每年都有多人因工业污染造成的身体伤害而死亡。尽管科技的进步已经大大减少了污染物的排放，但是还有相当多数量的小型企业没有安装脱硫脱硝脱尘等设施，严重影响了人和自然的和谐发展。同时，大量开采后的矿山没有得到及时有效的恢复，严重破坏了生态环境和自然景观。

在社会大环境的影响下，华新水泥应根据水泥销售淡旺季及建筑施工地域性，合理布局生产销售，同时，加大环保转型力度，坚持投资建设环保项目，减少生产过程中产生有害气体对环境的污染。

4.技术环境（T）

随着全球经济一体化，中国水泥窑协同处置固体废弃物技术借鉴发达国家的实践应用经验，技术交流日益频繁，同时国内水泥企业开展环保业务技术也快速提高，迅速缩短了与发达国家的差距。华新水泥要持续加大高新建筑材料研发创新，升级品牌价值，发展新的盈利增长点。水泥行业协同处置环保技术汇总见表1.4。

表 1.4 水泥行业协同处置环保技术汇总

业务类型	技术名称与重点
危险废物	有机类危险废物替代燃料，水泥窑处置 POPs 的应用与优势
污染土	水泥窑高效生态化协同处置固体废弃物成套技术与应用，污染土脱毒技术
生活垃圾	水泥窑协同处置 RDF 替代原燃料技术与应用
市政污泥	干化污泥水泥窑协同处置及利用技术

（二）分毫析厘：业务结构分析

采用 BCG 矩阵分析方法，对华新水泥业务结构进行分析，分别得出华新水泥明星类产品、瘦狗类产品、问题类产品、金牛类产品，为后续构建战略的具体实施路径提供支持，具体分析结果见图 1.14。

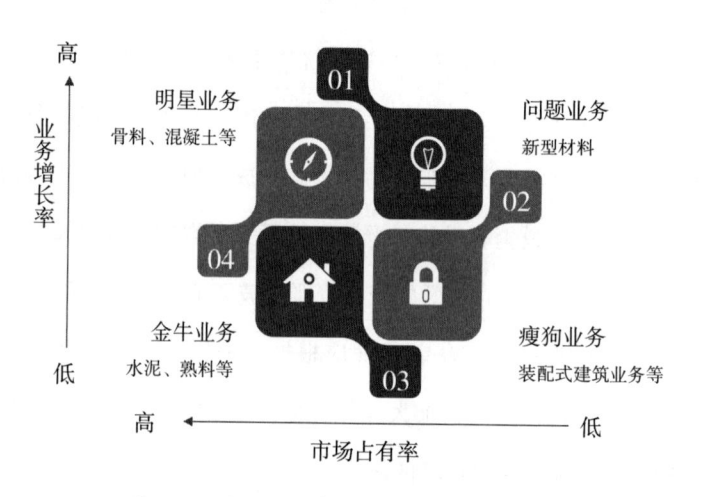

图 1.14 华新水泥有限公司业务结构分析图

明星类产品。华新水泥明星类产品是混凝土和骨料。一体化发展骨料和混凝土是国外水泥巨头成长的重要途径，华新水泥从 2005 年布局混凝土、砂石骨料等业务领域，总结出了年产千万吨级的大型骨料矿山生产运营经验，以及混凝土业务运营经验。当前，骨料行业受国家环保政策的影响门槛越来越高，由于骨料和混凝土业务高度关联契合，华新水泥可以利用自身骨料优势，使混凝土和骨料业务成为"业绩倍增计划"盈利增长的主要动力。

瘦狗类产品。华新水泥瘦狗类产品是装配式建筑和生活垃圾处理业务。装配式建筑业务目前暂且处于试点推行阶段，企业一窝蜂进入装配式建筑领域会导致建筑工人大量失业，很大可能引发社会稳定问题，且华新水泥当前在装配式建筑领域的专利和研发较开发商、建筑施工企业仍有一定差距。由于生活垃圾处置业务未能享受相关政策补贴，同时，生活垃圾自身处置费用较高，华新水泥在生活垃圾处置业务上未能盈利。

问题类产品。华新水泥问题类产品是高新建筑材料业务、水泥窑协同处置业务、包装装备制造、项目建设等相关业务。在国家"高质量发展"的要求下，新型墙材砂浆、特殊功能性混凝土等高新材料业务、水泥窑协同处置业务、包装装备制造、项目建设等相关业务成为企业未来新的增长点，具备较强市场潜力，但是也具有较大的不确定性。由于此类业务刚刚兴起，相对市场占有率低。

金牛类产品。华新水泥金牛类产品是水泥和熟料。华新水泥一直深耕水泥主业，并提前实施环保转型实现合规管理，但目前国内水泥产能过剩、需求下降，国内水泥业务销售业绩较难实现倍增。同时，受新冠肺炎疫情和国家政策的影响，基建等工程进展缓慢，对水泥、熟料等材料的需求量下降。

对华新水泥当前的业务组合进行分析，明确构建战略实施路径应注重发展混凝土、骨料类明星业务；进一步发展问题业务中的水泥窑协同处置等环保技术，使其转变为明星业务；针对水泥、熟料类金牛业务，采取收割战略，维持其稳定收益；在条件不足的情况下放弃对装配式建筑业务的进军。

（三）鞭辟入里：SWOT分析

SWOT分析法常用来分析企业内部环境，通过SWOT分析，可以帮助华新水泥将资源和行动聚焦在自己的强项，把握重大发展机会，确保公司的战略目标更加聚焦。

1. 优势与劣势分析

（1）优势分析

①经验丰富。华新水泥作为目前水泥行业品质优良的百年企业，具有丰富的经验，其中包括：在不断摸索中总结出了千万吨级大型骨料矿山生产运营经验；积累了丰富的海外运营经验，形成了一套完善的海外运营体系。

②盈利能力较强。华新水泥拥有一座独立矿山，由于原料丰富，成本控制能力较强，在国内建材行业排名靠前的企业之中，盈利能力较强。

③科技创新能力强。华新水泥具有出色的技术研发团队，科技创新能力强：建立了国家级企业技术中心；构成了水泥窑协同处置系列技术；构建了水泥行业唯一的覆盖业务全流程的数字化管理系统和平台；享有多项国家技术专利。

④积极进行环保转型。以环保转型战略为核心，不断消除工厂生产安全风险，降低企业生产对环境的负面影响；旗下公司各项环保排放全部达标；逐步发展起水泥窑协同处置危废业务；持续拓展高新建筑材料业务。

（2）劣势分析

①人才储备不足。公司在骨料、混凝土、新材料等领域人才储备不足。

②部分方面收益有待提高。跨界投资收益为零；环保业务收入贡献度较低。

③去产能进度缓慢。

④销售模式有待改进。公司直销占比为30%，较低，有待进一步提高。

2. 机会与挑战分析

（1）机会分析

①绿色发展。在国家高质量绿色发展要求下，骨料行业结构调整升级。

②行业升级。在国家推动节能环保和低碳发展背景下，满足工业化、装配化生产和绿色节能需求的新型建筑材料成为传统建材行业转型升级的重要支撑。

③数字化转型。新型建筑材料成为传统建材行业转型升级的重要支撑，水泥企业已纷纷加快数字化转型。

④ "一带一路"。"一带一路"倡议要求各行业高质量发展，水泥行业在周边友好发展中国家具有很多机会。

（2）挑战分析

① 产能过剩。近年来，中国水泥产量基本维持在 23 亿吨左右，但实际的水泥产能已超过 28 亿吨，产能过剩问题持续存在。

② 行业法规政策变化。在"碳达峰、碳中和"背景下，国家环保排放、绿色矿山及其他合规性政策趋严。

③ 新冠肺炎疫情形势严峻。受新冠肺炎疫情影响，海外市场调研开拓困难。

④ 海外市场内卷严重。竞争对手加快海外布局，占领海外市场，造成海外市场严重内卷。

3.SWOT分析矩阵

通过对华新水泥进行优势与劣势分析、机会与挑战分析，构建 SWOT 矩阵，提出 SO、ST、WO、WT 战略，具体结果见表 1.5。

表 1.5　华新水泥 SWOT 分析

外部环境 \ 内部要素	优势（S） S1：经验丰富 S2：盈利能力较强 S3：科技创新能力强 S4：积极进行环保转型	劣势（W） W1：人才储备不足 W2：部分方面收益有待提高 W3：去产能进度缓慢 W4：销售模式有待改进
机会（O） O1：绿色发展 O2：行业升级 O3：数字化转型 O4："一带一路"	SO 战略 SO1：有效利用自身丰富资源 SO2：加快创新研发 SO3：深化数字化转型 SO4：拓宽海外市场	WO 战略 WO1：加大人才培养力度 WO2：增加投资范围
挑战（T） T1：产能过剩 T2：行业法规政策变化 T3：新冠肺炎疫情形势严峻 T4：海外市场内卷严重	ST 战略 ST1：一体化战略 ST2：环保战略 ST3：市场战略	WT 战略 WT1：蓝海战略 WT2：谨慎投资

（四）择善而从：华新战略选择

为了实现华新水泥于 2020 年提出的"十四五"期间新发展目标——"业绩倍增计划"，即到 2025 年公司的销售收入达到 600 亿元（利税翻番），根据对华新水泥内外部环境的分析，华新水泥短期内应该选择 ST 战略，即"一体两翼"战略，用企业自身的优势去打破和消除面临的威胁，努力抓住机遇。一体化包括：前向一体化利用自身经验优势进入建筑行业领域、后向一体化发展骨料以及混凝土产业。两翼则是环保战略和市场战略。环保战略包括：坚持水泥窑协同处置技术发展、分级利用矿石资源、投资新能源发电项目。市场战略包括：搭上时代快车，发展数字经济，保持国内领先，深入海外市场以确保"业绩倍增"目标的顺利实现。

本章采用 PEST 分析工具对水泥行业外部环境进行分析，得出当前环境下水泥行业转型的必要性。通过 BCG 矩阵分析工具对华新水泥业务结构进行分析，明确华新水泥现存业务的发展前景。借助 SWOT 分析工具分析了华新水泥自身优势与劣势、面临的机会与挑战，创新性提出 ST 战略即"一体两翼"战略。

四、挥斥方遒·战略构建篇

几日随风北海游，回从扬子大江头。
臣心一片磁针石，不指南方不肯休。

根据 PSET 以及 SWOT 分析等方法的分析结果，现存的发展趋势不足以支撑其"十四五"期间"业绩倍增"的战略目标，公司需要在总体上利用 ST 战略即"一体两翼——以一体化战略为主体，环保战略与市场战略为两翼"战略来助推企业的发展。将一体化战略作为主体，环保战略和市场战略作为支撑的构建理念体现了战略管理理论中的层次要求，环保战略蕴含着"双碳"目标的绿色理念，市场战略突出了"双循环"理论中的可持续发展。

（一）深根固柢："一体两翼"战略的制定基础

公司战略的制定以"十四五"规划结束时实现"业绩倍增"这一发展目标为基础，同时积极响应国家提出的"碳达峰、碳中和"这一绿色环保的长远计划。华新水泥的主营业务属于污染物控制重点行业，在此百年未有之大变局之时，华新水泥应抓住现在经济发展转型升级的机遇，加强技术创新，减少污染物排放，努力将其打造成行业内盈利水平最高、最受客户喜爱，同时，污染物排放最少的企业。

1. 企业愿景与使命

（1）华新水泥的企业愿景

华新水泥的企业愿景是"美好的世界从我们开始"，通过弘扬"诚信、求实、奉献、创新"的企业文化，坚持"安全第一、客户至上、结果导向、诚实守信、创新发展、以人为本"的价值观来实现公司的美好愿景。

（2）华新水泥的企业使命

华新水泥的企业使命为"清洁我们的生活环境，提供信赖的建筑材料"，深化实施"一体化转型发展、海外发展、高新建材业务拓展、传统工业＋数字化创新"四大战略，在国内水泥业务平稳运行的基础上，加快骨料、墙材、混凝土业务一体化布局，稳步提升环保业务危废处置量，加速发展海外业务，坚持数字化与传统工业相融合的路径。

2. 企业战略目标与定位

（1）战略目标

华新水泥于2020年正式提出"十四五"时期新发展目标——"业绩倍增"计划，即到2025年公司的销售收入达到600亿元，利税翻番。2020年公司的收入为293.57亿元，归母利润为53.64亿元，税收支出为33.24亿元，根据五年内"业绩翻倍"目标，企业在2025年的收入要达到600亿元，归母利润至少要达到107.28亿元，而税收支出要达到66.48亿元，具体目标见图1.15。该项新发展目标主要围绕着"业绩"两字，该目标既体现了公司对自身盈利能力提升的要求，也反映了企业具有良好的纳税意识，履行对政府的社会责任，不偷税漏税。

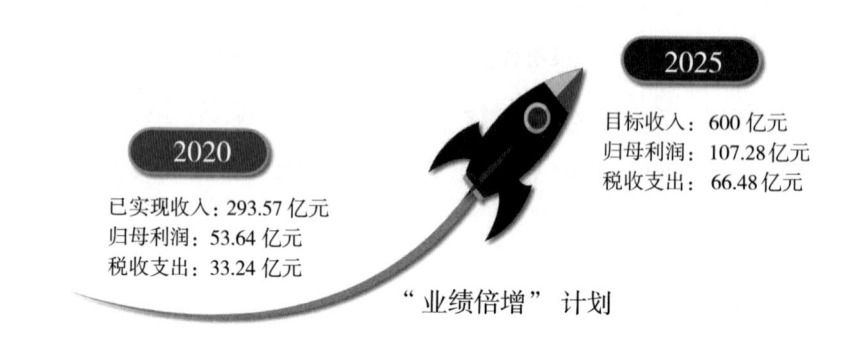

图 1.15　业绩目标示意图

（2）战略定位

华新水泥的战略定位是"未来五年要力争成为具有全产业链竞争优势的国际化环保和建材企业"。从定位上我们可以得出华新水泥未来需要实施一体化拓宽产业链，快速国际化深入海外市场，持续绿色化进行节能减排，并在多元化发展的同时，稳中求进，增加公司在水泥行业的市场份额。准确的战略定位有助于企业实现自身的战略目标，构建好完成目标的战略实施路径。

（二）洞悉底蕴："一体两翼"战略的具体内容

根据SWOT分析，华新水泥应选择ST战略来进行多种经营，以发展的态势来实现"业绩倍增"这一战略目标。公司应构建以"一体化战略为主体，环保战略和市场战略为两翼"的总体方针来助推企业"业绩倍增"战略目标的实现。三大战略的结构关系见图1.16。

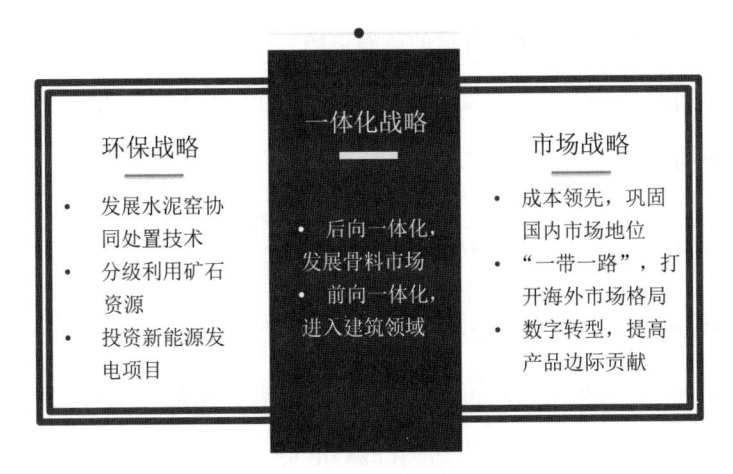

```
┌─────────────────┬─────────────┬─────────────────┐
│   环保战略       │  一体化战略  │   市场战略       │
│                 │             │                 │
│ • 发展水泥窑协   │ • 后向一体化,│ • 成本领先,巩固 │
│   同处置技术     │   发展骨料市场│  国内市场地位   │
│ • 分级利用矿石   │ • 前向一体化,│ • "一带一路",打 │
│   资源          │   进入建筑领域│  开海外市场格局  │
│ • 投资新能源发   │             │ • 数字转型,提高 │
│   电项目         │             │  产品边际贡献    │
└─────────────────┴─────────────┴─────────────────┘
```

图 1.16 "一体两翼"战略示意图

以一体化战略为主体。华新水泥"一体化战略为主体"指企业保证现有的水泥市场份额以及市场增长率的同时，逐渐进入水泥行业的供应商市场以及销售商市场，提升水泥产业链的竞争力，以该战略作为实现"业绩倍增"目标的主要发展动力。华新水泥的一体化战略是纵向一体化，即公司进入水泥供应商市场如骨料和商业混凝土行业，同时，公司进入水泥的销售市场如建筑行业。由于华新水泥在全国水泥行业排第五位，是湖北省水泥行业的龙头，具有区域品牌优势，故该战略的可实施性强。

以环保战略为左翼。华新水泥的环保战略是其一体化战略一个重要支撑点，是实现"业绩倍增"目标的必须保障，同时，实施环保战略得到的绿色产品也能为市场战略的实施提供一条新路径。如今华新水泥的主营业务排放的污染物过多，不符合我国的绿色发展理念。因此需要解决碳排放问题，进行技术创新，制造低碳产品，寻找低碳燃料。基于"双碳"目标的绿色生产，可能带来的收益不能立竿见影，却能够支撑其高质量发展。

以市场战略为右翼。华新水泥的市场战略对其一体化战略起到辅助支撑作用，是实现"业绩倍增"目标的另一重要保障。如今华新水泥的主营业务收入在国内的增长趋势受阻，不足以让其在"十四五"期间完成"业绩倍增"的目标，因此需要解决成本问题，选择合适的蓝海市场，如国外水泥市场和国内其他材料市场，让原有市场和潜在市场实现"双循环"，原有市场为新兴市场提供发展资本，新兴市场给原有市场注入发展动力。

（三）大展宏图："一体两翼"战略的实施路径

"一体两翼"战略为如何实现"业绩倍增"提供了思想，这些思想如何转化为实际便是本节需要解决的问题。本节主要立足于华新水泥的公司现状，从职能层面出发，运用市场营销战略将一体化战略落实，运用生产运营战略推进环保战略，降本增效，提升边际贡献来拓宽企业销售市场。

1.一体化战略的实施路径

（1）后向一体化，发展骨料市场

①骨料市场的发展前景良好。2019年国内骨料需求量为188亿吨，同比增长5%左右；商混需求量为25.5亿方，同比增长41.7%。市场对机制砂石骨料的需求稳步提升，同时，公司已总结出了千万吨级大型骨料矿山的生产运营经验，具有经验优势。后向一体化指的是以水泥生产为中心向后延伸，发展骨料以及混凝土产业，符合我国"促进基建"发展的风向。

②骨料市场扩大产能的手段。通过抓好前期骨料项目的建设、继续寻找新建项目机会，在合适的区域并购骨料产线等手段加速骨料产能的扩大，让华新水泥的骨料成为中国骨料行业的领导者的市场地位。以骨料作为商业品牌来带动公司水泥业务的发展，实现品牌营销，最后实现以水泥业务为核心，骨料、混凝土、环保材料为主要动力的一体化营销。

（2）前向一体化，进入建筑领域

①装配式建筑成为未来趋势。装配式建筑这种工厂化、标准化、信息化的建筑方式在未来有较大的发展空间，在国外较为流行，且地方政府将装配式建筑比例作为一项硬性指标，同时，装配式建筑也是建筑行业一种绿色发展的途径。

②紧跟装配式建筑浪潮。华新水泥选择的前向一体化是进入建筑行业领域，但并不是直接发展装配式建筑业务，而是成为装配式建筑公司的材料供应商。华新水泥拥有不同于其他水泥公司的环保墙材和高新建筑材料以及 UHPC 新型材料，标准化、智能化是新型装配式建筑业务的特点，同时，装配式建筑也是建筑行业绿色发展的途径之一，符合国家的发展趋势。只进入装配式建筑行业的材料市场，能避免与已经进入装配建筑行业的海螺水泥、华润水泥的竞争，同时，也能发挥自己在环保材料方面的优势且不脱离装配式建筑行业的市场。

2.环保战略的实施路径

在国家新发展阶段和"2030碳达峰、2060碳中和"目标背景下，绿色发展成为水泥行业的重要趋势。华新水泥的公司定位是"十四五"期间要力争成为具有全产业链竞争优势的国际化环保和建材企业。

（1）持续发展水泥窑协同处置技术

华新水泥创新开发出符合中国国情的分类固体废弃物生态化预处理技术，公司在废弃物预处理及水泥窑协同处置领域已拥有29项发明专利和67项实用新型专利。废弃物处置能力达每年616万吨，并与水泥生产相结合，构成水泥窑协同处置系列技术，处置生活垃圾占全国同行业50%以上。该项技术能带来效益，同时，也符合我国低碳环保的绿色发展。

（2）分级利用矿石资源

为符合政府环保政策，华新公司应主动建设绿色矿山，推行清洁生产，通过数字与智能技术实现矿山开采过程全产业链的智能制造；对矿石资源进行分级利用，最大程度避免污染和资源浪费。可以利用公司各基地原本用于生产水泥的石灰石资源中的低质石灰石、废石等来加工生产砂石骨料，从而解决生产过程中的废弃物处置费用问题以及对环境的负面影响。如今华新水泥大部分生产线均配备余热发电系统，利用新型干法生产线窑头、窑尾产生的废气进行发电，可满足公司总用电量的约30%，节约电费5.02亿元，有效降低了电力成本。

(3) 投资新能源发电项目

在时机成熟时投资发展绿色能源项目，通过风电和光电项目减少外购用电。同时，在未来技术较为进步时，利用碳排放较低的替代燃料进行发电。替代燃料是指能替代传统化石燃料的总称，分为生物质替代燃料和非生物质替代燃料，一般由可燃的废弃物制备而成。水泥工业可利用的替代燃料达上百种，如废旧轮胎、秸秆、废油、焦油、垃圾沼气等，华新水泥可以确立以单位产品碳排放量作为技术评价的关键性指标，引领行业低碳减排可持续发展。

3.市场战略的实施路径

(1) 成本领先，巩固国内市场地位

水泥业务是华新水泥的主营业务，根据资料，我们可以了解到水泥行业各企业之间的竞争一方面依靠低成本，另一方面依靠全产业链的业务布局与协同。在水泥行业中，对价格较为敏感，华新水泥可以依靠低成本低价格的策略来打破区域之间的市场壁垒，以获得更大的市场份额。成本较低的优势将在利润率中有所体现，现比较与华新水泥营业收入相近公司的销售净利率，具体情况见表1.6。

表1.6 2021年水泥行业销售净利率比较表

公司名称	营业收入（亿元）	净利润（亿元）	销售净利率	主要经营区域
冀东水泥	354.80	28.50	8.03%	河北省
华润水泥	336.09	75.12	22.35%	广东省
华新水泥	293.57	56.32	19.18%	湖北省
山水水泥	208.91	31.87	15.26%	山东省
天瑞水泥	121.70	18.60	15.28%	河南省
亚洲水泥	108.24	26.69	24.66%	湖北省

数据来源：各公司年报

根据表1.6可知，华新水泥的销售净利率在同行业中位于前列，但与主要经营区域位于湖北省的亚洲水泥相比，其销售净利率过低，因此华新水泥应加强技

术创新，控制好材料成本以及期间费用，采用成本领先战略保持住自己在湖北省的水泥市场的份额。同时，扩大自己的"十字形"经营范围，可以尝试拓宽河南省的水泥市场，因为河南省的区域水泥龙头公司为天瑞水泥公司，其较华新水泥的规模较小，盈利能力也弱于华新水泥，故可以采用成本领先战略提升公司在河南省的市场占有份额。

（2）"一带一路"，打开海外市场格局

根据案例材料信息，发展中国家的水泥需求还较为旺盛，在"一带一路"倡议中与中国友好的发展中国家有较多的市场，华新水泥的境外收入增长趋势见表1.7。

表1.7 境外收入增长趋势表

年份	2018	2019	2020	2021
境外收入额（亿元）	13.15	15.53	18.90	25.83
增长率	10.77%	18.04%	21.71%	36.67%

数据来源：公司年报

2020年在公司还未完全将战略重心放在海外市场时，海外市场的增长率就已经保持在20%以上，2021年公司进行"十四五"规划战略后，海外市场的营业收入增长率已经达到36.67%，远超出公司收入翻番需要的复合增长率12.5%，进一步说明海外水泥市场仍有较大的发展空间。华新水泥应实施市场差异化战略，拓展海外水泥业务，避开国内水泥市场竞争激烈的市场环境。为了海外市场的盈利能够持续，要注意产能投放速度以及海外发展地点，以还未布局或者未完成布局水泥企业的国家为主，降低市场竞争成本，借鉴国内现有的经营模式，开始在海外推行一体化发展模式。

（3）数字转型，提高产品边际贡献

①推广"无人工厂"应用。在人工智能、云计算、大数据等新一代信息技术快速发展的背景下，工信部等相关部门发布《建材工业智能制造数字转型行

动计划（2021—2023年）》等多项政策，加快推进水泥等建材工业企业数字化转型，提升运行效率。华新水泥紧跟时代的发展，将数字化转型提升至公司战略地位。按照智能化标准，在全公司所有工厂开始投入智能工厂建设，并于2021年6月建成符合华新标准的第一家智能化工厂。公司的下一步目标是到2025年全面支撑"跨国公司"业务经营，全面实现数字化、智能化管理体系，推广"无人工厂"。

②优化公司业务流程。为实现2025年"传统工业＋数字化创新"的战略目标，华新水泥可以利用人工智能的手段进行市场预测，调节工厂产能。通过数据智能，重建企业决策机制，使决策机制由基于经验和少量信息的模糊决策，转变为基于数据的实时、精准、智能决策。通过信息化管控集成应用，打通管理层、生产执行层直至生产现场的信息通道，使得企业业务流程得以优化；生产数据的实时上传为合理调度、均衡生产提供了强有力的支持，使企业生产效率得到较大幅度的提高。

③完善智能管理体系。为保证华新水泥业务单元数据统一，数据标准一致，跨业务部门具有统一的数据管理体系。华新水泥应形成自己的数字化建设模式，以自主研发IOT应用为主，结合业界成熟的平台和系统共同构建数字化体系，重在对系统方案、应用产品和推广升级的自主掌控。以工业智能、商业智能和管理智能为核心的数字化体系，打通业务和管理边界，实现监控预警、指挥调度，形成横向价值网络的协同能力，从而实现产销平衡、快速决策、降本增效。

五、金戈铁马·保障措施篇

秦时明月汉时关，万里长征人未还。

但使龙城飞将在，不教胡马度阴山。

为顺利完成华新水泥"十四五"期间"业绩倍增"计划，确保"一体两翼"战略落地，华新水泥需要建立强有力的保障措施。

（一）双碳引领：绿色理念举旗帜

在国家碳排放的新发展理念下，绿色发展成为水泥行业的重要趋势。华新水泥根据国家的政策，在"十四五"期间的战略目标中明确把"碳减排"作为企业的重要任务，并提出扩大环保业务。即便环保业务可能在未来五年内无法支撑业绩倍增，但不排除未来十年甚至更远的时间为企业带来利益。为实现国家碳排放的要求和公司的长远发展，华新水泥需要坚定不移地贯彻绿色运营理念，具体内容见图 1.17。

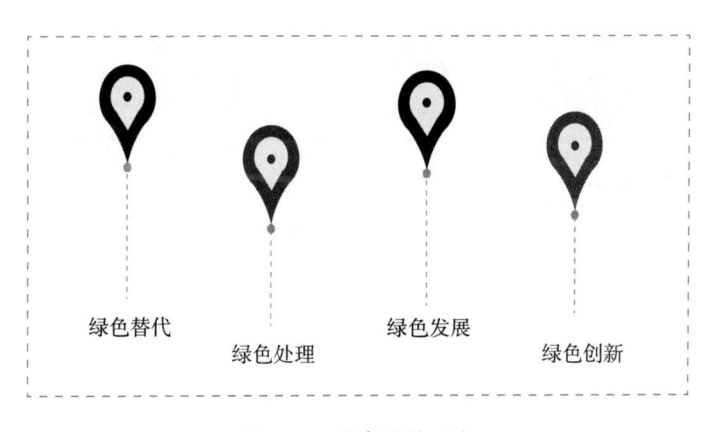

图 1.17 绿色发展理念

绿色替代：积极寻找绿色替代。以新发展理念为引领，通过大量使用替代原料，实施绿色矿山，开展一体化项目热联产降碳试点，提前布局减碳实践，为企业的发展做好规划。

绿色处理：源头探寻绿色处理。继续坚持走投资建设环保项目，发展水泥窑协同处置技术装备，广泛用于各省、市子工厂和其他水泥工厂，并从生产源头上去寻找绿色处理，体现企业减碳的决心。

绿色发展：立足长远绿色发展。加大安全生产、环境保护的投入，进一步消除或预防潜在的环保风险，为企业的长远发展打下基础。

绿色创新：技术融合绿色创新。坚持数字化转型，构建数字化营销生态圈，打造高度的智能化工厂，为企业发展增添活力。

通过树立绿色理念的思想，落实国家"碳达峰、碳中和"发展要求，为华新水泥的高质量发展指明方向。

（二）上下求索：管理制度夯基础

科学完整的企业管理制度是企业正常运转的基础，华新水泥应以市场问题为导向，持续完善管理制度，促进企业良性发展。华新水泥管理制度结构图见图1.18。

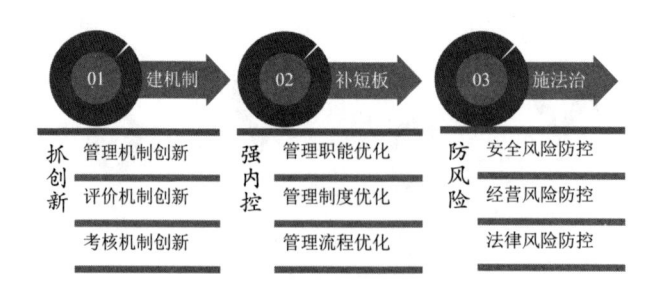

图 1.18 管理制度结构图

建机制。机制的构建主要抓创新，围绕管理机制、评价机制、考核机制创新开展。

补短板。根据业务发展要求，华新水泥调整了组织架构，从事业部制调整为矩阵式结构。矩阵组织结构具有机动、灵活、可适应性强等优势。但它的缺点也是存在的，例如项目负责人的责任大于权力，因为参加项目的成员都来自不同的部门，隶属关系仍在原单位，只是为"会战"而来，所以项目负责人对成员的管理困难，没有足够的激励手段与惩治手段，因而容易产生临时观念，对工作有一定的影响。特别是人员的双重管理是矩阵式结构的先天缺陷，所以华新水泥应强化内控，在管理职能、制度、流程方面进行优化。

施法治。法治主要用在风险的防控方面，加强安全风险、经营风险、法律风险的管控对企业良好发展尤为重要。

（三）融通隔阂：沟通交流增和谐

沟通即信息交流，指把某一信息传递给沟通对象，以期沟通对象做出预期中回应的整个过程。积极有效的沟通可以加强联系与互动，使彼此的合作关系更紧密，凝聚力更强；能使领导与下属关系更融洽，有利于团队整体工作的协调；能为大家创造一个激励共赢的氛围，让所有力量汇聚在一起，实现共同目标。

由于华新水泥在组织结构上进行了矩阵式调整，且为了便于推进规划工作及其规划成果的实施，促进公司的上下积极沟通是必不可少的。为保障沟通有效进行，华新水泥应当从几个方面进行沟通，确保沟通交流畅通，沟通交流实施方案见图 1.19。

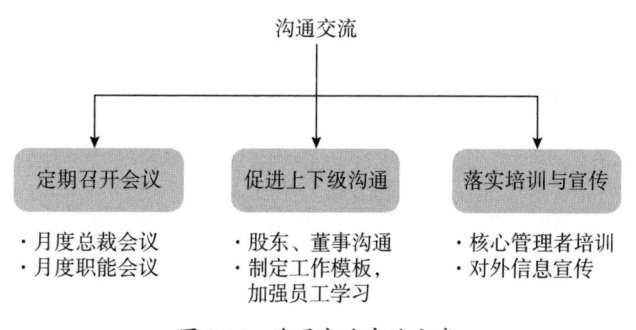

图 1.19　沟通交流实施方案

通过以上的沟通交流策略，消除不理解不信任及传达盲区等问题，同时，对公司的战略进行宣传，推动其高质量发展倍增计划的实施。

（四）筑巢引凤：人才建设搭平台

人才是企业发展的核心力量。目前企业间的竞争已由产业技术含量和管理水平的竞争演变成企业人才的竞争。华新水泥人力资源部在公司提出的高质量倍增目标下，对人才进行总规划，同时，对相关业务人才储备不足的问题进行落实和完善，不仅要稳住现有的人力资源，也需要大力加强人才引进与培养，按照具体需要拟定涉及混凝土、骨料、新材料等方面的人才需求、培养计划，并提前做好关键岗位的人才选拔。基于战略的人才培养与发展如图1.20所示。

01 人才总量
摸底公司人员情况，结合发展需求对人才进行总规划

02 人才结构
落实完善业务人才储备不足的问题，大力加强人才引进

03 人才素质
聚焦人才学习、培养、锻炼与关爱人才等

图 1.20　人才建设路径

（五）务实笃行：数字赋能促转型

数字信息作为一种资源，它具有共享性、可处理性、多效用性，随着互联网数字科技及相应商业模式的快速发展，数据信息逐渐成为关键生产要素。同行业的各大水泥企业也纷纷加快数字化转型。目前华新水泥已经着手实施"传统工业＋数字化创新"的发展战略，并取得了一定的成效。但要满足公司高质量发展倍增计划的要求，华新水泥还要继续深化数字经济创新与转型。在保证数据信息安全的前提下，用自动化、智能化的数字化创新，采用国内外资源开

发、使用、共享、管理的模式为企业的生产效率服务，提前实现"业绩倍增"目标。数字信息化创新模式见如图1.21。

图 1.21　数字信息化创新模式

六、高瞻远瞩·总结展望篇[①]

白社会中尝共醉，青云路上未相逢。

时人莫小池中水，浅处无妨有卧龙。

（一）要而论之："一体两翼"总结概况

华新水泥在"十三五"期间，以"坚持转型与高质量发展"为总体思路，抓住国家供给侧结构性改革机会。同时，与国际水泥巨头拉法基与豪瑞合并，收购了原拉法基的非上市工厂，并在次年实现并表，基于上述条件再实施国际化、环保转型、电商创新等战略，才能取得2019年实现营业收入314.39亿，取得提前完成计划的好成绩。但是公司必须面对的问题是作为公司主营业务的水泥行业，水泥产能已经过剩，仅仅依靠水泥业绩销售难以实现"业绩倍增"的目标，因此必须进行改革。经过对公司现状研究以及内外部环境分析，以"双碳"目标为理念，"业绩倍增"为目标，提出"一体两翼——以一体化战略为主体，环保战略

---

① 本案例分析研究由李玉琼、雷振华老师指导，研究人员有韩业超、胡婷、徐丽媛、李国庆、戴黎、郭千颖、陈奕帆、张锦源、盛昭媚。荣获湖南省第七届高校MBA企业案例大赛一等奖，张锦源荣获VIP队员。

为左翼，市场战略为右翼"的战略体系。主要以进入骨料混凝土市场以及装配式建筑材料市场来实施一体化战略，环保战略通过持续发展水泥窑协同技术、分级利用矿石资源以及投资新能源发电项目这三个路径来实施；市场战略的实施路径是通过成本领先战略来巩固国内水泥市场，借助"一带一路"打开海外市场，利用数字技术提高产品边际贡献。

（二）继往开来："业绩倍增"未来展望

华新水泥在"十四五"规划期间实现"业绩倍增"目标的主要动力应来自海外市场、装配式建筑行业等环保材料以及骨料市场三个前景较好的市场，上述三个市场都符合我国"双碳"目标政策，符合我国现阶段发展的大趋势，且该三个市场还未形成龙头企业，竞争激烈程度远低于水泥企业，依靠这三个"蓝海市场"，华新水泥必定能实现"业绩倍增，利税翻番"的战略目标。

第二章　高质量发展理念下永辉超市经营之道

一、理论篇：相关概念与理论基础

> 案例研究有讲究，理论基础须先行。
> 激励理论奠基础，生态价值促发展。

十余载砥砺前行，永辉超市股份有限公司从一个不知名的小公司逐步迈入大企业行列，形成了以生鲜为特色的全渠道核心竞争力，发展成为全国领先的大型零售集团。但市场风云变幻莫测，永辉内部问题也不断涌现。面对复杂的内外部环境，永辉做出了怎样的改革使企业在严峻形势下依然保持旺盛的生命力？未来又该以什么思路发展？本章将对涉及的相关概念与理论基础进行梳理。

（一）相关概念

1.阿米巴经营原理

阿米巴经营模式是日本稻盛和夫于1964年独创的经营管理方式，其把组织分成小集团，通过与市场直接联系的独立核算制进行运营，培养具有管理意识的领导，让全体员工参与经营管理，从而实现"全员参与"的经营管理模式[①]。

2.全员合伙制

合伙人制度通常是依附于公司制的组织形式而存在，为公司制企业开发出一套在员工参与经营的基础上企业与员工共享利益的分配机制，是企业管理的一种方式。永辉合伙人制度的重心集聚在为员工搭建创业平台，在利润分配和激励考核的基础上，成为连接员工和企业之间的利益纽带，通过共享共创的理念为员工提供成长通道，增强其主人翁意识，使员工承担经营风险却不用承担企业风险，提供物质与精神的双重奖励，成功调动起员工的工作热情，激励员工主动地投入企业的经营中。其具体机制可分为三个层级：针对中高层职业经理人的事业合伙人机制；针对一线员工的岗位合伙人模式；与直购供应链的买手和农户合伙模式[②]。

3.高质量发展

高质量发展就是体现新发展理念的发展，是经济发展从"有没有"转向"好不好"，以推动高质量发展为主题，就要坚定不移贯彻新发展理念，以供给侧结构性改革为主线，坚持质量第一、效益优先，切实转变发展方式推动质量变革、效率变革、动力变革，使发展成果更好惠及全体人民，不断实现人民对美好生活的向往。

4.生态价值网

生态价值网是在生态价值链基础上发展而来的，与生态价值链相比，价值网是一张蕴含无限可能的生态网，它更加强调多个经济部门之间的合作、交流和沟通，把供应链上的参与者看作是合作命运共同体，价值网中的成员实现了互为主体、资源共通、价值共创、利润共享，通过知识的共享为生态网中的成员创造价

---

① 翁文静，黄梦岚，孙丽丽，等. 阿米巴经营模式下生鲜超市转型升级研究［J］.对外经贸，2020（4）：98-100.

② 戎传家. 永辉超市合伙人制度实施效果研究［D］.石河子：石河子大学，2020.

值和财富,促进整个网络成员共同的效率,从而实现多个经济部门、多个生态的效率最佳、利润最大化。

5.新零售模式

"新零售"的基本概念源于我国产业界,2016年10月由阿里巴巴提出,与此相近的概念还有京东提出的"无界零售"和苏宁提出的"智慧零售"等。"新零售"是以消费者体验为中心、由数据驱动的泛零售形态,零售三要素"人、场、货"关系发生深刻重构,企业与消费者价值共创是"新零售"的核心目标[①]。

(二)基础理论

1.激励理论

激励理论是指通过特定的方法与管理体系,将员工对组织及工作的承诺最大化的过程[②]。激励理论是关于满足人的各种需要的方式、调动人的积极性的原则和方法的概括总结。在激励理论下,运用特定的管理模式或方法最大化地实现员工对组织以及工作所做出的承诺,其目的在于激发人的积极性与创造性来做出最好的成绩、实现最优的绩效[③]。

合伙人制度的实施正是激励理论的实际应用体现,企业通过全员合伙制,满足了员工对于权利、声誉和利益等的物质与非物质方面的需求,在充分调动员工的工作积极性和热情的情况下,实现绩效的有效提升。

2.人力资本理论

人力资本理论由美国经济学家舒尔茨和贝克尔于20世纪60年代创立,该理论认为人力资本实则为人身上的资本,具体表现为人所拥有的各种知识与技能以

[①] 张越,张忠华. 新零售上市公司财务绩效评价——以永辉超市为例[J].中国经贸导刊(中),2020(9):132-134.
[②] 杨磊. 团餐企业员工激励策略研究[D].北京:北京交通大学,2015.
[③] 陈维,张越,吴小勇. 零售企业如何有效激励一线员工?——基于永辉超市的案例研究[J].中国人力资源开发,2017(7):110-122.

及健康素质等。企业想要生存发展下去，不光需要有物质资本的存在，人力资本也是其发展不可或缺的决定性要素。现代经济社会的不断发展，致使公司治理也同样被不断提上日程，人力资本作为帮助企业发展的重要资源也因此被日益重视起来。抛却传统的雇佣观念，合伙人制度恰恰是在充分发挥运用人力资本的基础上，为企业创造价值。

3.交易成本理论

所谓交易成本（Transaction Costs），就是在一定的社会关系中，人们自愿交往、彼此合作达成交易所支付的成本。它与一般的生产成本是对应概念。从本质上说，有人类交往互换活动，就会有交易成本，它是人类社会生活中一个不可分割的组成部分。在本案例分析中，永辉超市进行供应链融资。以永辉超市为核心，积极与供应链上各方建立长期友好合作关系。这种长期稳固的合作，有效防止了信息不对称的情况发生，减少了交易双方谈判的频率，随之议价成本和监督成本也会下降，最后，在整个供应链上发生的整体的交易成本也会下降。

（三）研究方法

1.文献研究法

通过查询专业学术网站和利用学校图书馆的有关资源搜集、识别、整理有关文献，进行认真的研读，尽可能获取有关永辉超市合伙人制度的完整资料，了解其发展历史。在此之上，认真梳理和归纳相关理论及研究结果，确保文章有着科学严谨的理论基础，进而明确研究意义和研究方向。

2.案例研究法

在理论基础上，确定文章框架及分析的逻辑顺序之后，选取永辉超市合伙人制度作为典型案例的研究对象，从激励理论、人力资本理论等方面分析了永辉超市采用合伙人制度的动因，并对合伙人制度实施的过程进行系统分析。由于目前大部分实施合伙人制度的企业在实施的过程中针对点都不尽相同，故而本书采用单案例研究的形式。通过对永辉超市合伙人制度案例的深度研究剖析，得出此模式下的经验和启示，从而为合伙人制度的设计提供合理化建议，挖掘新的理论内涵进而提升已有的理论体系，为与永辉超市处于同一现状的企业提供借鉴。

二、秘诀篇：永辉超市经营成功之秘诀

> 永辉源于农改超，初期经营杂无章。
> 实施全员合伙制，店面扩展效益好。

（一）永辉超市发展历程

如图2.1所示，永辉超市成立于2001年，十年创业，飞跃发展，是中国企业500强之一，是国家级"流通"及"农业产业化"双龙头企业，上海主板上市（股票代码：601933）。被国务院授予"全国就业先进企业"，获"全国五一劳动奖状"等荣誉称号。永辉超市是中国大陆首批将生鲜农产品引进现代超市的流通企业之一，被国家七部委誉为中国"农改超"推广的典范，被百姓誉为"民生超市、百姓永辉"。

永辉已发展成为以零售业为龙头，以现代物流为支撑，以现代农业和食品工业为两翼，以实业开发为基础的大型集团企业。永辉超市坚持"融合共享""竞合发展"的理念开创蓝海，与境内外零售企业共同繁荣中国零售市场。未来几年，永辉将稳健地向全国多个区域发展，着力建设"家门口的永辉""新鲜的永辉""放心的永辉"，并以"绿色永辉""科技永辉""人文永辉"为目标，力争发展成为全国性生鲜超市千亿企业，跻身中国连锁企业前列。

```
        根植福建，进军        快速崛起，占据华      与腾讯、京东开展
        重庆、北京和安        南、华西、华北和      战略合作，打造
        徽等市场            华东等战略据点       全球供应链

  2001              2010                    2022
  初创起步            蓬勃发展                  未来与可能
                            2014
                            战略转型
```

图 2.1　永辉超市发展历程图

1.第一阶段：初创起步（2001—2010年）

永辉凭借特色的生鲜超市根植福建，异地扩张。在福州市取得领先的市场地位后，永辉在 2005 年首先进军重庆；2009 年，永辉超市北上进军北京；2010 年进入安徽市场。新开门店和新签约店都有了显著的突破，开店数位列全行业前茅，截至 2010 年底，公司已在福建、重庆、北京、天津、安徽、江苏、河南、贵州、四川等 9 个区域签约门店约 80 家。2010 年底实现营业总收入 123.17 亿元，同比增长 45.33%；实现利润总额 40 809.2 万元，同比增长 23.07%。永辉前 10 年是最基础的管理积累、模式积累、团队积累和文化积累，为其接下来的发展打下了坚实的基础。

2.第二阶段：蓬勃发展（2011—2013年）

2011—2013 年是永辉的快速崛起扩张阶段。3 年内成功进入了 12 个省份，占据了 4 个战略据点，分别是福建省、重庆市、北京市和安徽省，各位于华南、华西、华北和华东。同时，永辉还在修炼自己的内功，进一步完善培训体系、共享中心、物流体系、信息体系等基础管理工作。截至 2013 年底，永辉已开业扩展至全国 17 个省、市，开业门店经营面积 262.56 万平方米。

3.第三阶段：战略转型（2014—2022年）

2014 年，"永辉微店 APP"在福州率先上线试运行，试水线上线下经营模式。2014 年，永辉超市与牛奶国际达成战略投资合作。2015 年京东 43 亿元入股永辉超市。腾讯紧随其后，于2017年与永辉签署战略合作协议。永辉通过蜀海、达曼国际、彩食鲜等供应链体系，打造全球供应链，"云超+云创+云商+云金"四大板块协同运作，业态迭代升级。2019年12月永辉在28个省、市已发展近1 133家连锁超市，经营面积超过600万平方米，位居中国连锁百强企业6强、中国快速消费品连锁百强4强。

（二）永辉超市"全员合伙制"实施的效果分析

"全员合伙制"的成功给永辉带来的变化是全方位的，员工积极性的提升，店面数量和规模成倍地增加，经济效益不断提高，发展方向的多元化，生态价值网的不断成熟和完善。

1.员工积极性提升

在实施"全员合伙制"之前，一线员工每个月工资只有2 000多元，他们可能刚刚解决温饱，根本就没有什么干劲，每天上班事实上就是"当一天和尚敲一天钟"，顾客几乎很难从他们的脸上看到笑容。实施了"全员合伙制"之后，员工自己当上了老板，看到顾客都是充满了热情，觉得多做一点所获得的报酬也就多一点，有的甚至主动干到凌晨两三点，这在实施"全员合伙制"之前是不敢想象的。

2.门店扩张势头强劲

截至2019年12月，永辉超市门店数总计911家，相比2012年的249家，翻了近3.7倍；门店面积共7 354 854.55平方米，相比2012年翻了3.5倍。从永辉与同行业商超在2011年至2019年门店总数的变动对比图（见图2.2）中可以看出，永辉在近些年的门店扩展速度相对较快，远超在经营范围上和永辉最具有可比性的华联综超。从门店扩张的趋势来看，永辉自2013年开始便进入一个新的增长状态，而此时正是合伙人制度开始推行的阶段。由此可见，门店后续的增长在一定程度上得益于其所实施的全员合伙人制度。到目前为止永辉门店的覆盖范围已经涉及福建、浙江、广东、北京、上海、天津、黑龙江等全国28个省区市、近300个县（市、区），布局范围广泛。

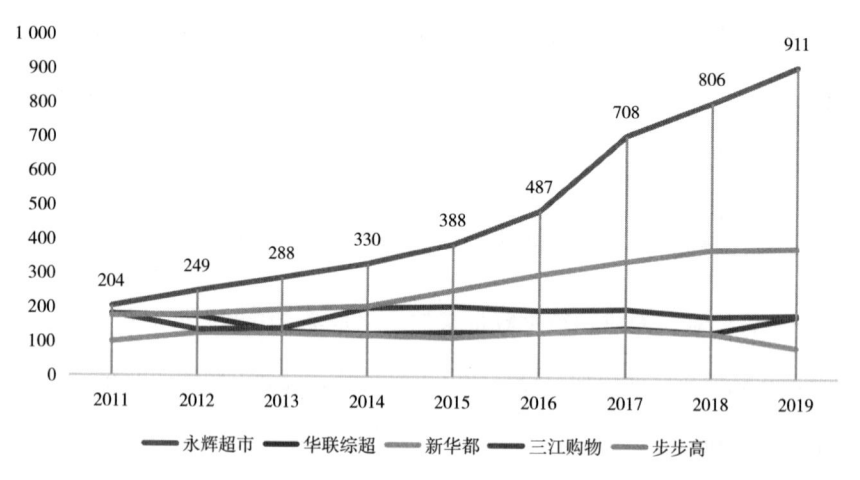

图 2.2　永辉与同行业商超在2011—2019年门店扩展对比图（单位：家）

3.营业收入明显提升

根据永辉超市实施全员合伙制的经营情况进行分析，2015—2019年的营业收入由4 214 482万元增加到8 487 696万元，增加额为4 273 214万元，增长率达到101.39%，其各年的营业收入增长率呈上升趋势，说明全面推行全员合伙制效果好。具体见图2.3。

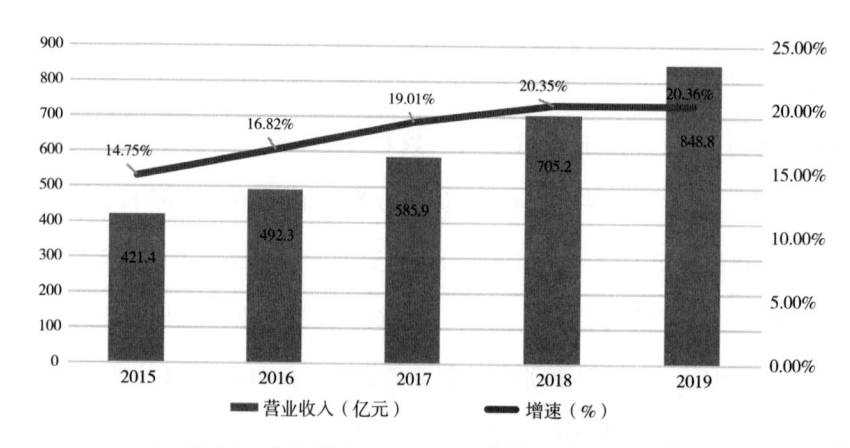

图 2.3　永辉超市2015—2019年营业收入增长率

4.多元化发展势头良好

永辉超市在传统零售业取得成功后，以生鲜产业为基础，逐步向食品用品、服装、互联网金融、网上超市、物流、云计算等方向进行多元化发展，特别在新零售行业打造了"超级物种"品牌，并迅速走向了行业的前列。

5.生态价值网布局初见雏形

随着时代的发展，永辉也创办了自己的加工厂，为自己的生鲜和食品服务，迎合了消费者的需求；线上电子商务的开展，将资源充分地利用；物流方面，2016年永辉自有物流体系与外包物流之间的比重就达到了46%，几乎占据一半，截至2020年，永辉已在全国17个省区市建成物流中心，这样使永辉在不增值作业方面缩减了成本，提高了效率；"永辉生意人""永辉管家"等APP的运用，大大提升了数据的及时性、准确性；永辉还与众多高校合作，招聘优质人才进入企业，为永辉的发展提供中坚力量[①]。

从以上五点可以看出，永辉超市"全员合伙制"的成功有其必然性，与其企业的内部文化、相关举措密不可分。该措施在短时间内给企业带来了巨大的变化，提高了员工积极性，增强了企业发展潜力。

（三）永辉超市"全员合伙制"成功实施的关键要素

2015年下半年永辉开始全面推广全员合伙制，2016年度的营业总收入就同比增长16.82%，连续数年稳定增长。永辉敢于管理创新、敢于落地试错，敢于持续优化，值得其他企业学习借鉴。

1.敢于管理创新

（1）因"店"制宜，开源节流

利润分配灵活。永辉的合伙人模式是以门店为单位与总部进行利润分成。因

---

① 詹羽茜.成本控制和价值链的分析——基于永辉的案例分析[J].农村经济与科技,2019（8）: 115-117.

此，员工会发现自己的收入和品类、部门、科目、柜台等收入是挂钩的，只要自己为消费者提供更出色的服务，就得到更多的回报。所以，合伙制对于员工来说就是一种在收入方面的"开源"。另外，员工还会注意尽量避免不必要的成本浪费。以果蔬为例，员工至少在码放时就会轻拿轻放，并注意保鲜程序，这样一来，节省的成本就可以达到"节流"目的。

离职率大幅降低。在合伙制下，部门、柜台、品类等人员招聘和解雇都是由员工组的所有成员共同决定的，因此所有的收益大家也是共同分享。这一切都将永辉的一线员工捆绑在一起，大家是一个共同的团体，而不是一个个单独的个体。这种模式，极大地降低了企业的管理成本，有效地抑制了员工的离职率。

（2）分工明确，贴合市场

价格政策多变。为了更加灵活应对市场，永辉生鲜价格一日数变。营业前，生鲜经理带着课长对一二百个品种逐一定价销售。营业中，由生鲜经理视不同商品的状态（鱼的鲜活程度、菜的新鲜程度）随时降价。临近闭店时理货员可以与顾客议价，经请示经理后即可大幅打折。

岗位设置细致。永辉超市各个岗位分工明确、职责清晰，并且店铺端人数要多于同类型大卖场一半，甚至更高。以果蔬品类收货员为例，果蔬品类到达门店后，首先就要进行验收。永辉门店的收货员是一个非常重要的岗位，对生鲜的品质起到把关作用。除了人品正直、技术过硬之外，永辉超市对这一岗位有着很多严苛条件。甚至在永辉发展的前期，验收岗位一般由福建本地人担任，并且要经过在经理级别以上的永辉总部人员举荐。

营运管理精细[①]。例如为了提高生鲜毛利，果蔬品类验收后，还要经过加工车间人员进行筛选，从中挑选出精品菜进行打包。经过初加工后的生鲜被陈列到门店。此时，前场理货员接手，按人头承包台面，负责对后场叫货和台面补货作业，保证商品丰满。此外，还有前场辅助人员，负责翻包、清洁、秤台等工作。

---

① 田园."互联网+"背景下连锁超市生鲜运营模式的研究［D］.武汉：湖北工业大学，2018.

（3）多元合作，稳定货源

股权激励买手。买手是永辉超市在供应链底端的代理人。由于买手们熟悉村镇的情况，又对菜品的各种特征了如指掌，导致买手们常常被其他企业所觊觎，行业中总有人试图以更高的薪水将其挖走。因此，永辉将合伙人制度跨上了一个新台阶：向买手们发放股权激励，借此将他们稳固在企业的周围，这也可以理解为是一种"更高级的合伙制"。

建立农户合伙人制。除了和这些企业的内部员工建立中、高层级的合伙制外，永辉超市更和当地的农户建立了一种类似"合伙人制度"的合作。在多年的合作后，永辉得到了一批忠实的合作伙伴，这也成了永辉超市在果蔬方面的核心竞争力，这些也就是永辉和农户间类似于"合伙人制"所带来的优势。

2. 敢于落地试错

（1）积极探索，全面推广

为了调动员工的工作积极性和解决企业在发展过程中遇到的各种管理问题，永辉超市各方借鉴、积极探索，最终决定依据自身特点实施合伙人制度，这也让永辉成为国内零售企业中实施合伙人制度的创始企业之一。2012年12月永辉初始尝试合伙人制度，2013年7月在福建全面实施，2014年逐步扩大试行范围，最终在2015年下半年进行全面的推广。

（2）动态调整，逐步覆盖

在合伙人制度的不断推行下，永辉出现的各种问题被逐一攻破。而永辉合伙人制度并不是一蹴而就的，也是在探寻中发展出来的。从最初的增量分红模式，然后在此基础上添加赛马机制，现在又提出了共享创业平台的思想。永辉合伙人制度从一线员工逐渐覆盖到职能部门，最终形成了"大平台＋小前端＋富生态＋共治理"的新型组织形态。

3.敢于持续优化

(1) 实施增量分红收益分配模式

永辉初步探索合伙人制度，业绩上取得了不错的成绩，主要表现在以下三个方面。第一，增量利润的分红模式基本达到全员覆盖；第二，永辉是以门店或柜组为单位来进行各种数据的考核，增加团队凝聚力；第三，增量利润分红给一线员工，具有明显的激励效果。但增量分红模式也有它自身的弊端，除了缺乏绩效指标设置的统一性，还缺乏横向比较，很难实现真正的自我突破[①]。

(2) 创建"合伙人"+"赛马机制"

永辉阿米巴赛马机制具有一定大胆创新的地方，它的群组层级以及权利的重新划分更为明显，通过赛马机制的引入对比不同部门数据，进而达到提高各自竞争力的目的。同时，由于赛马机制的添加，让绩效的评比指标更加明晰、口径统一，而不同群组之间的比较，也必需要拿数据考量，经营上的透明度也在一定程度上有所提高。

(3) 打造共享合作平台

共享平台的打造，能够吸引并留住人才，同时又让永辉将资源充分利用，为企业创造新的价值途径。由于共享平台的打造，对数字化和权利的收放更加敏感，也有利于加强公司后台数字化的推进，以及前台放权的增效。继永辉"合伙人"+"赛马机制"后，加强现代意识，深入挖掘共享理念，让员工和企业靠得更紧，在共同发展的道路上，两者进行利弊互补，快速高效地为自己、为对方创造最大化价值。

(四) "全员合伙制"适用的基本条件

企业内部信任分享。经营者要相信员工的能力，对员工委以重任，要充分利

---

① 王媛媛."互联网+"背景下零售企业盈利模式研究——以永辉超市为例[J].财务与金融，2020(5)：48-52.

用员工智慧的开放性。同时，员工要相信经营者，将自己的智慧与企业发展关联起来。企业要重视一线员工，注重对基层员工的激励，员工也要充分信任企业的经营模式，这种相互信任的关系是实施合伙制的基础条件。

企业业务具备封装性。企业的业务具有封装性的特点，可以按照一定的标准进行分割，每个项目也可以进行单独的核算。如永辉超市的大店中又分成许多小店，每个小店都可以作为一个模块运营，各个部门也可以单独作为一个独立的板块进行核算。

数据严谨反馈及时。全员合伙制度下，员工的工作绩效与工资酬劳紧密挂钩，因此对于员工绩效的计量和评价要保持严谨的态度。同时，及时的数据处理，是实行精细化管理后公司高层推行数据驱动决策的必要条件，能将数据和现场发生的问题尽快反馈给员工，并得到广泛推广。

注重人才培养机制。企业倡导员工参与管理，并不是企业高层人员简单地把经营工作扔给员工，而是企业高层人员要加强与员工的交流，与员工一起分享解决问题的智慧。另外，要注重完善对合伙人系统化培训，帮助合伙人更加快速地成长。

三、困惑篇：永辉超市持续发展之困惑

> 全员合伙有不足，独木难以形成林。
> 内外困惑相交织，未来发展需谨慎。

"全员合伙制"虽然给永辉超市带来了新的生命力，但其也存在着一定的不足。随着企业不断发展，永辉超市也面临着日益加剧的竞争压力和其他问题。

（一）全员合伙制的不足已显现

1.公平性欠缺

永辉超市作为一个全国性的传统零售超市，广泛分布于全国29个省市，572个城市，985家门店，分为"七大战区"。其分红机制在各地区、各城市、各门店中均无差异，导致了因经济水平发展不均而引发的分红不公问题。第一，门店在经济发达地区和欠发达地区，因地区经济、利润差异大，拉大了分红差距。第二，在同一地区，不同地段也可能出现因门店选址、区域人口数量不同等因素造成利润差异。第三，在同一个大店里的各个小店，受商品种类、质量、客户等因素制约，不同商品间利润水平也可能存在不同。

一区【福建、江西】

二区【北京、天津、河北、东三省（黑龙江、吉林和辽宁）、内蒙古】

三区【上海、浙江、江苏、安徽】

四区【重庆、贵州、湖南、湖北、云南】

五区【川、陕西、甘肃、青海、宁夏、西藏】

六区【广东、广西】

七区【河南、河北、山西、山东】

2.持续性不强

永辉超市的"全员合伙制＋赛马"制度在各门店的发展中激励作用明显，但一家企业的生命周期、销售数据最终都会进入相对稳定期。在这个阶段，即使各合伙人付出更大的努力，利润也再难增长。一方面，根据赛马制度，每次排名将淘汰最后20%员工，所以处于业绩稳定期的门店合伙人，即使是优秀员工，也可能会被淘汰；另一方面，永辉超市全员合伙制设置了分红上限，当一家门店的利润已经超额（达到分红上限后），势必会降低合伙人的积极性，从而降低公司收益。

3. 人性化偏弱

永辉超市全员合伙制的推行，帮助合伙人实现了收益的提升。但在这个过程中，合伙人势必付出更多的时间、精力，给自身健康带来一定的负面影响。比如：案例中以李香发作为合伙人之一的澳洲羊肉小店，虽然收入急速增长，但他们6人组成的"阿米巴"，每天要从凌晨3点多上班至晚上6点多，高强度的工作消耗了身体健康，带来一定的负面效应。从马斯洛需求层次理论分析，永辉超市的全员合伙制，给这些合伙人的激励仅停留在物质层面，而他们的精神激励相对匮乏，也就是缺乏人文关怀。

（二）公司竞争力有所减弱

1.传统零售战火不断

随着传统零售国内外竞争日益加剧，永辉超市面临的挑战日趋严重。虽然近3年永辉超市在传统零售中新开店数量排在前列，但紧随其后的卜蜂莲花、华瑞万家等也在不断扩张（见图2.4），并有部分传统超市因竞争力不强而关闭。虽然永辉超市相对于其他超市关闭店面的数量较少，但也映射出外部环境的复杂。

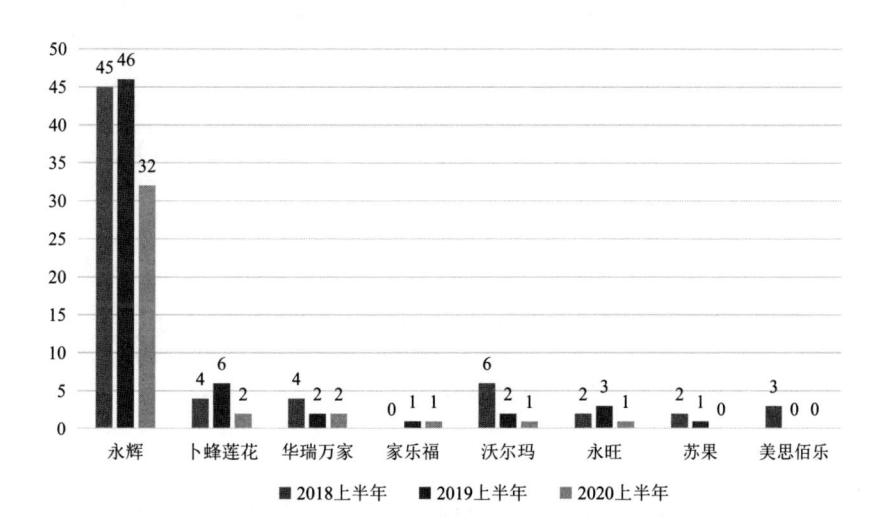

图 2.4 八大超市企业 2018—2020 上半年开店数量（单位：家）

2.新零售烽烟又起

随着经济社会的不断进步，新零售作为一种新的市场业态正在逐渐成长，对传统零售发起巨大的挑战。面对这一重大挑战，永辉超市创立"超级物种"予以应对。但早在2017年，以"盒马鲜生""7FRESH"为主的新兴力量凭借阿里巴巴、京东等资本力量的加持，通过各自平台的海量客户和线上引流能力，不断扩充着自己的商业版图，这些企业对传统零售超市而言，是不可忽视的威胁（见图2.5）。永辉超市的"超级物种"想要追赶阿里巴巴旗下的盒马鲜生及"7FRESH"需要付出更多的努力。

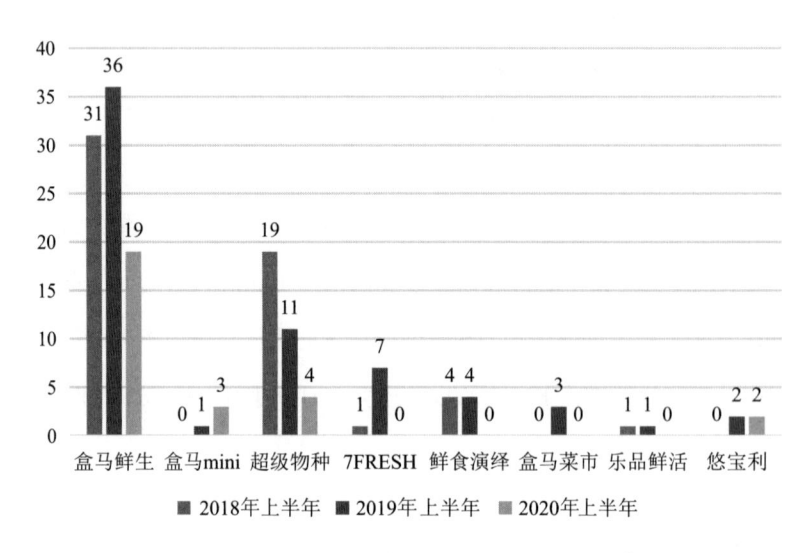

图 2.5 新零售 2018—2020 年上半年开店数对比（单位：家）

（三）财务能力下降

通过对永辉超市 2015 年至 2019 年的盈利能力、营运能力和发展能力进行对比，分析了其企业急速扩张后的财务能力。

1.盈利能力不佳

通过净资产收益率和销售净利率这两个关键绩效指标分析了公司资金增值和获取利益的能力。2015 年永辉超市开始新零售布局，通过优化门店和管理系统及营销活动的成功，使其前三年销售额大幅上升，获利能力增强并趋于稳定增长，但高速扩张导致成本提高。致使永辉超市后两年的净资产收益率由9.09%下降到7.10%。此外，虽然永辉超市的销售净利率在2019年小幅度上升到1.71%，但整体仍低于行业平均水平，获利能力不佳（见图2.6）。

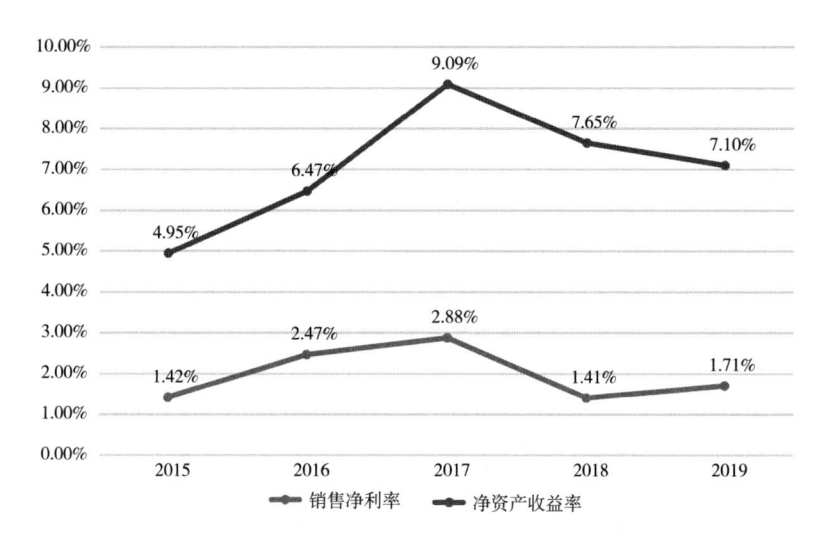

图 2.6　2015—2019年永辉超市盈利能力分析

2.营运能力减速

永辉超市应收账款周转率从2016年到2018年出现了断崖式的跌幅，同比分别下降了57.76%、52.26%、42.36%，主要原因是部分销售货款没有收回，这意味着永辉超市极易出现坏账情况，存在一定经营风险（见图2.7）。另外，永辉超市在新零售探索的同时，也在金融业务领域试水，新增了保理业务，由此带来了应收账款周转率大幅度下降。虽然在2019年上升了19.79%，但整体上看，永辉超市仍需引起注意，提防之后继续恶化，及时应对解决。

· 工商管理硕士（MBA）教学案例分析研究

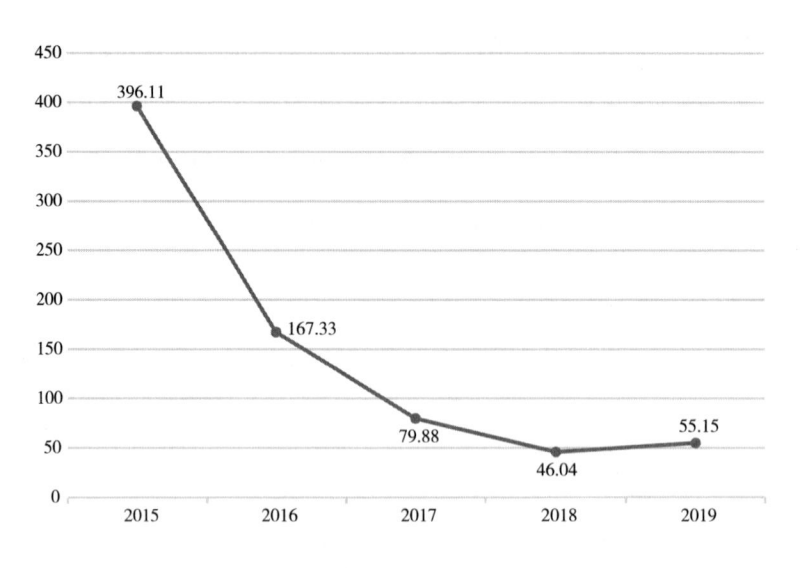

图 2.7　2015—2019 年永辉超市应收账款周转率（单位：次）

永辉超市流动资产周转率和总资产周转率的变化趋向相类似，在 2018 年略有上升，但整体仍处于下降状态，其原因归根于永辉超市近几年保持高速扩张状态。永辉超市于 2015 年新开 58 家门店，2016 年更是再次新增 99 家新店，2019 年新店数量一度达到了 911 家，可是店内经营管理体系并不成熟，新店的营业收入与之前成熟店面相比较少，最终导致流动资产周转率和总资产周转率均下降（见图 2.8）。

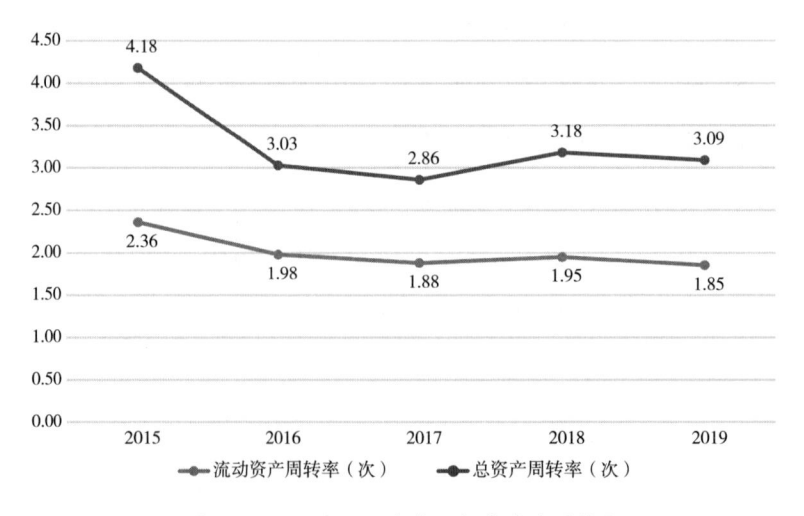

图 2.8　2015—2019 年永辉超市资产周转率

3.发展能力放缓

通过对主营业务收入增长率、净利润增长率两项关键绩效指标进行分析，永辉超市还存在发展能力放缓的问题。可以看出，虽然永辉营业收入处于正向增长状态，但是其增幅整体下降，依次为 2.07%、2.19%、1.39%、-0.52%（见图2.9）。此外，2016 年新零售模式战略收益颇丰，净利润增长率达到102.3%，实现翻倍；2017 年增速放缓到 46.28%，发展趋于稳定；但 2018 年却暴跌至 -40.8%。虽然2019 年又回升到45.66%。但整体来看，永辉前期确实把握住了新零售时代的红利，各方面关键财务绩效指标都有较大上升幅度，但随着时间推移，企业急速扩张也显露出了一些不足，存在较大改善空间。

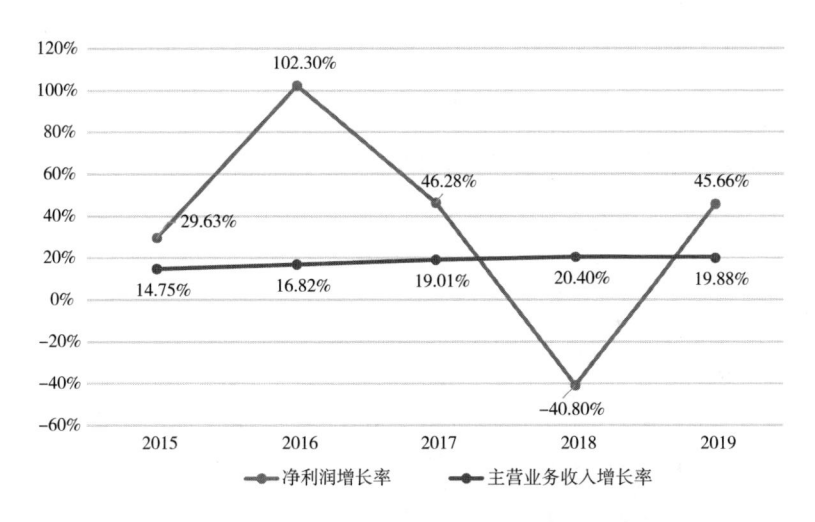

图 2.9　2015—2019 年永辉超市发展能力分析

（四）线上线下融合能力较差

新零售是以消费者为中心的线上、线下及物流相结合的零售模式。自 2016 年起，永辉超市便开始加大力度发展线上业务，不断促进线上、线下、物流三者融合。但在发展过程中还存在引流不佳、转换不足等一系列问题。

1.线上引流不佳

作为传统商超企业,永辉想借助电商平台赋能线下门店完成新零售转型,但其企业内部没有电商基础,互联网基因较弱。比如,在永辉超市应用软件的使用数量上,远远落后于盒马、叮咚等生鲜电商。根据 Mob 研究院数据显示,2019 年每日优鲜占用户总数 60%,盒马占比 30%,仅 2019 年一季度,叮咚买菜用户增长了 3 倍,以 2019 年 2 月生鲜月活跃用户人数为例,下载量前三名分别是盒马 1 719 万次、叮咚买菜 1 454 万次、每日优鲜 1 030 万次,永辉 APP 不在行业前列。

2.线下转换不足

永辉超市具有普通互联网资本无法匹配的巨大线下优势,将巨大的线下客户群转换为其线上客户是其持续发展的关键之一。盒马生鲜作为永辉强有力的竞争对手,使用人群高度重叠,但是相比较盒马 APP 月独立设备使用数均超 250 万台,不足 200 万台的永辉 APP 使用数稍显逊色(见图 2.10)。也就是说,在同用户群体中,永辉线下客流量的转换率不及盒马[①]。此外,2018 年数据也显示,永辉会员数量为 300 万台,客流转会员效率较低,仍与其他电商公司有差距。

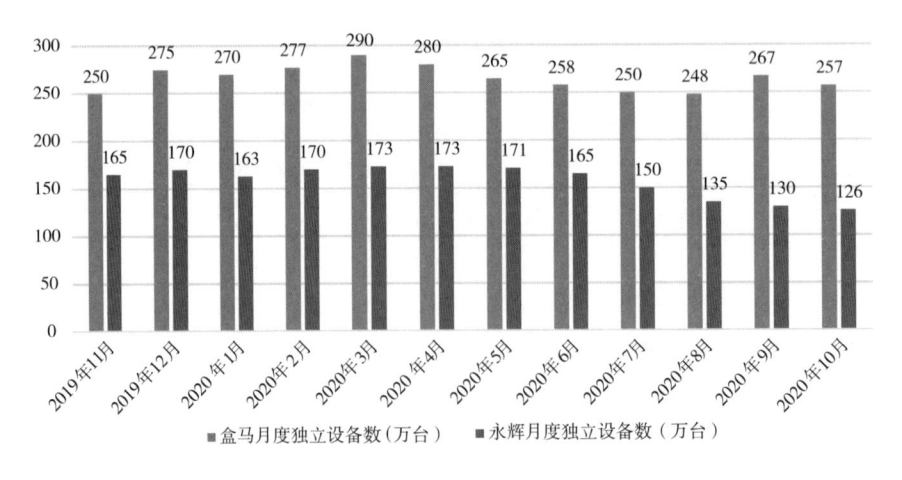

图 2.10 永辉及盒马 APP 月独立设备使用数据对比图

---

① 张艺馨,张金辉,陈镜如. 互联网下新老生鲜企业的发展研究——以永辉超市与盒马鲜生为例[J]. 全国流通经济,2020(15):14-16.

3.物流协同性较低

新零售将线上、线下与物流融合在一起,线上与线下的界限也逐渐模糊,虽然为消费者提供了触点式体验,却对物流的协同性要求较高。通过对应用市场中永辉APP的评论数据进行研究,发现线上订单存在配送超时、配送客服断联、配送过程中显示商品已无等各种无法及时履约事件。

(五)生态价值网发展不匹配

永辉超市正在构筑一个从生产制造到零售终端,从民政保障到中产消费,从商品零售到整合金融、物流、商贸服务多项周边业务的生态价值网。通过生态价值网将连接永辉超市内部的各种资源,创造更大的价值[①]。尽管永辉超市生态价值网的迅速布局给予外部巨大想象空间(见图2.11),但各业务之间相互支撑的作用发挥还不够明显。

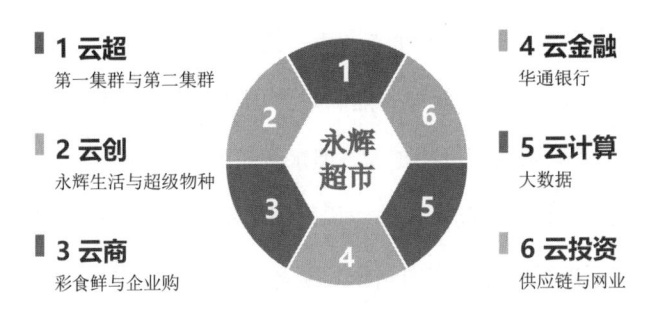

1 云超 第一集群与第二集群

2 云创 永辉生活与超级物种

3 云商 彩食鲜与企业购

4 云金融 华通银行

5 云计算 大数据

6 云投资 供应链与网业

图 2.11　永辉超市生态价值网布局

1.永辉金融使用率低

永辉为打造未来的生态价值网,创建永辉金融,致力于解决国内流通产业中的金融服务需求。其上线的"小辉付",类似于永辉超市版"花呗",用户开通"小辉付"后可在永辉超市、万全商城等地先消费,后付款。但线上金融板块的战火早已从阿里、京东,燃烧到美团、腾讯,永辉金融不管是在自家业务第三方

---

① 刘萌. 永辉超市价值创造研究[D].哈尔滨:哈尔滨商业大学,2020.

支付上的使用率,还是在整个互联网金融行业的市场占有率上均偏低。

2.永辉云创效益不佳

永辉超市是国内超市引领者之一,拥有大量的行业数据信息。近几年,永辉作为积极拥抱数字化的零售企业,一直在引领行业创新,并于 2015 年 6 月 10 日成立永辉云创科技有限公司,正逐渐成长为由供应链+科技双引擎驱动的生鲜新零售新兴企业。虽然在永辉超市生态网内,永辉云创在科技应用、数据支撑等方面发挥了一定作用,但由于新兴业务还处于培育阶段,企业经营状况逐年亏损,大数据、云计算等领域发挥的作用还有待提升。

3.永辉物流功能失效

物流是零售行业经营中必不可少的一个环节,物流系统的完善与否直接关系到永辉超市的整体绩效和未来发展。为加强生态价值网的布局,永辉超市于 2010 年 5 月 24 日成立了永辉物流。根据永辉超市 2019 年年度报告显示,永辉超市物流中心的配送范围已覆盖全国 28 个省、市,拥有 19 个常温仓、11 个冷链仓,总运作面积 60 万平方米;"吞吐能力"能满足全国 1 200 家门店正常经营,总作业额 522.4 亿元。虽然物流规模逐年扩大,但永辉超市的零售配送等业务还未完全与其物流中心相适应,相互之间的支撑作用发挥还不够明显。最值得注意的是,永辉超市的线上零售配送业务仍交由京东到家来完成,没能发挥其物流板块的最大价值。

四、策略篇:永辉超市持续发展之策略

对症下药施良策,协同发展比翼飞。

内外夹攻齐发力,未来发展方向明。

中国即将进入"十四五"时期，永辉超市面临着日益复杂的内外部环境，挑战十分严峻，在今后的发展中永辉超市如何自处，实现永续发展，根据其存在的困惑，必须以高质量发展理念为指导，精准施策。

（一）完善全员合伙制

永辉超市自 2013 年实施全员合伙制至今，该制度已经得到了永辉内部员工自发的认同，门店和员工都从中获益良多[①]。但值得注意的是，全员合伙制在实践中还存在一些需要改善的地方。

1.因地制宜，一店一策

为解决永辉超市全员合伙制各地区间的分红机制与当地经济发展水平相适应的问题，以及同一区域、不同地段的店面和同一店面内不同小店销售不同商品间分红配比公平性不强的问题，我们认为应该按照因地制宜、一店一策的原则，进一步细化全员合伙制的分红模式，通过测算各相关单位（包括：总部—大店—小店）以往的销售数据，合理制定预期目标。达到既保持目标的合理性，又保持目标的激励性，同时，确保分红的相对公平性，让各相关单位"跳起来摘桃子"，减少相同岗位员工因利润分配不合理导致的不公平。

2.量化指标，合理轮动

在商场如战场的企业竞争中，赛马制度发挥的作用明显，但其赛马机制必然还存在一定的局限性，导致一些优秀员工被淘汰。为此，我们认为在全员合伙制的实践中，可以就赛马机制的淘汰方式进行进一步完善，配套出台"容错机制"，树立以业绩为导向，但不全以业绩论英雄的理念。在具体实践中，可以量化除业绩以外的个人具体表现，在达到一定的阈值后不予淘汰。同时，可以采取"超额累进制"解决分红上限 30 万元的问题。如：超额 100 万元的提成部分可以进一

---

① 刘萌，石京京，朱丹. 基于人力资源思想变革下的合伙人制度探讨——以永辉超市为例[J]. 商业经济，2019（5）：86-88.

步提高，同时，根据市场内外部环境合理制定目标；总部也可以对业绩非常突出的门店进行额外奖励，以此达到激励目的。

针对业绩相对稳定、无法进一步保持高增长的门店中实现定额分红制，具体可以通过测算同类小店中的门店业绩，在保证总部及部分利润的前提下，拿出一定金额与一线员工进行分配。同时，出台轮动制度，即从业绩较好门店的管理团队中抽取相关人员到业绩一般的门店进行管理，从而激发新的"化学反应"，并配套出台相应的精神激励措施，确保员工的积极性得到充分保障。

3.物质持续，精神跟进

全员合伙制在永辉超市的成功推进，提高了合伙人的物质待遇，同时还可从精神层面给予一定奖励，在业绩完成良好的情况下，可以组织相关店面的合伙人公费旅游；根据合伙人的工作年限给予带薪休假政策以及定期体检、疗养等政策；根据不同的考核指标评选月度、季度以及年度先进员工，让合伙人不但有物质层面的收获，也有精神层面慰藉与自我实现感。

（二）提升企业竞争能力

1.传统零售，扩大优势

在传统零售业领域，永辉超市有其核心竞争力，即优美的购物环境、物美价廉的商品、令人满意的服务，想要继续保持这些优势则需要不断创新和优化[①]。如在超市合适的区域设置休息区、孩童游乐区、吸烟区等。一方面能让顾客感到舒适；另一方面有了休息区、游乐区，顾客在超市停留的时间可能更长，购买更多的商品；同时，还要把控好供应链的品质，进一步降低成本，确保永辉的商品不仅品质越来越好，而且价格越来越低；最后，通过不断加强合伙人的培训，提高其业务水平和服务水平，让顾客消费体验放心、舒心。

---

① 曹岩.永辉超市经营战略研究［D］.哈尔滨：哈尔滨工业大学，2015.

2.新兴零售，抢占市场

新零售市场虽然竞争激烈，但发展的空间巨大，永辉超市需利用实体店的实体优势，开创新的渠道，探索更加新颖的商业模式和更加优化的供应链条，满足消费者多元化和个性化的需求。永辉超市可利用线下实体门店数量多、口碑好以及知名度高的优势，发展在线渠道，努力为消费者提供更便捷的商品信息搜索、购买体验，确保信息之间的互通有无，让线上和线下双渠道进行有效融合。可以在发达地区建立核心据点，用优质的服务，营造顾客良好的体验感，形成良好的口碑。并结合有效的广告媒介宣传，打响知名度，随后逐步向周边的卫星城市蔓延，提高新零售领域的市场占有率。

（三）提高公司财务能力

企业财务能力是企业施加于财务可控资源的作用力，指企业所拥有的财务资源和所积累的财务学识的有机组合体，是企业综合实力的反映和企业活力的价值体现。永辉超市在今后的财务经营中应密切关注公司内外部的经济环境，拟定合理的财务战略。

1.控制成本，节能增效

成本控制是每一个企业都必须考虑的问题，高成本往往会阻碍公司的发展，低成本则能提升企业竞争力，促进其发展[1]。2015年，永辉超市开始大规模扩张占据市场，加大信息化建设投入，导致后期成本上升，获利能力有所下降。因此，永辉超市应该致力成本管控，减缓扩张脚步，缩减经营成本；有策略地进行信息化建设，降低技术成本，提高其获利能力。

2.完善应收账款管理制度

永辉超市需要及时完善应收账款管理制度，降低难以回收的风险，提高应收

---

[1] 王燕. 企业财务共享中心模式下的成本效率分析——以永辉超市为例［J］.时代金融,2019（14）：75-78.

账款周转率。一方面可以组建合适的客户信用评价机制，严格落实信用政策，选择信用较好的客户来往和交易；另一方面要将责任落实到关键负责人，通过内部的业绩评价体系在一定程度上约束与款项相关的业务员，每当有坏账发生时，按照与该业务员的相关程度进行业绩考核。

3.完善运营机制，加强资金利用率

永辉超市在预留充足的现金流和保持良好经营的前提下，应考虑把闲置资金用来弥补企业存在的突出劣势，如完善物流体系、引进专业人才、吸引优质战略合作伙伴等。同时，继续完善公司运营机制，加强企业资金利用效率。

（四）线上线下协同发展

在零售业整体转型的大背景下，实体零售业在摸索中寻找着新的突破点，而电商在经历初期爆发式增长后也逐渐进入理性发展阶段。实体与电商的界限将越来越模糊，纯线上或纯线下都将被边缘化，线上线下融合才是未来发展之道[①]。

1.利用数字化营销推广

在数字化驱动下，永辉超市可通过流量数据对当期的营销推广效果进行有效评估，进而改进下期的广告投放策略。首先是"用户识别"，主要是指通过大数据持续追踪用户行为，精准定位目标用户；其次是"数字化覆盖与用户触达"，通过数字化手段触及目标用户，并与之建立联系；再次，与用户建立深入的互动关系，将触及的用户转化为企业会员；最后，"实现交易与回报"，通过社群、品牌粉丝，借助数字化手段获得利润。

2.引导顾客线上消费

新零售模式下的永辉要想获得更大的盈利空间，必须扫除消费者向线上聚合的障碍，培养顾客线上消费习惯。

---

① 尹向东，赵泉午．零售企业超市业态的创新模式研究——以商社集团和永辉超市为例［J］．物流技术，2011（1）：25-28．

（1）充分放大 O2O 优势

线上完成订单，线下实体直接体验的消费模式是 O2O 的重要特征，基于这一特征，生鲜商超应该通过什么途径，把消费者群体从实体性线下消费吸引到线上网络平台。可以在简化整个购物流程的基础上，全面放大 O2O 的有利优势，结合消费者群体既希望了解商家店铺信息及商品价格、品牌等各方面信息，又希望节省不必要的购物流程等消费行为，生鲜商超在这种方式下进行经营管理，会达到事半功倍的效果，极大程度激发整个门店的活力。

（2）建立与消费者的良好互动和信任

建立产品在消费者心中的良好信誉，适应消费者的传统习惯，设计一个符合原有习惯的 O2O 情境，根据大数据追踪，为其精准推荐与线下同价同质的产品；及时在线答复消费者的售前售后问题；打造一个有趣的、生动的、附带红利激励（优惠、促销、礼品）消费的永辉线上超市，以消费者需求为导向，满足其对于线上交易的体验感。

3.研发智慧物流技术

新零售企业目前普遍采用即时物流服务，即以门店为即时物流的支点，使店仓一体化成为即时物流的标配。面对同质化的模式与激烈竞争，永辉超市应充分利用各种资本，投入研发智慧物流技术，提升物流服务水平。例如盒马门店的前置仓功能，其利用大数据与机器学习将商品前置，充分利用门店空间，并且能够学习历史订单数据，不断优化订单的分配与配送路线，从而提升物流效率。传统零售采用分区模式，骑手被限定与固定在区域范围之中，新零售企业可以采取无分区技术对骑手进行调配，科学均匀的分配使骑手得以循环往复地配送合理订单。

（五）生态价值网均衡发展

未来的市场竞争并不一定体现为零和博弈，竞争对手之间也并不一定针锋相对，你中有我、我中有你、资源互通、生态连接将是企业常态。永辉超市若要实现持续发展，必须将集团中各条战线、各个部门的资源集中并进行战略调配，以此来实现自组织、自生长、自发展的良好态势，进一步发挥生态价值网的作用。

1.战略布局，强强联合

永辉金融的起步相对较晚，而且永辉金融的使用率和市场占有率均很低。要提高永辉金融的使用率，首先可以从自家业务的支付上着手，不论是上游产业链的应用，还是下游消费者的支付使用率均要进行引导，通过出台相关的普惠政策，确保在这块业务中占有绝对的优势；同时，寻求客户群体相对较大的公司或企业，以战略合作和一定程度的普惠政策，引导更多的群体或产业使用永辉金融。确保永辉金融的小辉付、小辉贷首先能占领永辉自身的业务范畴的付款市场，同时，通过战略合作逐步进入其他行业或市场。

2.相辅相成，同步增长

永辉超市应进一步加大物流业务与其他业务，特别是超市零售业等主营业务之间的融合效应，从而达到相互支撑、相辅相成的作用。新经济形势下，永辉超市要不断提高物流信息技术水平，实现物流平台自动化，在自动化、数字化、算法等关键技术实现更大的突破，达到更高效率、更准时的配送。同时，大力发展智能物流装备，满足新零售带来的仓配、跨境物流、冷链物流等新需求。加大对一线配送员的素质培养，提升客户购物体验。

3.创新发展，"永"创"辉"煌

面对快速变化的消费需求和零售升级的大趋势，永辉云创需要持续加大数字化创新力度，更科学地支持集团业务发展和运营决策。在门店管理、会员体系搭建、消费者洞察、O2O业务拓展等细分场景中，永辉云创可以通过大数据和AI，为企业经营带来更多数字化运营方面的提升。让永辉超市获得更多的科学工具以支持日常业务决策，实现门店管理成本降低、试点门店销量等积极作用，在永辉超市持续发展中进一步发挥科技支撑力量，实现"永"创"辉"煌。

五、保障篇：永辉超市未来发展之保障

企业文化聚人心，人员素质提效率。

资金支持夯基础，设备升级促革新。

通过多年发展，永辉超市用持之以恒的努力将生鲜做成了自己的王牌，在未来发展中，如何进一步提升企业核心竞争力，面对愈加激烈的市场竞争成为关键问题。为了确保金石之策落实落地，永辉超市必须强化顶层设计，建立健全持续发展策略的保障措施。

（一）文化引领提士气

文化是企业的灵魂，是推动企业发展的不竭动力。它包含着非常丰富的内容，其核心是企业的精神和价值观。优秀的企业文化能够凝聚员工的力量，向同一个目标发力，而拙劣的企业文化却会不断削弱企业的力量。完善文化制度，加强企业文化创新性，才能为企业发展提供源源不断的活力。

1.完善企业文化制度

企业形成自身特有的企业文化制度是支撑民营企业可持续发展的关键因素，永辉经过多年的发展也形成了自己"融合共享，成于至善"的企业文化，但在发展过程中难免有人会背离企业文化，只追求经济利益，短期利益。完善企业文化制度应该从日常的运作中去实现，企业应该多组织有关企业文化的活动，营造一个良好的企业文化氛围，让企业员工融入其中，进而更好地推进企业文化制度建设。

2.加强企业文化创新性

企业文化是支撑企业在激烈市场中持续发展的精神与灵魂，永辉应在继承原有优秀文化的基础上，不断地创新企业文化。但是寻求创新要符合本企业的发展与现状，从企业的实际出发，把共性和个性、一般和个别很好地结合起来，突出特色。个性特色是企业文化建设的生命力，要融合本企业的优良传统和地方特色，在行业精神、核心经营理念和视觉形象上，按照"相对从紧"的原则，做到行业内统一，同时，坚持"大统一下的小特色"，即规范统一下的特色，形成富有行业特点和独具魅力的企业文化。

（二）人才建设强素质

随着竞争与日俱增，永辉超市的人才队伍面临比以往更大的考验和风险。职业经理人、员工、买手队伍事实上对于永辉来说是其自身的资产，不管是通过劳务合同的约束还是事实上的管理关系，永辉超市与员工的利益是一致的。所以优秀的员工是永辉的宝贵资产。队伍建设上需要从发现人才、留住人才、培养人才方面进行发展。

1.通过竞争发现人才

合伙人制度设计的初衷是想针对行业特性设计出一种激励制度，提高员工工作热情来保证员工的稳定性与效率性，虽然增量利润分红模式已经达到激励效果，但如何维持长效的激励，如何再次提高激励效果的思考，引发出赛马机制的运用是实现长期发展的关键。定期的组内领导人复盘重选，定期的组间绩效PK，让各个团队更有活力，在一定程度上也是发现人才的一种方式，适时地添加这种人才竞争机制能提高业绩和管理水平，为其培养出一批批优秀的人才。

2.通过"合伙"留住人才

激烈的市场竞争已经逐步让企业意识到人才的重要性。如果说赛马机制能够帮助永辉在原有员工的基础上培养一批批优秀人才，那么共享创业平台的添加就是帮助企业发现并留住精英人才的一种手段,道同才有相谋的机会,同样的价值取向和目标追求能够吸引一群有识之士相聚。企业让优秀的人才成为"合伙人"为其提供创业平台与辅助支持,平台的发展机会和管理手段在吸引人才的基础上,避免人才的流失,为企业留住精英。

3.建立机构培养人才

良好的培训体系能够为企业培养人才,优秀的制度能激发人性的巨大潜力。永辉的全员合伙制为员工提供了平台,帮助普通员工实现创业梦想,同时也为员工提供了多种职业发展通道。"永辉微学院"对标麦当劳的汉堡大学,并从中挖来培训高管服务于永辉。随着企业的发展,进一步完善培训体系,为企业培养优秀人才是必不可少的。

(三)资金投入增活力

在零售企业的管理中,资金管理处于核心地位,是企业生存和发展的重要基础。零售企业具有采购集中、销售分散等特点,无论是组织商品采购与流通,还是满足客户需求,都必须拥有一定数量的资金,资金建设的优良与否,将直接影响零售企业的未来发展和兴衰存亡。

1.优化资产负债结构

在日常经营中,永辉需要时刻了解自身的财务状况,合理预估公司的资金需求量。在融资方式上,除了债权融资和股权融资,公司还可以通过商业信用和内部融资等方式筹集资金,多元化的融资渠道能够分散企业的融资风险。永辉在近几年呈现出偿债能力下降的趋势,这会直接降低企业在资本市场的融资信用能力。可以适当调整其流动资产和流动负债的内部结构,确保有足够的存货可以偿还其预收货款;降低应收账款中保理款的金额,提高应收账款的周转速度,进而提高资金循环效率,降低偿债风险;同时,融资时注意分散公司的负债偿还期限,避免出现集中偿还债务的情况。

2. 构建供应链金融保障体系

永辉超市源头直采的采购模式和良好的供应商管理提高了其采购环节的资金管理效率，并通过库存精细化管理与敏捷的物流配送实现了存货的高效流转。同时，其合理的信用风险管理和供应链协同营销模式加快了其供应链营销环节的资金运转。永辉超市在资金融通上，要加强管理，一方面要对投资项目的风险进行预估，利用多种类投资来降低投资风险；另一方面需要积极关注企业所面临的环境变化，及时准确地进行预判，及时有效地对财务杠杆进行纠偏，增加财务杠杆的弹性，为构建良好供应链金融保障体系提供坚实基础。

（四）软硬设施相配套

永辉的不断壮大，软硬件设施的支撑必不可少。相较于线上而言，线下门店在数据采集、获取渠道上先天不足，若要顾客的浏览记录、行为数据、消费过程等实现数字化，还需从业务到软硬件设施等方面进行全方位的考虑和改变。

1. 稳打稳扎多点覆盖

零售业是一门选址的产业，门店的覆盖率直接决定了零售产业的成功与否。永辉创立至今，从福建省跨步到重庆市，实现区域盈利，后相继进入北京、贵州、安徽等多个省、市，截至2019年12月永辉拥有门店911个，门店面积高达735万平方米，覆盖28个省、市，永辉各个阶段稳扎稳打的努力都为它现在实现全国扩张多点覆盖打下了基础。提升未来的门店覆盖率成为永辉发展的重要条件，也包括永辉mini店、超级物种、永辉生活等门店的发展。

2. 全力打造优势赛道

永辉的商业模式核心就是以生鲜零售为突破点实现差异化竞争，具有规模化的可复制性，在快速开店的同时，能够完善供应链和仓储物流体系，还能在日常管理中引入合伙人制度，优化管理，管控体系的完善更加优化生鲜的竞争优势。

数据体现在永辉商超模式的可复制性，在规模优势不断快速扩大的同时，不断提升毛利率，发挥永辉在管理和供应链整合上的竞争优势。

3.持续推进网络信息发展

由核心企业占据主导地位的生鲜产品物流供应链管理的基本条件是建设一个功能相对强大、硬件设备领先、高度智能化的信息技术平台。完善物流网络信息化平台的建设除满足自身业务外，还可依托其他企业与机构的信息，为其指导销售工作。生产农产品的经销商以及超市和顾客们的利益关系绑定得非常密切。它们之间是相互高度依存的，可以随时掌握市场的动态并把一些相关的信息反馈给物流中心和企业，使企业减少不必要的资源浪费。

研究结论[1]

在信息化和现代化不断发展的当今，对零售行业来说，充满了挑战和机遇，在电子商务的冲击下，全球实体零售发展放缓，整个零售业亟待寻找新的增长动力。本案例以永辉超市为研究对象，从永辉超市发展的秘诀，现有存在的问题以及对策进行分析，制定了符合永辉超市现状的发展战略。

第一，通过对永辉的发展历程分析得出，永辉解决发展瓶颈的秘诀主要有：采用全员合伙制，增强员工的主人翁意识，提升员工个人业绩，扩展店面经营规模。

第二，永辉发展也存在一些问题，全员合伙制及其发展的弊端显现：公平性欠缺，持续性不强，人性化偏弱。同时，传统零售战火不断，新零售烽烟又起，导致永辉目前的竞争力有所减弱，成本费用增速过快，线上线下融合程度不深，生态价值网发展不匹配。以上问题均给永辉未来的发展带来了困扰。

---

[1] 本案例分析研究由刘保平、雷振华老师指导，研究人员有陈慧、吴松林、朱智敏、张倩、赵雯文、谢正、张毅、熊鹰、张振龙。本案例研究荣获湖南省第六届高校MBA企业案例大赛一等奖。

第三，通过对永辉发展现状和问题的分析，结合整个社会背景，为其未来发展提出建议：进一步完善全员合伙制，提升公司竞争能力；实施成本管控，协同线上线下发展；均衡生态价值网建设，制定以打造高质量发展的生态价值网为永辉超市发展战略，并从文化建设、队伍建设、资金建设和设施建设四个方面采取保障措施，为永辉的发展提供坚实的保障基础。

第三章　高顿教育"双轮驱动"生态圈再造战略研究

一、理"圈"：理论基础

案例研究有讲究，理论基础须先行。

战略理论奠基础，资源整合聚优势。

高顿教育创始之初立足于教育行业，教育行业的紧密互动、协同发展构成了教育行业生态圈。专注于财经教育的高顿，至今再次来到了时代的分岔口，它将如何面对宏微观环境，怎么去结合自身的实际情况做出正确的分析和评价？什么思路打造真正的终身教育生态圈？本章节将对所涉及的相关战略理论、概念进行梳理。

（一）教育行业生态圈

1.生态圈

生态圈又称商业生态圈，指商业活动的各利益相关者通过共同建立一个价值平台，各个角色关注其所在的价值平台的整体特性，通过平台撬动其他参与者的能力，使这一系统能够创造价值，并从中分享利益[①]。总之，生态圈最有价值的东西在于让高顿教育从整体的高度审视整个商业的发展，以对其有深入的认识，并由此对自身进行更加精确的定位，以适应这一充满生机，同时又危机四伏的生态圈。

2.教育生态圈

教育生态圈的概念是从生态圈概念引申而来，指由教育行业相互联系的各种组织和个人所组成的一个社会系统[②]，见图3.1。教育行业生态圈属于一种行业生态系统。常见的教育行业生态圈包括处于中心地位的学校、教育人才服务机构、教育人才培养机构、教育政策监管者等。

学校
01
学校处于教育行业生态圈的中心地位

社会
02
教育政策监管者及社会大众，都是教育生态圈的组成部分

学生
04
学生是学校、社会和企业等的服务对象

企业
03
即除学校外的营利性教育人才服务机构

教育行业生态圈

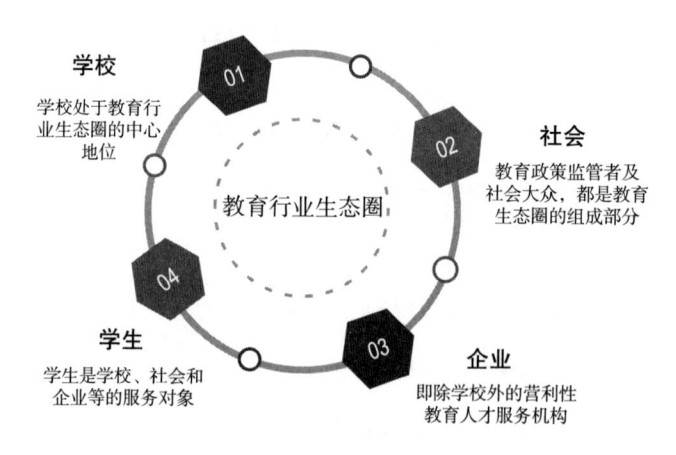

图 3.1 教育生态圈示意图

（二）理论分析工具

1.PEST分析

PEST 分析是一个常用于分析企业外部宏观环境的战略分析工具，它将企业

---

① 肖红军. 共享价值、商业生态圈与企业竞争范式转变［J］. 改革，2015（7）：129–141.
② 李瑞."互联网+"背景下构建高职院校思想政治教育生态圈初探［J］. 文存阅刊，2018（11）：164–164.

的外部宏观环境划分政治（Polities）、经济（Economic）、社会（Society）和技术（Technology）四个领域[①]。通过剖析每个领域中与企业密切相关的因素的发展趋势，洞悉企业外部环境的显著或细微变化，从而影响企业战略目标和战略制定[②]。

2.SWOT分析

SWOT分析法，是在企业内外部竞争环境和竞争条件基础上的态势分析，常用于企业制定发展战略和分析竞争对手情况时的一种战略分析方法[③]。四个英文字母分别代表：优势（Strength）、劣势（Weakness）、机会（Opportunity）、威胁（Threat）。运用这种方法，可分析并罗列出与企业密切关联的企业内部优势和劣势，找出外部环境的机会和威胁，通过矩阵排列和系统分析、权衡利弊，得出一系列带有决策性的结论，寻找最适合企业发展的战略。

（三）相关概念

1.学历教育

学历教育指各地教育主管部门依据教育部下达的招生计划和录取计划，有步骤地实施教学，要求学生在规定的时间内完成学业，获得国家统一印制的毕业证书和学位证书。凡是通过教育部批准的具有学历招生资质的学校，都属于学历教育。学历教育包括普通高等教育、成人高等教育、广播电视大学等一系列的教育。顾明远做了进一步解释，学历教育是对学生实施系统化、专业化的初等教育、中等教育、高等教育的教育教学过程的统称，当学生按照教学规定完成学业之后，便可以获得相对应的学历证书和学位证书[④]。

---

① 邹慧. XBRL的PEST分析[J]. 财会通讯，2011（6）：160-162.
② 魏颖. 卫生经济学与卫生经济管理[M]. 北京：人民卫生出版社. 1998.
③ 蒋蔷. 中国城市商业银行SWOT分析与战略定位[J]. 经济研究参考，2007（29）：38-40.
④ 顾明远. 中国教育的文化基础[M]. 山西教育出版社，2004.

2.非学历教育

非学历教育是指除了学历教育以外，根据各种实际需要或为了完成某种特定任务而开展的教学活动。它没有严格的入学资格，通常以岗位培训、专业技术培训、创业就业培训等形式开展，重在对学习过程的评价，学习结束之后无法获得学历证书，是学习者主体自觉的教育活动[①]。学员通过各种途径报名参加培训后，获得一定的技能或学得一定的知识，还要参加相关测试，考察合格后由相关部门给予相应的证书或合格凭证。这些证书与凭证要以学员的成绩情况为基础，如果课程成绩未合格，将不给予相关证书。而学历教育与非学历教育在教学目标、教学内容等方面也存在着显著差异（见表3.1）。

表 3.1　学历教育与非学历教育对比

教育类别	学历教育	非学历教育
教学目标	注重知识积累，使其具备一定的科学素养，掌握谋生的必备技能	面向生产、生活一线，培养一线技能型人才
教学内容	讲授专业理论知识，培养实训技能	依据岗位需求，重点传授岗位技能和知识
教学方式	以课堂教学为主，多为面授形式	以课堂教授为主，面对面交谈
教学结果	学业完成后，获得毕业证书和学位证书	培训结束后，获得职业资格证书
教学学制	有固定的学制	培训时间灵活，无固定学制

3.高等职业教育

高等职业教育属于高等教育范畴，是职业教育体系中最高层次的职业教育，是我国教育的重要组成部分，包括高等专科教育、高等职业教育和成人高等教育（以下简称高职教育），是教育发展中的一个类型，肩负着为经济社会建设与发展培养人才的使命；同时，高等职业教育也是我国职业教育体系中的高层次教育[②]。高等职业教育发展为专科层次职业教育、本科层次职业教育和研究生层次职业教

---

① 陈敏艳，张洁.学历教育与非学历教育接轨策略研究［J］.中国多媒体与网络教学学报（中旬刊），2019（7）：198-200.

② 冯艳阳.高职院校创新创业教育现状研究［J］.现代职业教育，2018（30）：126-127.

育（专业学位研究生教育）等三个层次的现代职业教育[①]。

4.应用型本科教育

应用型本科教育是高等教育的中间层次，修业年限一般为年，与专科教育、研究生教育共同构成我国高等教育的三个层级。应用型本科教育侧重学生专业能力，特别是实践应用能力的培养，有较强的行业、企业背景，校企合作是这类教育实施的重要途径。应用型本科教育具备的特点是办学实体为新建本科院校。虽然在我国高等教育办学实践中，地方传统本科院校，甚至是部属学术型高校也在开展应用型本科教育，但在大众化高等教育背景下，应用型本科教育的主体和试验田是新建本科院校所开展的本科层次办学实践。培养合格应用型本科人才不仅是大众化高等教育所赋予新建本科院校的时代使命，也是我国高等教育发展所赋予新建本科院校的历史要求，这类院校如何特色发展、提高水平是我国高等教育建设中不可忽视的内容。

二、话"圈"：高顿教育生态圈现状分析

点线面圈十二载，培训圈内名声起。

独轮意欲闯天下，市场纷争行路难。

风风雨雨的十二年里，李峰带领的高顿教育从单做财经培训的一个点，发展到如今线上线下、企业个人、国内国外多维度闭合的教育生态圈。伴随时代的车轮，高顿教育已有所成就。前路虽有鲜花，也布满荆棘，本章为大家拨云见日。

[①] 马树杉.应用型本科教育：地方本科院校在21世纪的新任务［J］.常州工学院学报，2001（1）：85-88.

（一）高顿教育生态圈演变过程

上海高顿教育培训有限公司（以下简称"高顿教育"）创建于2006年，注册资本2 000万元。高顿教育旗下拥有高顿财务培训、高顿财经、高顿网校、高顿研究院、GTS税务峰会、《会计师世界》杂志、中国管理会计校友会等品牌。截至2018年，高顿教育已在全国22家重点城市设立了38个分支机构，注册用户超过2 000万人。

从公司创立伊始便着眼于财经教育，从B2B模式开始发展打造企业生态圈、力求成为垂直领域的独角兽。之后紧跟国家政策，果断布局"互联网＋教育"的O2O商业模式，成为财经教育领域的领头羊。完善自身课程缺口并寻求外部合作，以期建立起能为财经人士提供终身教育的平台生态圈。

1.画龙点"睛"（2006—2010年）

2006年李锋创办高顿教育。抓住中国会计准则调整的契机，以提供财经教育服务作为长期目标。锁定企业财务培训（见图3.2）的这个突破点，精耕细作；客观上，当时的企业财务培训是很多人都没有想到的"蓝海"，所以公司频频告捷。该阶段高顿财务培训的课程主要分为以下三大板块：公开课程、企业内训、系统学习平台。三大板块的搭建完成意味着高顿教育B2B生态圈初步打造完成。

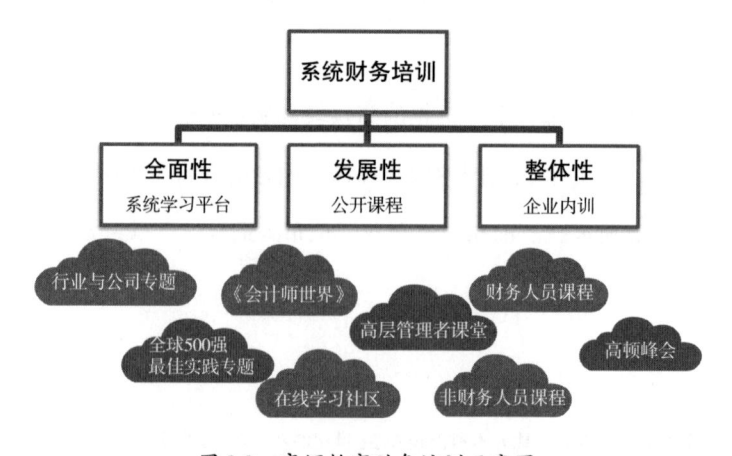

图3.2　高顿教育财务培训示意图

2009 年成立高顿研究院，明确以"帮助学员快速获取职业认证"为核心目的的战略思想，提升自身教学服务水平，打造核心竞争力。这一步棋走得至关重要，直接为今后高顿教育商业模式的转型、奠定行业领头羊地位起了决定性作用。也正是在这一年，高顿教育发现了 B2B 生态圈的弊端：盈利、销售和推广方式单一，行业规模难以扩大，信息传递滞后，人工及决策成本上升等。企业生态圈战略调整刻不容缓。

2. 穿针引"线"（2010—2014 年）

传统 B2B 模式的弊端李锋早有洞悉，并给出了相应对策。布局业务，完成由点到线的拓展，即由单一的企业财务培训"点"到企业培训和个人培训的一系列线下相结合的产品"线"。

2010 年高顿教育开始建立高顿财经教育品牌，部署个人培训业务，建立高顿财经教育品牌，开始涉足对个体学员的培训。个人培训业务的引入代表了高顿教育商业模式从单点的 B2B 模式向 B2B 和 B2C 共存模式转型。

图 3.3　高顿财经教育品牌示意图

2012 年，随着自身实力的增强且为扩大高顿教育的企业生态圈，高顿教育在全国范围内积极部署分校，截至 2014 年，高顿教育已经将线下业务拓展到了北京、南京等八大城市，线下市场初具规模。

引入 B2C 商业模式、在全国范围内部署分校便可让高顿教育高枕无忧了吗？答案显而易见是否定的。随着互联网时代的到来，一场"互联网＋教育"改革的热潮悄然掀起。

3.拟规划"圆"（2014—2023年）

早在 2010 年，李锋就敏锐地感觉到 O2O 模式迟早成为市场新兴的商业模式，因此高顿教育早就开始在"互联网＋教育"领域进行了布局，并首次提出了"终身财经教育平台生态圈"的概念。即由企业培训和个人培训的一系列线下、线上相结合的产品线，到形成"平台＋内容＋高校＋资本"并重发展的高顿教育平台生态圈，其发展之路见图 3.4。在线上、线下教育布局基本完善后，高顿教育有信心满足客户获取财经知识的需求，基于此高顿教育可转变发展思路，将目光转移到客户本身。

高顿教育从客户需求入手，致力于满足财经人士从初学者到执证者，再从资深从业者到管理者的所有财经方面的需求，因此在满足这些需求的基础上，高顿教育已初步形成致力于将原来产品线扩展到为财经人士提供终身教育平台生态圈的理念。客户处于此平台生态圈中所获得的价值远远不止一堂课程这么简单，能获得贯穿其一生的价值。

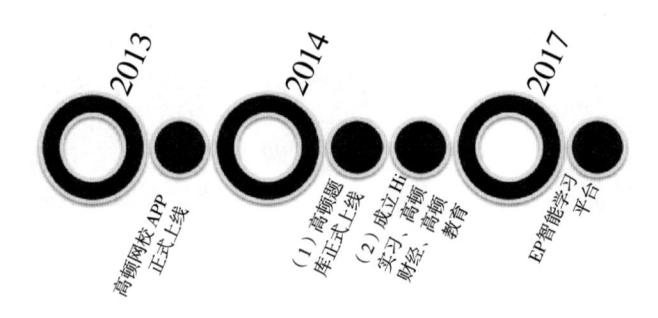

图 3.4　高顿 O2O 财经教育生态圈发展之路

（二）高顿教育生态圈取得成效

高顿教育已花费十余年时间去构筑高顿教育平台生态圈，成效见图3.5。高顿教育平台生态圈既包括前端财经知识的传播，例如高顿网校、高顿财经等获取财经证书和致力传播财经知识的学习平台，同时，也为广大学生打造了财经实习、财经游学等项目，再延展成一个高端财经人士为今后财经知识储备、管理、实践能力提升以及高端人脉交流的平台。高顿教育不仅从客户知识背景，证书匹配、备考、获取等方面考虑，更关注客户完成资格考试的后续教育。高顿教育通过开展丰富的后续教育活动，实现对客户的可持续性终身财经教育，以此支持其在职业生涯各阶段的发展。高顿教育已致力于打造终身教育平台生态圈，并为此付出实际行动。在自身快速发展过程中高顿教育主动寻求外部合作，推动线上线下融合，将平台生态圈画得更圆一些，致力于将平台生态圈构建成一个完整的、闭环的可持续性发展生态链。

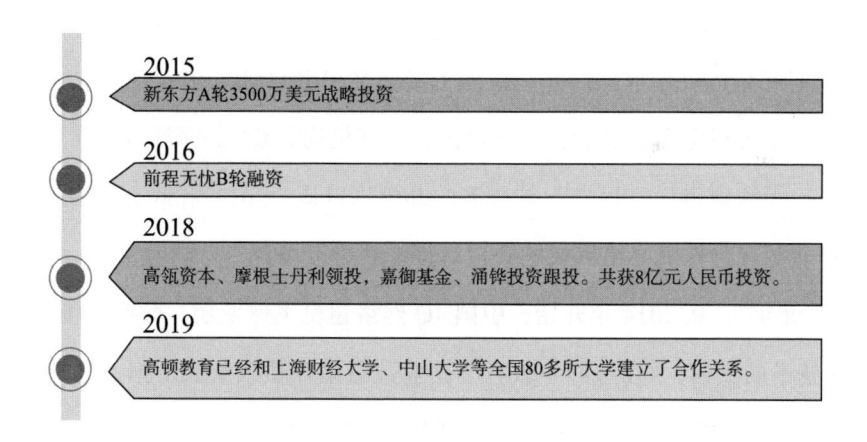

2015　新东方A轮3500万美元战略投资

2016　前程无忧B轮融资

2018　高瓴资本、摩根士丹利领投，嘉御基金、涌铧投资跟投。共获8亿元人民币投资。

2019　高顿教育已经和上海财经大学、中山大学等全国80多所大学建立了合作关系。

图3.5　高顿教育生态圈取得成效图

（三）高顿教育生态圈存在困境

高顿教育飞跃式的发展离不开创始人李锋的敏锐洞察力，善于发现市场蓝海并能把握时代浪潮。但在2019年的今天，高顿教育打造的以O2O商业模式为主的财经教育平台生态圈还能支持高顿教育继续快速发展吗？创始人李锋所想要打造"终身教育平台生态圈"的真正意义实现了吗？高顿教育平台生态圈还存在哪些问题呢？

1. 入行门槛过低，行业竞争激烈

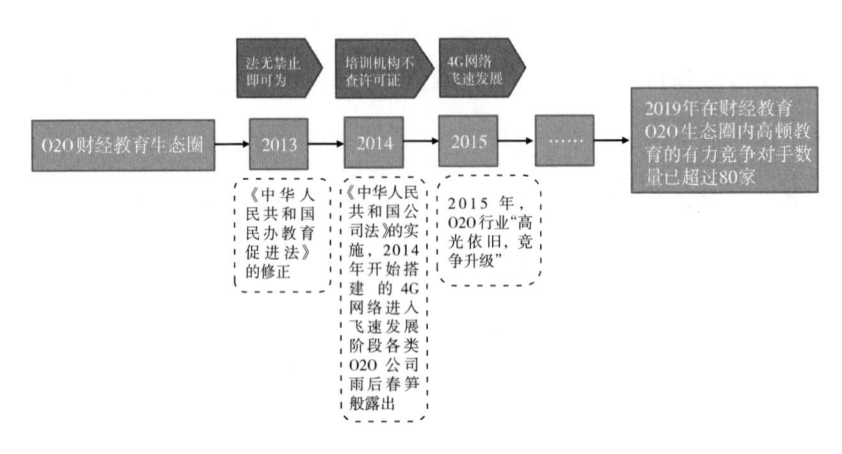

图 3.6　高顿 O2O 财经教育生态圈困境

如图 3.6 所示，2013 年修正的《民办教育促进法》附则中规定，由国务院另行规定工商行政管理部门登记注册的经营性民办培训机构管理办法。因此，在国务院相关规定出台之前，经营性民办培训机构只要在工商行政部门登记注册即可，无需取得设立民办学校所需的办学许可证。2014 年实施的《公司法》更是简化了经营性民办培训机构登记流程，鼓励市场自治。同时，2014 年是中国"4G 元年"，从 2014 年开始，中国 4G 网络建设飞速发展。政府政策的支持和 4G 技术的支撑，"互联网＋教育"企业数量呈井喷式增长。据不完全统计，截至 2019 年 O2O 财经教育平台生态圈中高顿教育的有力竞争对手数量已超过80 家。

2. 行业缺乏标准，市场缺少监管

教育培训行业鱼龙混杂的现状令人担忧：大量财经教育培训公司以圈钱为目的，课程内容大同小异，培训质量难以保证。公司虚假宣传、老师简历注水以及老师存在身份审核不严甚至信息造假等情况，已成为业内公开秘密。培训教育行

业涉及的监管部门有市场监管部门、教育监管部门和税务监管部门等，但由于相关法律未明确规定教育培训行业监管部门，暂由工商部门依据《广告法》《公司法》等法规进行监管。

3. "终身"教育生态圈不"终身"

近年来高顿教育致力于打造"终身教育生态圈"，但高顿教育的客户群体过窄，主要由社会人士组成。该客户群体文化层次不一、年龄差异大。高顿教育在财经培训、考证及职业发展等领域提供了相关服务，但高顿教育的前端教育服务领域并不完善，构建"终身"教育生态圈尚未做到"终身"服务。

高顿教育的客户学习专业财经知识，获得相关财经证书，最终得到行业认可。但财经证书的颁发主体为有关部门，高顿教育仅仅作为其中一环，与高顿教育本身提倡的"终身教育"理念显然不符。高顿可以教育创建高职院校，培训专业系统化财经课程教育学生，颁发学校相关学历学位证书，使学生终身受益并获得社会终身认可，最终做到"终身教育"。

三、破"圈"：高顿教育内外部环境分析

内部分析知不足，外部分析明思路。

战略评价定目标，独轮再造成双轮。

高顿教育在非学历教育财经领域"聚点连线成圈"的发展历程，成就了它从无到有、从小到大、从弱变强的发展壮举，这也是其顺势而为做出正确发展战略的回报。与此同时，高顿教育在非学历教育财经领域也存在不少问题，需要进一步完善财经教育平台生态圈。尤其是在竞争日益激烈的财经教育培训领域，2018年高顿教育完成了第三轮8亿元的融资后，如何利用新的资金，画出更大更圆的财经教育平台生态圈？为了解决这个问题，本章借助PEST分析和SWOT分析，

提出高顿教育由"单核发展"到"双轮驱动"的发展战略：继续做好当前财经领域的非学历教育，又新增财经领域的学历教育业务，最终形成财经教育平台"非学历教育+学历教育"的双轮驱动体系。

（一）PEST分析

1.政治因素：国家政策促发展，行业标准须规范

（1）国家政策支持民办教育发展见表3.2。2017年10月，《关于深化教育体制机制改革的意见》中提出了对规范教育培训机构的要求："规范校外教育培训机构，严格办学资质审查，规范培训范围和内容。营造健康的教育生态，大力宣传普及适合的教育才是最好的教育，全面发展、人人皆可成才、终身学习等科学教育理念。"高顿教育响应国家号召，贯彻国家的教育方针，积极办学，致力于培养高素质人才，服务经济社会发展，实现社会效益与经济效益相统一，促进民办教育事业健康发展。

表3.2 国家支持民办教育发展的主要相关政策

时间	发布单位	政策	内容
2014.11.16	教育部、财政部等五部门	《构建利用信息化手段扩大优质教育资源覆盖面有效机制的实施方案》	到2020年，全面完成教育规划纲要和教育信息化十年发展规划提出的教育信息化目标任务，形成与国家教育现代化发展目标相适应的教育信息化体系
2015.4.13	教育部	《关于加强高等学校在线开放课程建设应用与管理的意见》	建设适合网络传播和教学活动的内容质量高、教学效果好的在线开放课程；鼓励公共服务平台之间实现课程资源和应用数据共享，营造开放合作的网络教学与学习空间
2015.7.1	国务院	《关于积极推进"互联网+"行动的指导意见》	加快发展基于互联网的医疗、健康、养老、教育、旅行、社会保障等新兴服务
2017.8.31	教育部	《关于进一步扩大和升级信息消费持续释放内需潜力的指导意见》	加快推进职业教育现代化，进一步推进职业教育信息化发展
2017.12.29	教育部	《关于推动高校形成就业与招生计划人才培养联动机制的指导意见》	深入推进互联网、虚拟现实、人工智能、大数据等现代技术在教育教学中的应用，探索实施网络化、数字化、智能化的精准教育，推动形成"互联网+高等教育"发展新形态

续表

时间	发布单位	政策	内容
2018.2.12	教育部	《关于推动高校形成就业与招生计划人才培养互联机制的指导意见》	发展"互联网+教育",加强对教育系统网络安全和信息化工作的统筹协调,完善顶层设计,出台教育信息化2.0行动计划,进一步健全政策体系
2018.8.10	司法部	《中华人民共和国民办教育促进法实施条例(修订草案)(送审稿)》	利用互联网技术在线实施所规定的文化教育,应当取得相应的互联网经营许可,并向有关部门申请办学许可

（2）国家对公民接受平等教育权力的支持。2016年颁布的《民办教育促进法》指出，民办院校的师生在各方面与公办院校一样享有相应待遇。这为高顿教育平台生态圈的扩容提供了强有力的政策支持，进一步使客户对高顿教育的职业教育培训多了一份信任，其发展战略的调整正面临着良好的政策环境，这是其稳定健康有序发展的政策保障。

（3）财会人才是国家人才队伍的重要组成部分。《国家中长期人才发展规划纲要（2010—2020）》在战略目标中提出：要在财会等经济社会发展重点领域建成一批人才高地，并制定了到2020年对财会人员的培养目标：到2020年具备初级资格财会人员达到500万人左右，具备中级资格财会人员达到200万人左右，具备高级资格财会人员达到18万人左右。高顿教育主攻财经教育培训领域，为大量的财经人才提供财会等培训，在行业内占据一席之地。财会人才的增加、从业考试难度的提高，高顿教育必须时刻关注政策动向，不断更新教材内容，才能跟上政策的步伐，使财经人员树立终身学习理念，不断更新知识储备才能跟上市场发展需求。

2.经济因素：就业环境愈发激烈，经济增长促进需求

（1）就业竞争压力大，人才市场需求高。就业环境对财经人员的要求越来越高，部分高薪岗位需要含金量较高的CPA等职业资格证书，但考生数量呈直线式增长，获取职业资格证书的难度越来越大；部分企业经济萧条出现大量的下岗人

员，他们迫切需要提升自我职业技能争取再就业的机会；其次，萧条的市场经济加大了在职人员的危机意识，更多的人意识到了自我提升的重要性，因此倾向于参加培训、考取证书来提升自我职业技能。

（2）产业转型升级，高素质财经人才需求高。产业转型升级，从低附加值向高附加值升级，从粗放型向集约型升级，产业结构的高级化离不开"人"的转型与提升，市场对财经人员的要求日趋全面和综合[①]。根据财政司发布的数据，截至2017年底，一共有637万人通过相关执业资格的认证，其中高级人数最少，仅仅只有4万人，而初级的最多，有443万人。中国注册财会师人数101 376人，距离《国家中长期人才发展规划纲要（2010—2020）》的战略目标还有一定差距。高级财会人才的紧缺、产业转型和企业发展两大机遇为高顿教育提供了广阔的发展前景[②]。

3.社会因素：一技之长可立足，精学成就你我他

（1）高校财经实践教育存在不足。对于财务管理、会计专业的高校毕业生而言，专业证书和实战经验是其求职的敲门砖。然而这也是现在中国相关高等院校财会专业教育活动存在的薄弱方面。另一方面，大部分高校并未设置针对"考证"的课程。考虑到学生的知识基础水平参差不齐，高校财会教学重在搭建知识体系，讲解理论模型，较少高校选择考证教材作为教学教材或者以考证为导向安排教学，因此学生只能选择通过课外培训机构进行考证培训。

（2）人工智能部分取代专业人才。随着近两年来人工智能的大力发展，越来越多的传统岗位，诸如财务、财会等一些高程序化的职位将被部分取代，市场上目前愈加需求各类技术性强的人才。

（3）升学压力大，急需专业性职业院校。我国作为发展中国家的人口大国，高等教育人数每年都在稳步上升。在每年入学率和学生规模快速提升的背后，很

---

① 刘洋. 创意群体与企业商务交流支持平台机制研究［D］.上海：东华大学，2014.
② 会计行业中长期人才发展规划（2010—2020年）［J］.财务与会计，2010（11）：12-15.

大一部分学生达不到本科线，只能进入综合类专科院校，但是综合类专科院校目前存在很大问题，如师资力量薄弱、教学质量不高、学习积极性不高等。在这样的教育背景下，高顿教育专攻非学历财经教育培训，作为财经教育培训领域的"独角兽"，将非学历与学历教育进行资源整合，发挥其专业优势，为很多想追求一技之长的年轻人提供良好的社会文化环境，打造"求学精学专学"的学校文化氛围[①]。

4.技术因素：线上线下双驱动，合作共赢"领头羊"

（1）5G网络技术的发展引领财经教育培训行业的变革。伴随使用人群关于网络在线教育认可度的逐渐加强，消费者的付费意识也会逐步提升，同时，网络线上教育活动也将为用户提供更多元化的服务类别，我国网络在线教育市场发展态势继续维持平稳发展，2022年，网络在线教育市场规模突破5 430亿元人民币。高顿教育的线上业务已经占了业务总体量的60%，这表明高顿教育的商业模式发展也逐步迈向初步成熟阶段。

（2）"双师"教学模式的兴起促进财经教育培训行业变革。所谓"双师"教学模式，即线上教学与线下教学相结合，学生课前自习教材，再通过网络视频进行精细化学习，之后利用线下的面授课程与老师同学交流讨论。但是受时间、地点的限制，此次改革并没有大范围波及财经教育培训行业，大成本的支出使得此次改革进展缓慢，高顿教育在"ACCA私播课全科计划""ACCA大学生雇主直通计划"等终身学习课程中采用"双师"教学模式，受众范围小，这是一个优胜劣汰、资源整合的过程。中国在线教育用户规模及使用率见图3.7。

---

① 郭英，黄凌燕. 互联网背景下江西省旅游电子商务平台发展策略研究［J］.长江丛刊,2018（29）：32-33.

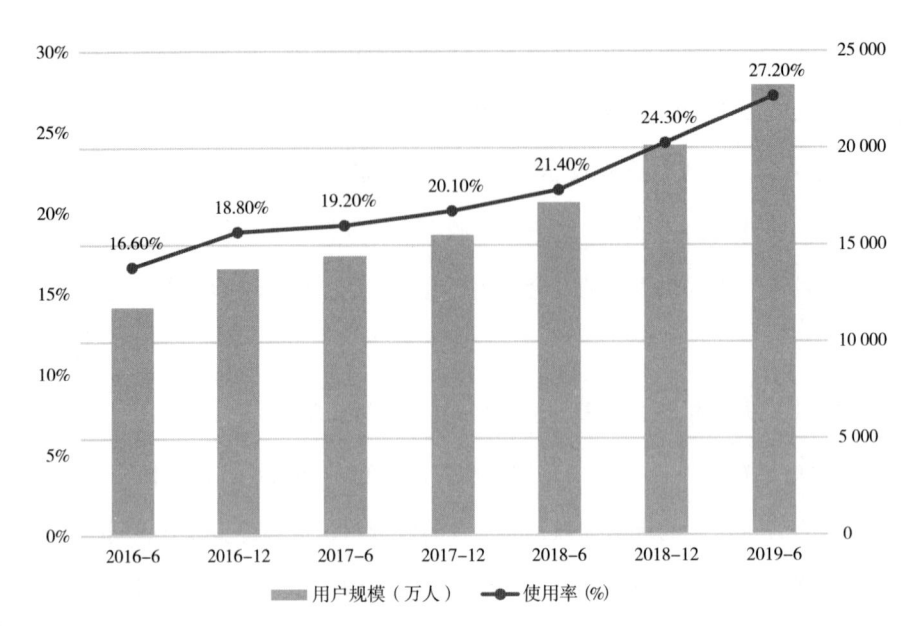

图 3.7　2016 年 6 月—2019 年 6 月中国在线教育用户规模及使用率

（二）SWOT分析

1.优势

（1）新产品研发实力强。创立高顿研究院，发展至今，研究院已成为业界最大的财经职业认证研究机构，并且将研究院优质的教育资源作为其最大的核心竞争力。

（2）关注用户体验，注重产品质量。高顿教育为顾客打造财经终身学习产业链，延长用户的生命周期，高顿教育得以真正实现教育"面向人人，因材施教"的特色，从入门学习到最终就业发展，在顾客选择高顿教育的同时，也是在为自己的职业发展选择一条光明灿烂之路[①]。让更多普通学员享受财经教育成果的同时，根据学员个性化特征提供差异性学习解决方案。

（3）合作共赢，多渠道资源整合。高顿教育与教育培训行业的龙头——新东

---

① 洪霖. A 公司基于金融生态圈的人才服务模式研究与设计［D］.上海：东华大学，2017.

方教育、求职行业——前程无忧达成战略合作伙伴。在企业合作层面，高顿教育通过与招商银行等大型商业银行、金融机构和百度、西门子等知名500强企业，"四大会计师事务所"为代表的会计服务机构进行合作，整合财经优质资源，打造全面、系统的财经人才培训和企业服务体系，推动中国新商业文明发展[①]。

（4）校企合作。高顿教育长期与各大高校合作，包括与上海财经大学、中山大学等高校合作开展培训。既弥补了师资不足的短板，也因此开发了潜在客户。

2.劣势

（1）市场推广力弱，营销渠道单一。高顿教育虽是较大的财经的培训机构，但市场覆盖面远远不及东澳等知名培训机构，营销渠道以电话销售为主，较单一。

（2）商业模式上无突破性创新。财会类非学历教育培训市场已经趋近饱和，各大财会网校争先恐后进入"考证"市场，产品质量你追我赶，不分上下，财会类非学历教育培训已经打造闭环生态圈。

（3）师资力量层次化，金牌讲师流动性强。高顿教育在发展过程中也遇到了培训市场共存的瓶颈，工作人员因为工作时间长且特殊，大量占用私人时间而流动率高。工作人员频繁流动，对师资队伍的稳定和师资水平的提高是极大的障碍，不利于企业的长期稳定发展。

（4）线上网校占主导地位。高顿教育主攻高顿网校，这也是高顿教育主要的盈利模式之一，但单纯的线上网校缺乏线下辅导，只适合于学习自觉性高、有一定专业基础的学员。

（5）相关多元化战略分散企业资源。与不同行业的企业进行合作，促就业促商业发展，但在一定程度上削弱了财经教育培训的核心竞争力。

---

① 罗昌萍. 青岛市非学历教育培训机构的发展战略研究［D］.青岛：青岛大学，2009.

3. 机会

（1）高端财会人才的需求提高，对财会人才的专业技能提出更高的要求。随着财会从业资格证书的取消，行业准入门槛降低，竞争将趋于激烈，财会实操业务能力将成为人才招录过程中的重要考察点，同时，中级职称、高级职称、CFA以及 CPA 等能够体现个人专业知识以及水平认证的相关证书所具有的优势也会逐步显现[①]。

（2）人工智能的发展催促财会人员转型。继德勤财务机器人面世后，其他三大财会师事务所也相继发布了机器人。人工智能的发展给财务领域带来了革命性的变革，尤其是基层财务工作者的工作或许在未来五年内被财务机器人所取代。面对这样的变革，更多的财务工作者选择通过考取专业证书、进修学习、增加专业技能来提升自身的不可替代性。我国财会类培训行业市场规模见图 3.8。

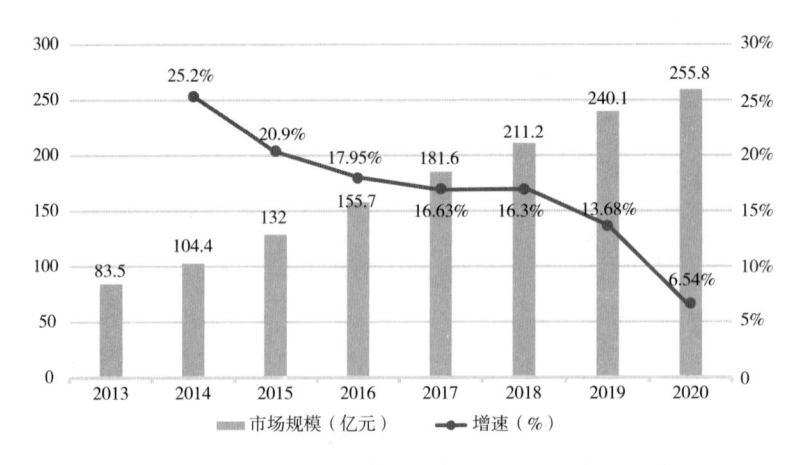

图 3.8 2013—2020 年中国财会类培训行业市场规模

4. 威胁

（1）高端教育培训市场竞争激烈。目前金融财会教育培训组织数量众多，具有十分显著的地区性特点，相对具有领先性的行业代表有仁和财会教育、中华会

---

① 陈亮伟. 我国非学历教育培训机构的政策文本与发展战略研究［D］. 长沙：湖南师范大学，2012.

计网校、东奥会计以及恒企教育等。

（2）财会政策法规的调整。这意味着财会行业的一次洗牌，每一次相关政策、法规的出台，都意味着财会培训行业课程的调整或升级，这对机构的反应力、敏锐度和前瞻性提出了巨大的考验，若反应滞后，很容易在这快速更新迭代的市场里被竞争对手捷足先登，从而丢失市场份额[①]。

（3）行业产品同质化现象严重。财会培训机构大多围绕财会实操、财会类证书两项业务开展培训，各机构提供的课程资源差异不大。产品同质化导致客户转换成本降低，因此培训机构开始进行低价竞争，而这也使得整个行业陷入了恶性循环。

（三）高顿教育SWOT矩阵分析与评价

立足高顿教育未来的梦想，运用SWOT矩阵模型进行战略评价分析，划分出了防守型、偏重防守型、适度型、进攻型战略四种战略规划（见表3.3）。

表3.3　高顿教育 SWOT 分析

高顿教育 SWOT 分析		优势（S）	劣势（W）
内部资源	外部资源	①新产品研发实力较强 ②注重产品质量 ③企业文化氛围浓厚 ④学员人数增长速度快 ⑤产品差异化满足不同层次需求的用户 ⑥校企合作 ⑦关注用户财经终身学习产业链	①市场推广力弱 ②营销渠道单一 ③品牌认可度低 ④师资力量层次化，金牌讲师流动性强 ⑤非学历教育无模式创新，市场饱和程度高 ⑥行业进入门槛低 ⑦相关多元化战略分散企业资源

---

① 蒋艳. 民办教育 Y 培训机构核心竞争力提升研究［D］. 重庆：重庆师范大学，2018.

续表

机会（O）	SO 战略	WO 战略
①国家/地区对教育培训产业的大力鼓励和引导 ②众多企业调整自身发展战略，可借鉴经验开启新领域 ③可支配收入比提升自我领域 ④财会培训市场前景广阔 ⑤人工智能的发展催促财会人员转型	①响应国家政策，聚集优秀师资力量，独立创办高职高专院校 ②通过市场渗透战略，吸引更多学员，摊薄课程开发成本	①通过市场渗透战略加大上海以外地区品牌建设和宣传力度 ②从客户认知着手，提升品牌形象，改善客户体验 ③加强企业文化建设，降低员工流动率 ④通过专业化战略，发挥核心业务优势
威胁（T）	ST 战略	WT 战略
①国家针对财会政策法规的调整意味着行业的一次洗牌 ②机构之间产品同质化严重 ③高端教育培训市场竞争激烈 ④教育行业并购浪潮	①以丰富的行业经验，及时深刻地解读新政策，并迅速调整教材和课程建设 ②加强师资队伍政策性学习，了解最新财经信息动态 ③企业内部进行改革，员工绩效考核和师资力量调整 ④引入战略投资	①新的股权激励计划，增加员工持股，提升主人翁意识和责任感 ②将最新财会政策纳入讲师培训系统，培养高质量讲师 ③通过目标集中战略，深挖现有市场，巩固区域优势

通过 SWOT 分析可以看出，高顿教育存在的问题主要是非学历教育无模式创新，该市场饱和程度高；行业进入门槛低，不同类型的培训机构抢夺职业教育培训市场；企业快速扩张，分散企业资源，营销网络体系不健全等内部劣势导致高顿教育未实现市场开发目标，又丧失了核心竞争优势。

高顿教育利用新产品研发实力较强等自身优势，国家出台政策支持民办职业院校发展等机会，采取 SO 战略——优势机会组合，其中提及率最高的是同心多元化战略，目前高顿教育的产品体系已经十分完善，也初步完成了平台生态圈，因此选择同心多元化战略[①]。同心多元化战略的核心是通过丰富产品品类，涉足更多市场，帮助企业提升市场份额，加强其竞争力，进而实现企业跨领域经营，推动企业长期健康发展。

高顿教育面对激烈的行业竞争，采取 ST 战略——优势威胁组合，针对高顿教育现状，采用该战略的核心是不断完善产品质量，提升客户满意度，在现有市场

---

① 胡欣. 互联网对代非学历教育培训机构发展策略研究[D].北京：中央民族大学，2016.

和产品基础上通过专业化战略实现规模扩张和利润增长，建设专业特色群以实现近期目标。

（四）高顿教育发展战略选择

1.高顿教育应选择多元化战略

根据高顿教育现有生态圈的困境分析及 SWOT 分析，高顿教育要实现终身教育的发展目标，必须走多元化发展战略之路，财税非学历教育所带来的竞争者已成为其成长的关键影响因素，为了适应市场的竞争变化，高顿教育必须持续地调查市场环境寻找多元化的机会，事实表明：其现有非学历教育的增长空间已经明显受限[①]。高顿教育实施多元化战略的原因有三：①非学历教育的持续经营并不能达到目标。②高顿教育非学历教育成功经营而保留下来的资金与多次成功融资已超过了非学历教育财务扩张所需要的资金。③与现有的非学历教育扩张相比，多元化战略完全可以助推高顿教育实现更高的盈利目标。

2.高顿教育应选择同心多元化战略

多元化战略可以分为相关多元化战略和非相关多元化战略。其中相关多元化战略也称同心多元化，是指企业以现有业务或市场为基础进入相关产业或市场的战略。相关多元化的相关性可以是产品、生产技术、管理技能、营销渠道、营销技能以及用户等方面的类似。根据高顿教育在财税非学历教育所积累的教育资源与品牌影响，高顿教育可以整合资源优势，以教育为同心，实施同心多元化战略，有利于高顿教育利用原有产业的产品知识、教育能力、营销渠道、营销技能等优势来获取融合优势，实现非学历教育与学历教育两种业务同时经营的盈利能力大于各自经营时的盈利能力之和。

---

① 李祖平. 交通职业教育发展战略研究［M］. 武汉：武汉理工大学，2005.

3. "双轮驱动"生态圈的实质就是同心多元化战略

虽然高顿教育"独轮教育（非学历教育）"在财税培训圈中具有竞争优势，但其非学历教育的市场成长性与吸引力正逐渐下降，其"独轮教育"生态圈必须打开一个缺口，将学历教育融入其中，形成一个既能相互补充，又能相互支撑的"双轮驱动"生态圈。"双轮驱动"生态圈其本质就是以教育为同心的多元化战略，高顿教育"双轮驱动"生态圈具有以下优势：①可以分散风险，当非学历教育失败时，学历教育能为其提供保护；②更容易地从资本市场中获得融资；③在高顿教育无法增长的情况下为其找到新的增长点；④利用未被充分利用的资源；⑤运用盈余资金；⑥获得资金或其他财务利益，例如累计税项亏损；⑦运用高顿教育在教育培训市场中的形象和声誉进入学历教育，学历教育要取得成功，高顿教育形象和声誉也是至关重要的。

四、造"圈"：高顿教育"双轮驱动"生态圈实施

双轮驱动添活力，近期目标立品牌。

远期目标指方向，实施路径定乾坤。

（一）高顿教育"双轮驱动"生态圈原理

结合 PEST 分析和 SWOT 分析，高顿教育必须抓住机遇和内外部环境，虽然目前高顿教育的产品体系已经十分完善，也初步完成了平台生态圈，但行业产品同质化严重加剧了行业竞争，此时的平台生态圈已经趋于饱和状态，缺乏创新模式，"独轮"前行，一味地寻求合作、过度营销等问题逐渐暴露出来。在国家政策的支持下，市场经济的大量需求，以及高级人才市场的缺失，促使高顿教育从另外一方面——学历教育培训课程的开发，聚集优秀师资力量，独立创办高职教育及应用型本科教育，实施"非学历+学历"的双轮驱动发展战略。

双轮驱动发展战略的理论基础支撑：同心多元化战略。基于同心多元化战略，高顿教育在未来将分三步走：用1年时间，建设好高顿集团财经教育的特色专业群；用3—5年时间，打造一所高顿集团下示范性的财经高职院校；用5—10年时间，把高顿集团建设成财经类的应用型本科教育。通过10年发展，高顿教育做到非学历教育与学历教育培训并驾齐驱，最终扩大生态圈，实现财经领域终身教育可持续发展竞争优势。高顿教育"双轮驱动"生态圈见图3.9。

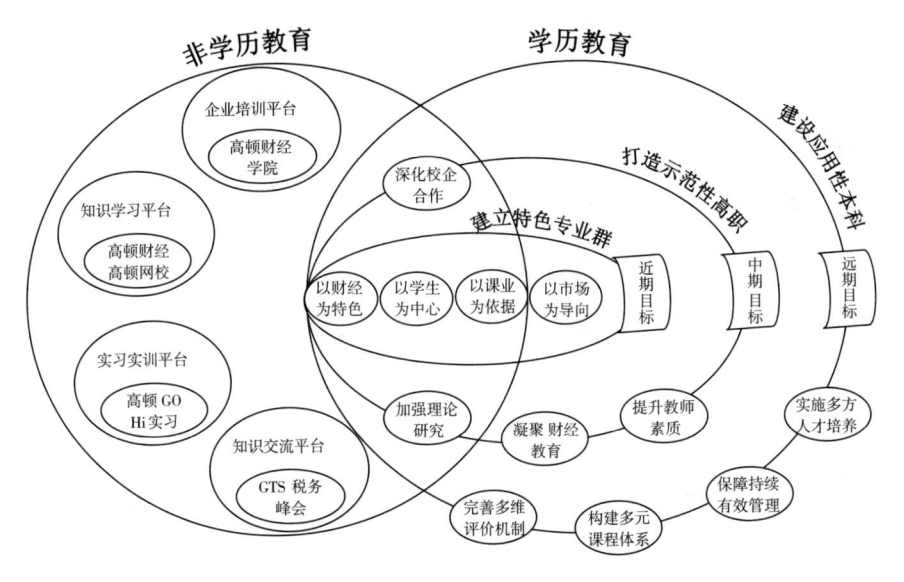

图3.9　高顿教育"双轮驱动"生态圈示意图

（二）高顿教育"双轮驱动"生态圈近期目标与实践途径

1.近期目标：特色专业群建设

近期目标：大力发展财经教育，用1年时间，建设好高顿集团财经教育的特色专业群。

聚焦以财经为特色的发展目标。近期目标是建设特色专业群，塑造特色培养模式，形成特色办学。特色办学、特色立校是目前许多高校都在宣传的口号，其至确实是很多学校想实现的目标,在目前的教育竞争环境中,没有特色就很难取得竞争优势。因此,高顿应当着力巩固以财经为特色的办学目标,从教育产品建设到学生活动,从专业设置到培养模式再到就业创新,以这些点滴特色为"引爆点"最终提升整个高顿教育的知名度,做到以点带面,找到"引爆点",打造一批特色专业群。

2.近期目标实现路径

建立健全以财经职业为导向的课程体系。高顿集团教育体系经过不断研究和创新,目前已经进入一种全新模式,不再形同于传统的主导模式。其课程体系的最大特点是内容不固定,会根据社会及市场的变化而做出调整。设计课程的依据是企业及市场制定的对雇员的应有能力水平要求,通过何种课程教育可以符合国家岗位的标准,核心课程不仅仅包括专业知识学习和专业技能培养,还包括通用能力的培养等。学生凭借在课程中所学到的专业知识、职业技能和其他能力,能够很快适应社会和市场的需求。

发展以学生为中心的教学模式。以学生为中心,让学生真正置身于学习当中,充分了解从事一项职业所必须具备的知识、能力和技能,充分开发学生的潜能。课程倡导以学生为中心的教学理念,老师的作用类似于导师,是以启发和引导为主,积极组织以学生为主导的课堂教学,为学生主动参与教学过程提供各种机会。在教学方法上教育强调老师与学生之间的互动,充分调动学生的学习积极性,摒弃传统教学中的仅限于专业知识的灌输,而是注重学生实践创新能力的培养,重点培养学生团队合作、案例操作分析等能力。除了基础知识和专业技能外,非常注重其他能力的培养,包括沟通表达能力、组织领导能力、信息处理能力、反思和批判性思维能力等,这些能力在从事职业时都是必备的。

试行以课业考证的评估办法。实践教育重视评价和质量监督,评估时严格按照评估体系科学评估。其审核人员不仅有内审员,还有专门的外审员,两者同时对其实行持续的、有效的监控管理。高顿课程的考核主要是通过学生的课业来完成，在设计学生的课业评价体系时，抛开传统的纸质或单纯的结果评估，要根据目标创设场景假设，要求学生完成每一项任务。学生可以选择独立完成，也可以以小组为单位共同完成，完成所有既定目标后，进行小组讨论和分析，并对不合格、不满意的部分进行分析和改正。课业的形式不拘泥于一种形式，可以采用实践报告、口头表述等形式来呈现。高顿教育的评估反映的不仅仅是学生学习的最终结果，更是通过这种连续不断的评估过程真实地检测学生在学习过程中遇到的问题，并给予及时解决。

完善以市场为导向的教学机制。及时了解市场动态，并有效反馈消费者当前的实际诉求，从而实现企业营销策略的动态优化，最终促成企业销售目标的达成，增加校企合作基地。目前，机构与学校和周边企业的合作资源较少，市场推广对象较为分散。当高顿教育已经具备了完整的金融课程培训体系，在完成了课程体系的初步建设之后，应采取目标集聚战略，加大市场推广力度吸引目标客户群体。高顿教育在宣传的同时，应当利用好现有的高顿教育资源，现有学员是高顿职业学院最好的宣传队伍，他们对高顿职业学院的了解度与参与度较高，拥有效益最高的推荐力量，若将这部分生源利用好，可以解决短期内的生源问题，比如来年的招生人数、下一年度的推广工作等等，用此模式实现高顿职业学院短期内的发展战略，省时省力，推广效果好。

（三）高顿教育"双轮驱动"生态圈中期目标与实践途径

1.中期目标：示范性高职教育

中期目标：协调发展非学历和学历财经教育，用3—5年时间，把高顿集团建设成财经类的示范性高职教育。

坚守对接财经产业办学定位，主动适应经济社会发展需要，立足高等教育，立足职业教育，立足企业，立足市场，以培养高素质技术技能人才为中心，以"工学结合、产教融合、校企合作"的人才培养模式改革为切入点，以一流专业群建设为龙头,以课程改革为重点,走"特色立校、差异发展、服务至上、稳健提升"改革建设之路,用3—5年时间,将高顿学院建设成为"办学定位准确、专业特色明显、就业优势突出、服务产业转型升级能力强、有一定技术创新能力、综合水平领先"的国内一流、具有国际视野的示范性高职教育。

2.中期目标实现路径

加强高顿高职院校创新教育理论研究。放眼全球,随着新一轮科技革命和产业变革持续推进,知识和人才在人类社会发展中的作用日渐凸显,人力资源的数量、质量和对知识成果的转化应用能力已经成为一个国家衡量其国际地位的重要标志,也是一个国家发展潜能和后劲的重要体现。尤其是在高职院校财经领域,目前仍处于实践探索阶段。目前需要关注的是高职院校财经教育的研究现状、高职院校实施创新创业教育师资配备情况,具体包括如何打造"双师型"老师队伍、打造符合高职院校特点规律并反映其特色优势的财经教育团队,从而提升高职院校如何校财经教育实施水平;高职院校创新创业教育课程体系建设,即如何与高职院校各专业紧密结合,着眼于高职学生未来发展,同时,按照课程机构规律打造高职院校财经业教育课程体系以及如何获取社会大力支持等。

以"大生态"视角凝聚高顿高职院校财经教育合力。高职院校的财经教育体系是一个生态系统,需要整合多方资源以提供保证。高职院校实施创新创业教育,就其高职院校内部而言,如同一个系统,涉及实施教育的学生、老师、具体活动、文化环境等诸多因素,只有这些因素朝向同一个发展目标,加强彼此间的配合与协调,持续用力强化,教育才能取得成效。因此,高顿高职院校教育,不仅需要单个因素发力,也需要用整体、系统和联系的观点和方法加以实施和推进。

提升高顿高职院校财经教育师资队伍综合素质。老师是财经教育顺利实施的保障和关键,是创新创业教育的见证者、参与者和引领者。必须要求打造一支理论素养丰厚、综合能力突出、教学本领高超的高素质老师队伍。打造一支理念先进、本领过硬、素质优良的老师队伍是高职院校教育走深走实、落地见效的关键一环，是确保创新创业教育可持续发展和激发学生参与创新创业教育热情、提振创新创业教育信心，掌握创新创业本领的重要保障。但同时，也应该看到，提升高顿高职院校财经教育师资队伍的综合素质是一个系统的、长期的、动态的过程，不可能在短时间内完成，需要以"发展"的眼光，以"永远在路上"的执着和韧性不断强化。

借力"大数据智能化"战略，打造校企合作"升级版"。校企合作是高职院校创新创业教育的天然优势和重要路径，它能够充分利用高职院校和企业各自的优点，联合培养创新创业人才。具体言之，高职院校教育可以利用企业在技术、场地以及资金等方面的优势，将高职学生输送到企业之中，做到创新创业教育理论与实践紧密结合，理念指导与实际操作的密切融合，让学生在"实战"中经受创新创业的历练，增强创新创业本领，避免了高职院校创新创业教育过程中的"空洞化"；企业能够充分利用高职院校的科研和人才优势，共同基于企业发展目标进行创新创业实践，为企业带来更多创新创造成果，提升企业发展的竞争力、影响力和美誉度。

（四）高顿教育"双轮驱动"生态圈远期目标与实践途径

1.远期目标：应用型本科教育

远期目标：推进非学历和学历财经教育融合互通发展，用5—10年时间，把高顿集团建设成财经类的应用型本科教育。

应用技术本科教育属于高层次的技术教育，是我国高等教育发展的一次重要突破和创新，它与普通本科和高职教育相比都有一定的不同。尽管高职院校是培养技术技能型人才，但其主要培养一般企事业部门的技能型人才，尤其是培养大量一线需求的技术人才。应用本科则主要培养技术密集产业的高级技术应用型人才，并担负培养生产一线需要的管理者、组织者等任务。应用技术本科与普通本科相比更注重实践和应用能力方面的培养，使学生具备较强的实践应用能力，使培养的人才符合我国社会经济转型升级发展的需要。应用技术本科在今后的发展中将成为民办高等学校的主流发展趋势，高顿教育在战略发展的中期就应当对此发展方向进行规划，在发展远期阶段应当以此为重要目标，积极升级转型，向应用技术大学转变。高顿教育经过"双轮驱动"战略的发展，将会得到较大提升，成为职业教育行业的领先者，但是还需要继续发展，最终达到其总战略目标。因此，远期目标即为由高职学校转变为应用技术大学，与企业协同创新，并且进行相关多元化发展，形成教育集团。

2.远期目标实现路径

（1）多方参与人才培养课程分析是应用类本科教育的前提。一是实施老师、企业行业人员、学生等集体备课、集体研讨制度。组织在校老师和企业从业人员每个月互相听课一次，解决不同的老师群体相关业务不熟练的问题，便于相互交流和取长补短。实行课程改革的老师需要从繁杂的日常行政工作和繁重的课程教授工作中解脱出来，给老师必要的时间，让他们有精力设计课程方案、充分备课、总结课程的优劣。建议负责应用型人才培养课程改革的老师带两个自然班和一个实验班，便于两种不同的教学形态之间进行对比：一是授课方式的不一样，教学模式的不一样，考评机制的不一样，看是否达到实践能力提高、基础知识扎实、用人单位喜欢、工作能力突出的目标，这样的课程改革与传统的教学方式之间存在的显著和微观差异究竟如何体现。实验班级学生层次多元，水平差异明显。老师备课的内容包括：对概念的辨识和理解、案例分析、习题准备。二是师生共建试题库，开展课前课后测试。由学生自己出题，组建题库，老师从题库中抽取若干道题作为期末考试试题。让学生自出出题，学生在出题的过程中需要熟悉整个章节的课程内容，提取重点难点，同时，安排干扰选项和整理论述答案时，表明学生对这个问题已经有了深刻的认识。题目的质量参差不齐，如果作为期末测试题目还需要老师进行挑选或者重新加工，但是学生通过前期过程的参与，对于知识的理解更加透彻。

（2）构建多元化的课程体系是应用类本科教育的基础。应用类本科教育的开展既需要基础理论作为知识框架支撑，又需要实战实践信息平台作为载体来验证创新创业教育的质量。一是首先要明确应用型本科院校的金融教育在专业教育中的作用和地位。应用类本科教育是一系列的长期的深层次的教育，为了提高大学生的综合素质和综合思维的能力，在专业培养目标中，应当紧密结合专业特色，明确创新创业教育课程设置与培养目标一一对应，要具体化、可实现化、可操作化。其次，多元化课程的设置应当以财经类基础理论课程——"扩展课程—实践课程"为主线，加以贯穿以专家讲座、参加大赛、尝试就业实践、选修课程等多种方式为主要调节点，以普及学生参与为面进行点—线—面的多元化的课程体系设置。

（3）应用型人才培养师资队伍的转变是应用类本科教育的关键。老师团队的学历、职称、年龄分布情况和组成结构关系到应用型人才培养的质量，应用型培养模式转变的先行者是老师群体，除了以上老师队伍结构基本要素以外，老师自身的行业背景、实践能力、科研水平、教学技巧和师德师风都会成为制约应用型人才培养的关键因素。如何解决校门对校门的老师缺乏行业背景的多数与具有企业经历和实践能力老师的少数之间的矛盾，怎么解决企业专业技术人员教学能力欠缺与专任老师经验性知识匮乏的双重问题，是应用型教学课堂改革要完成的师资队伍建设的关键。首先应当鼓励老师到企业参加社会践习，强力推行老师轮训制度，其次通过聘请高工和相关技术人员作为课程改革的参与者，进一步推进老师师资队伍的转变。

（4）多维评价机制的完善是应用类本科教育的支撑。应用型人才培养考核评价机制中的人才培养的质量评价体系的确立，对学校而言，是检验人才培养是否满足市场化需要的校园监测机制，是人才培养目标实现的保障，是增强学生就业竞争力的把控环节；对学生而言，作为考核手段可以端正各自的学习态度，作为一个指导性目标来引领学生学习和进步。应用型人才培养的质量评价体系，根本出发点在于通过课程改革使学生具备理论联系实际和分析解决问题的能力，这就要求学校在原有的传统的质量评价模式之上做出对应和有效的调整。

（5）持续有效的管理是应用类本科教育的保障。应用类本科教育不仅需要科学规划，更需要领导层的顶层设计和监督实施。应用型本科院校持续有效的管理应是自上而下开展教育工作的保障。一是建立领导负责制，由上层设计并保障执行。二是在院系建立二级教育组织机构，负责统筹系部创新创业规划、奖惩措施、经费保障、管理决策等。对本院师生提供就业项宣传咨询、辅导、评价、特色活动，并进行后续跟踪服务；对老师进行辅导、选拔、培训、考评、奖惩等。注重长期成效，构建维系创新创业教育体系长效发展的运行管理机制。三是设立创新创业教育专项基金，建立长效激励机制。为可行性项目提供专项启动资金、对师生中有突出业绩的给予奖励，为应用类本科的持续发展提供原动力。

五、立"圈"：高顿教育"双轮驱动"生态圈保障措施

制度队伍齐协助，资金设施共支撑。
平台建设提核心，双轮驱动创大业。

2013—2023年中国职业教育市场规模及预测见图3.10。2013—2018年，中国职业教育市场以11%的增速较快发展。2018年，中国职业教育市场规模已经超过5 000亿元，其中学历制职业教育和非学历制职业培训占教育市场的比例分别为37%和63%。2018—2023年，中国职业教育将保持以12%的复合年均增长率，2023年将超过9 000亿元的市场规模，其中学历职业教育市场规模接近3 000亿元，非学历职业教育市场规模超过6 000亿元。由此，高顿教育只有依托学历教育和非学历教育"双轮驱动"，并重发展，进而完善高顿教育制度建

设、队伍建设、资金建设、设施建设和平台建设等，才能有效实现平台生态圈再造战略。

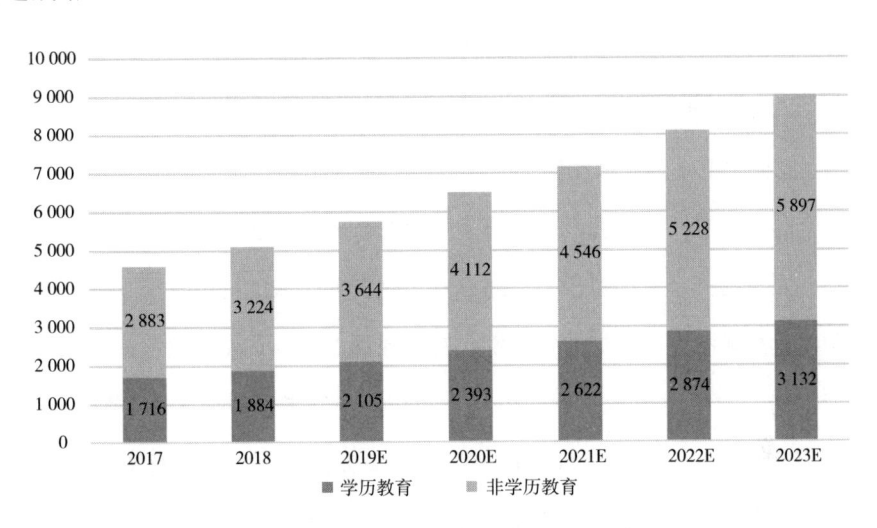

年份	学历教育	非学历教育
2017	1 716	2 883
2018	1 884	3 224
2019E	2 105	3 644
2020E	2 393	4 112
2021E	2 622	4 546
2022E	2 874	5 228
2023E	3 132	5 897

图 3.10　2013—2023 年中国职业教育市场规模及预测（单位：亿元）

（一）制度建设

1. 完善高顿教育管理制度

目前，高顿教育已经在全国 22 座重点城市分设了 38 个校区，为了进一步推动平台生态圈的建设，企业原有的管理制度也应随之改革。为了有效提升员工的积极性，企业可学习借鉴海尔公司的"人单合一"模式，将为用户创造的价值与员工自身实现的价值紧密联合起来。利用高顿教育内部教学资源，设计一定的培训机制将一部分基层员工培养为专业讲师，同时，允许企业讲师针对客户提供个性化服务，连接学员和讲师，拉近师生距离，促使高顿教育做大做强。另外，高顿教育应建立专门的学历教育发展领导小组，认真研究和全面统筹规划高职院校学历教育的发展，进一步整合高职院校学历教育的管理机构和进一步完善高职院校的管理制度，协调高职院校内各种教育培训资源和培训师资，坚决杜绝学历教育各自为政、混乱发展局面的出现。高顿教育开展的学历教育培训目前有很多有待开拓的项目，根据高职院校的基础教育发展形势，结合老师的实际情况，创建更多有针对性、有特色的专业财经课程。高顿教育要依托自身在财经教育方面的优势，大力建设、拓展与财经教育相关的学历教育专业课程，从而实现高顿教育可持续性平台生态圈建设。

2.建立健全的绩效考核制度

健全的绩效考核制度在高顿教育发展过程中起着重要作用，既保证优秀员工的利益，同时提升企业的竞争力，还有利于企业和个人的持续发展，健全的绩效考核制度对高顿教育的发展非常关键。针对授课老师，首先绩效考核要求老师潜心钻研如何使学生迅速地掌握运用所学知识，提升老师执业水平，使未来的课堂更加完善。其次，针对管理人员，绩效考核会使其更加主动解决工作中遇到问题，防患于未然。在优秀的绩效考核制度下，员工之间需要团结，工作上需要竞争，因此，改进现有的绩效考核制度，将带动高职院校建设可持续性平台生态圈。

（二）队伍建设

高顿教育对于师资管理面临比以往更大的考验和风险。师资事实上对于教育机构来说是其自身的资产，是教育机构产品的一部分，不管是通过劳务合同的约束还是事实上的管理关系，高顿教育与老师的利益是一致的。所以优秀的老师是一家教育公司的宝贵资产。但市场上优质的师资非常缺乏，同行的挖角也层出不穷，这都导致师资的流动性增大，进而降低了教学质量。

1.完善老师队伍保障制度

高顿教育对于老师的管理需要从招聘准入、培训、教学评价等方面全面覆盖。在招聘的准入上，严格筛选优质的毕业生，除了考核其业务水平外，还应考核其道德情况和社会背景信息。对于在线教育来说，老师不再在物理空间上受到教育机构的管理约束，他们的直播课程可能传播到全国任何角落，所以更应严格审慎筛选，并采用黑名单制防止行为不良的老师进入公司。从而建设有梯度层次、具有较高企业忠诚度的核心老师队伍。另外，高顿教育建立具有激励机制的职业晋升体系和股权激励制度，让老师拥有顺畅的职业上升通道，更好地激发人才的热情。股权激励计划是一种使老师能够参与公司管理、分享公司利润和共担运营风险的有效手段。高顿教育通过股权计划能够使老师的个人利益与公司的整体利益在一定程度上保持一致，因此老师会更加重视公司的长期发展，从而减少了优质老师流失带来的人力资源损失。

2.加强"双师型"老师队伍建设

高顿教育针对高职院校队伍建设问题，应加强"双师型"老师队伍建设，加大对新进和没有社会工作经验的青年教师职业培训力度，加速对具有丰富工作经验的实践型人才的引进力度，建立一支不仅具备丰富的理论知识，而且掌握熟练的专业实践技能的优秀专兼职老师队伍，全面提高高职院校的教学质量和办学声誉。与此同时，高顿教育应加强学历教育的老师培训基地建设。通过与高校共建老师培养培训基地和企业实践基地，加强老师的实践能力培养，老师定期到高校进行学习培训，不断更新老师的专业能力。高顿教育应支持兼职老师的选聘，这些兼职老师不仅要具备较丰富和专业的实践技能，还要建设兼职老师资源库，提高老师的整体水平。高顿教育应制订具体的制度，从基地建设的基本条件、经费投入、使用情况、使用效果以及如何进行管理与监督等，都应给出具体可操作的措施，以保障老师培养培训基地的建设。

（三）资金建设

1.增加高顿教育融资来源途径

教育培训市场近年来市场竞争异常激烈，不少教育培训机构纷纷倒闭。面对高投入与高回报的教育培训行业，资金一旦出现问题，必然导致高顿教育经营困难，而且这是一个"大鱼吃小鱼"的行业，必须打造一个可持续性平台生态圈才能在市场得以生存，高顿教育对资金的需求量也将不断加大。一方面，高顿教育继续加大内部融资力度。其内部融资相对容易，这得益于高顿教育一直推崇"客户第一，以奋斗者为本"的价值观，公司员工有对这一份事业的执着，对公司的发展必将大力支持；另一方面，高顿教育通过2018底完成了8亿元的第三轮融资，同时，通过引入多种有关财经方面的优质教育项目，与新东方和前程无忧等头部企业组成战略联盟以获取稳定资金来源。高顿教育后期也将继续加大融资力度，积极吸引投资公司的投资。

2.健全高顿教育校企合作投资模式

针对学历教育开展措施，高顿教育主要采用两种方式与高职院校实现校企合作。一种方式是高顿教育全资控股高职院校，将其打造成为优质的投资项目，发展成为名利双收的产业板块，布局上下游产业链，打造教育生态闭环，助力教育创新升级，实现互利共赢，成就百年大计。另一种方式是高顿教育通过参股方式助力学校初创发展、低位发展、高位提升，不负政府、企业、家长所托，专业的教育团队做优质的学校。总之，高顿教育的"双轮驱动"生态圈再造战略从融资和投资方面实现可持续性循环合作。

（四）设施建设

1.完善高顿教育市场布局

高顿教育从经济、文化、科技等最发达的一线城市开始发展，这类城市中的客户整体文化水平较高，对新兴事物的接受程度较大。根据2018年在线教育行业用户画像分析，在线用户主要在一、二线城市，高顿教育之前的市场布局均集中于此。但国内三、四线城市市场还未被完全开发，具有极大的市场潜力。尤其是三、四线城市的老师资源尤其是优质的老师资源相对稀缺，对在线教育需求更加强烈。由此高顿教育可通过在三、四线城市建立分销发展潜在客户。另外，高顿教育也可选择在三、四线城市以参股或控股的方式开展学历教育。

2.开启与高职院校设施共享模式

高顿教育与高职院校的设施共享模式主要可从以下两个方面入手。一方面，通过校企共训模式，将企业的内训机构引入高职院校，高职院校免费提供场地和设备，双方共同组建"捆绑"式培训团队，为高顿教育的员工和高职院校的学生进行专业技能培训。这种直接引入企业培训课程和培训师资的模式，使学院的课程能紧跟企业要求和技术发展，同时，扩充了兼职老师队伍。另一方面，通过实训承包模式，由高职院校提供场地，高顿教育提供设备和师资，在校内建设仿真实习场所，对企业员工进行培训，同时也是高职院校学院的相关实训课程。

（五）平台建设

1.构建高顿教育的高职院校平台

高顿教育构建高职院校合作平台应以就业为导向，创新人才培养模式，深化"产教融合、校企合作"为指导方针。高顿教育应在特色和优势中寻求办学发展之路，秉承"立足行业、服务社会"的办学宗旨，遵循"高层次、多形式、高质量"的培训原则，依托学生和院校特殊优势，突出为行业企业进行财经教育和咨询服务，为企业中高层管理人员、技术骨干搭建业务提升、素质拓展和资源共享平台，同时，面向社会、面向市场，不断开辟高层次、多类型、前沿性的课程及在线教育。高顿教育通过高职院校平台助推产学研合作，实现人才培养、新技术推广、深化教学改革，并履行企业社会责任等目标。

2.推广高顿教育智能学习平台

高顿教育当前已经凭借自身良好的优势得到广大用户的认可，在此基础上后续进一步建设可持续性生态圈，必须充分运用多渠道开展信息建设平台。高顿教育利用旗下高顿网校加强与新东方、前程无忧等头部企业的全方位深度合作，同时，借助于强强合作的技术驱动能力帮助高顿网校不断完善各项课程产品的开发，提升平台课程质量。高顿网校进一步推出全球首个财经教育的智能学习平台——Epiphany（EP），这也是人工智能首次被应用在财经职业教育领域。EP平台能够真正帮助财经学习者根据个人学习能力和习惯偏好及时调整教学内容，提高学习效率，真正做到了为每个学员匹配个性化学习路径，从而促进个性化教育和智能学习在财经教育领域的革新落地，造福亿万学习者。

研究结论[①]

随着中国经济的快速发展，社会的各行各业都处于变革时期，财经教育培训市场竞争十分激烈，企业的发展战略并不明朗。本书以高顿教育为研究对象，从高顿教育的现状分析、外部环境分析和内部环境分析为前提，制定了符合当前高顿教育平台生态圈的发展战略。

第一，通过对高顿教育当前的现状分析，得出高顿教育在发展过程中存在三个问题：入行门槛过低，行业竞争激烈；行业缺乏标准，市场缺少监管；"终身"教育生态圈不"终身"。

第二，通过使用PEST分析和SWOT分析，阐述了高顿教育内外部环境的复杂程度，发现国家鼓励教育发展，教育行业资本化进程加速，宏观经济上行，消费升级，教育市场增长迅速，人们对于个性化教育的消费意愿强烈，网络技术消除空间的限制，人工智能和大数据技术，进一步提升教培服务的质量。但整个行业竞争加剧，消费升级对于高顿教育的产品提出了更高的质量要求，人工智能技术发展，也为行业带来新一轮的变革。另外，高顿教育的研发技术和销售能力都有一定的优势，但是品牌、师资等方面存在劣势。

---

① 本案例分析研究由刘保平、雷振华老师指导，研究人员有王骏、李欣洁、刘珍、李昊霆、肖艳红、郭凤、贺也容、罗辉、陈博韬，荣获湖南省第五届高校MBA企业案例大赛二等奖。

第三，高顿教育提出"双轮驱动"生态圈再造战略，即继续做好当前非学历财经教育领域，进一步完善非学历财经教育培训的平台生态圈，同时，新增财经领域的学历教育业务，逐步打造学历财经教育品牌成为新的增长极，最终形成"非学历教育+学历教育"双轮驱动平台生态圈。进入教育培训行业发展新时代，"学历教育"和"非学历教育"将成为高顿教育的"鸟之两翼""车之双轮"，在日益激烈的财经教育行业竞争中，行得更平稳、走得更快更好，最终成为财经教育领域的"阿里巴巴"。

第四章　探华新水泥业绩倍增问道之路

一、探路：理论基础篇

百年华新，历任数届掌门。这天，李掌门眉头紧锁，伫立窗前，若有所思……本派战略规划已实施一年有余，然未能达到预期成效。早闻天机阁阁主博古通今，察远照迩，若能得他指点一二，必能成就大业。李叶青灵光一动，驱车前往。来到天机阁门前，见一扫地弟子，李叶青问道："小师父可知天机阁阁主居处何在？"小师父应声："所谓何事？"李叶青道尽来龙去脉后，只见小师父并无引见之意，原来小师父乃天机阁阁主座下嫡系大弟子，将承阁主之衣钵。李叶青心想，寻不来阁主，其阁下大弟子想来也非等闲之辈，便趁机向小师父介绍起了本派战略分析用到的坚甲利兵……

（一）提纲挈领——关键概念

1.战略规划

战略规划是指一个公司为保证长远发展，正式对公司的愿景、目标、长短期战略等进行系统制定，并贯彻执行，最终实现既定目标的过程。良好的战略规划一方面能促进企业各部门、各人员之间的有效沟通，厘清企业过去取得成功、受到阻碍的关键因素，并辨别这些因素是否继续作用于企业未来发展，并思考如何加以改进。

2.战略目标

战略目标是指在一定时期内，企业希望达到的某种既定状态，取得何种成就。按时间维度可划分为三年、五年、十年目标，或者月度、季度、年度目标等。战略目标与企业的愿景和使命紧密联系。战略目标的实现有赖于对总体战略目标的细化和逐级分解，增强战略执行的可操作性，进而促进战略在公司内部有效实施。

3.战略评估

战略评估是指以战略的实施过程及其结果为对象，通过对影响并反映战略管理质量的各要素的总结和分析，判断战略是否实现预期目标的管理活动。在实际操作中，战略评估遵循首先对企业所处现状环境进行评估，其目的是发现最佳机遇；其次是评估是否有足够的资源来支撑战略的实施；最后是评估战略的可行性，发现其中可能存在的风险点。

（二）引经据典——基石理论

1.权变理论

权变理论是指企业要根据外部环境和自身条件的变化灵活地调整自身经营管理方法，以便更好地生存和发展。该理论一方面强调要用系统的视角看待组织的管理活动，做出的战略决策要契合内外部环境；另一方面强调随机应变的理念，即企业所采取的管理手段应当根据内外部环境的变化而灵活调整，因地制宜。从企业战略角度而言，权变理论认为必要时企业应当在一定范围内对既定战略进行相应调整，增加一些柔性空间，而非一成不变。

2.目标设定理论

目标本身就具有激励作用，能把人的需要转变成动机，使人们的行为朝着一定的方向努力，并把自己的行为结果与既定的目标相对照，及时进行调整和修正，从而实现目标。这种使需要转化为动机，再由动机支配行动以达成目标的过程就是目标激励。

3.可持续发展理论

可持续发展理论是指企业在追求自我生存和永续发展的过程，要考虑企业经营目标的实现和企业市场地位的提升；在已领先的竞争领域和未来扩张的经营环境中，要保持企业始终持续的盈利和能力的提高，进而保证在相当长的时间内长盛不衰，实现公司良性发展的长远目标。

（三）言必有据——分析工具

本案例分析中将会用到以下战略管理工具，具体如图4.1所示。

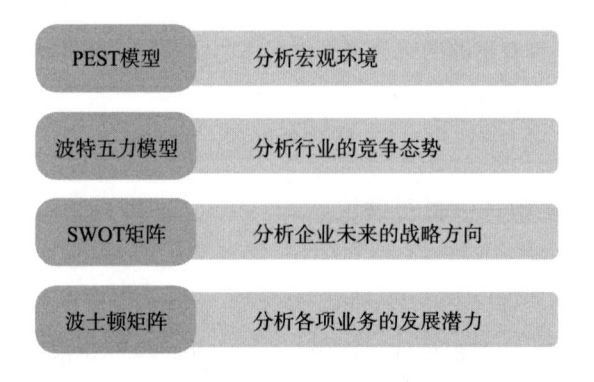

分析工具	用途
PEST模型	分析宏观环境
波特五力模型	分析行业的竞争态势
SWOT矩阵	分析企业未来的战略方向
波士顿矩阵	分析各项业务的发展潜力

图4.1 分析工具及用途

二、引路：案例背景篇

> 小师父听完李叶青的介绍后，缓缓回道："工欲善其事，必先利其器；好风凭借力，送我上青云。我已知晓贵派的坚甲利兵，不知贵派的战略规划究竟为何物，吾愿闻其详……"

（一）源远根深——华新沿革

华新水泥股份有限公司（简称"华新水泥"）创始于1907年，是目前水泥行业仅有的百年企业，被誉为"中国水泥工业的摇篮"。1994年，华新水泥（600801）在上交所上市，主营水泥、混凝土、骨料、环保、装备制造及工程、新型建筑材料等业务，涉足全国14个省市、海外8个国家，下辖270余家分子公司，始终坚持技术创新和可持续绿色发展，建成国家级企业技术中心，构建了全行业唯一的覆盖业务全流程的数字化管理系统平台，名列中国制造业500强和财富中国500强。百年风雨征程中，华新水泥从地方性、单一水泥产品的传统企业逐步发展成为全产业链一体化发展的全球化环保建材集团。其发展历程如图4.2所示。

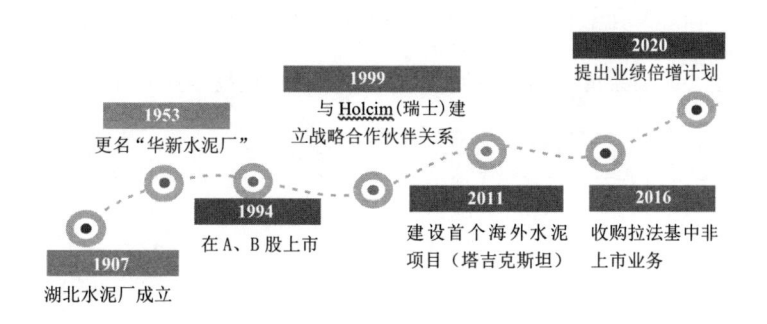

图4.2 华新水泥发展历程

- 1907 湖北水泥厂成立
- 1953 更名"华新水泥厂"
- 1994 在A、B股上市
- 1999 与Holcim（瑞士）建立战略合作伙伴关系
- 2011 建设首个海外水泥项目（塔吉克斯坦）
- 2016 收购拉法基中非上市业务
- 2020 提出业绩倍增计划

（二）蹈矩践墨——规划流程

良好的战略规划是企业远航的风帆，华新水泥百年风华的背后，支撑其骏业日新的是它的战略规划制度，保障着企业高质量发展之舟行稳致远。

1.制度遵循

"没有规矩，不成方圆。"华新水泥战略规划制度的基本遵循如图4.3所示。

公司章程

公司章程中明确界定了战略制定等方面的职责：如股东大会决定公司经营方针与投资计划，审议公司一年内的购买、出售重大资产等事项；董事会设置发展战略委员会制定公司长期发展战略规划；总裁及其他高管负责具体战略制定。

公司战略管理制度

公司战略管理制度规范和指导公司战略管理工作，是确保战略目标实现而提出的总体安排，阐述了关于制定管理制度的目的、适用范围、管理职能、文件的保管和使用等。总体来讲，战略规划工作由公司高层管理团队主导，由战略委员会或战略规划部门组织与协调，各职能部门、业务部门负责人参与。

公司战略管理部职责

一是负责公司的战略规划和战略管理的日常工作，支持公司总裁、高管层的工作，并协调事业部、下属公司、工厂开展工作。二是负责制定组织结构与岗位职责、工作流程与规章制度等，包括战略规划、决策、实施、评估与调整的流程。

图 4.3　华新水泥战略规划制度基本遵循

2.总体流程

华新水泥的战略规划工作流程如图 4.4 所示。

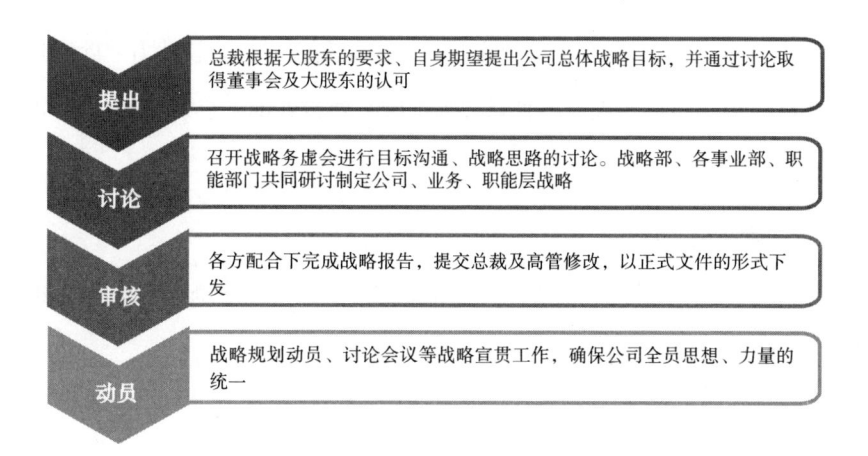

提出	总裁根据大股东的要求、自身期望提出公司总体战略目标，并通过讨论取得董事会及大股东的认可
讨论	召开战略务虚会进行目标沟通、战略思路的讨论。战略部、各事业部、职能部门共同研讨制定公司、业务、职能层战略
审核	各方配合下完成战略报告，提交总裁及高管修改，以正式文件的形式下发
动员	战略规划动员、讨论会议等战略宣贯工作，确保公司全员思想、力量的统一

图 4.4　华新水泥战略规划流程

（三）按迹循踪——业绩倍增

1.公司层战略

华新水泥总裁及高管团队基于过去发展情况，对企业经营结果以及当前所处赛道或业务板块的行业发展趋势的分析，预计未来营业收入以 12.5% 的增速增长；其次，第一大股东对华新水泥未来业绩有较高期望；再次，华新水泥的第二大股东国资委提出华新水泥高质量发展的重要要求；最终提出华新水泥的"十四五"业绩倍增计划，如图 4.5 所示。

图 4.5 华新水泥公司层面战略

2.业务层战略

华新水泥的业务中本章主要关注其未来驱动利润增长的新动力"砂石骨料业务"，其目标为"使华新水泥的骨料成为中国骨料行业的领导者，到 2025 年使骨料产能达到 3 亿吨"。

3.职能层战略

为了配合公司层战略、业务层竞争战略的实施，华新水泥各职能领域也提出了相应的战略，具体如图 4.6 所示。

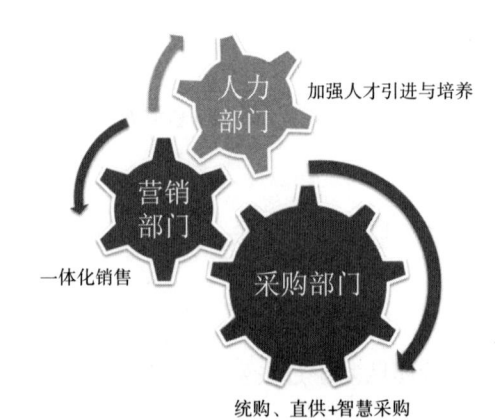

图 4.6 华新水泥职能层战略

三、望路：战略评估篇

> 小师父听完李叶青的话，目光转向远处，带有一丝的深意："常言道，兵无常势，水无常形，能因敌变化而取胜者，谓之神。时易世变，目前你所遇到的磕绊，其中之变化可否愿意听我一一道来？"李叶青面露喜色："求之不得，还请赐教。"

（一）领航定向——战略方向不偏

1.宏观环境分析

宏观环境对公司战略布局具有重大影响，它们相互结合整体地影响着企业的生存和发展，本章用PEST分析法对水泥行业宏观环境进行分析，具体如图4.7所示。

图4.7　宏观环境分析

2.行业环境分析

本书利用波特五力模型对水泥行业当前的竞争现状进行分析,具体见图4.8所示。

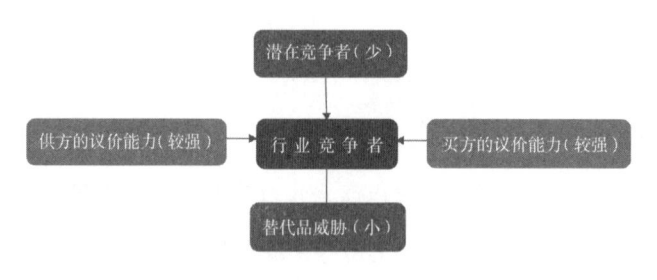

图4.8 水泥行业竞争状况分析

(1)行业中潜在竞争者较少

水泥行业由于前期所需固定资产投资巨大,导致行业进入壁垒高;持续发展经营需有足够的矿产资源作为支撑;需配合发展运输业务;能耗、污染较大,环保审查严格;大规模销售一般需要国资背景。

(2)买方的议价能力较强

水泥是一种高度同质化的商品,在同一强度等级下,各生产商的水泥往往差异不大,买方的选择余地大。

(3)供应商的议价能力较强

水泥生产依赖于高品质矿山原料、燃料及动力供给,两者在很大程度上影响着水泥的吨成本与品质高低,因此上游供应商议价能力较强。

(4)替代品威胁较小

水泥的制造和使用方面都已经十分成熟,技术普及率很高;在替代水泥的新型材料方面,国内外均未有大的突破,替代品威胁较小。

(5)行业竞争者较多

我国有着3 500余家水泥企业,由于规模较小的企业数量众多,目前水泥产业的集中度低。水泥企业为了赢得市场份额,不断降价销售,使得价格战越演越烈，致使现有企业之间的竞争也越来越激烈。

3.公司内部分析

（1）优势

华新水泥与同行业其公司相比，其优势主要表现在三个方面：优势的控股公司、领先的技术创新与绿色发展、数字化。具体见图4.9。

优秀的控股公司丰富的业内经验
- 华新水泥的外资股东拉法基豪瑞，是全球水泥业巨头，在世界上75个国家建有生产基地，现已成为拥有世界水泥市场份额5%的全球最大的水泥生产销售商之一，海外前景广阔。
- 十余年骨料行业经验，千万吨级大型骨料产线运营经验，海外运营体系和团队管理经验丰富。

领先的技术创新与绿色发展
- 建立了国家级企业技术中心，建成世界首条水泥窑尾气吸碳制砖生产线，创新分类固体废弃物生态化预处理技术，低碳领域持续加强技术攻关及科技成果转化，创新利用矿山废渣土等工业固废生产高性能环保墙材。

数字化
- 华新水泥数字化创新中心一直是中国水泥行业信息化的标杆，拥有业内领先的ERP实施方案，构建了水泥行业唯一的覆盖业务全流程的数字化管理系统和平台，是唯一上榜工信部"2020年工业互联网试点示范项目"名单的水泥企业。

图4.9 华新水泥内部优势分析

（2）劣势

国际化经营人才储备不足。华新水泥海外业务遍布塔吉克斯坦等8个国家。海外业务的发展需要国际化经营人才来协调管理，华新水泥在国际化进程加速的同时，也逐渐暴露出企业国际化经营人才储备不足的劣势。

此外，从一些关键的财务指标纵比来看，暴露出一些不足，如表4.1所示。

表 4.1　2018—2021 年华新水泥盈利能力分析

能力	财务指标	2018 年	2019 年	2020 年	2021 年
盈利能力	净资产收益率	36.30%	33.70%	25.10%	21.10%
	营业利润率	31.10%	28.10%	26.30%	20.60%
	EBITDA 率	44.90%	39.60%	35.80%	35.20%
营运能力	应收账款周转率	47.00	57.88	48.32	40.33
	总资产周转率	0.86	0.90	0.73	0.67
	存货周转率	8.96	9.14	8.03	7.26
发展能力	营业收入增长率	17.70%	10.90%	14.00%	10.60%
	归母公司净利润增长率	27.90%	−12.10%	−11.70%	−4.70%
	研发营收比	0.42%	0.12%	0.20%	0.25%

数据来源：根据企业年报等公开资料整理

盈利能力减弱。2016 年华新水泥因并购重组，又恰逢房地产行业及国家基建投资的扩大，2017—2019 年年获利能力增长较大。2020—2021 年受新冠肺炎疫情防控政策及固定投资增速放缓等因素的影响下，2021 年的净资产收益率下降至 21.1%，盈利能力减弱。

营运能力降低。在新冠肺炎疫情的冲击下，华新公司应收账款周转率 2020—2021 年迅速下降，坏账风险提高。其中，存货周转率行业同比中处于较差值，原因在于"去产能、增效益"政策发布后未能及时做出调整，使部分子企业经营业绩下降、销售受阻，最终导致公司营运能力降低。

发展增速放缓。可以看出，华新水泥营业收入处于逐年递减状态。2017 年由于成功的并购重组，当年净利润增长率达到 162.3%，实现翻倍；2018 年增速回落到 27.9%；2019—2021 年甚至开始逐年下跌，增速放缓。此外，与海螺水泥相比，华新水泥的研发营收低，2021 年仅有 0.25%，而海螺水泥占比达 0.89%，接近华新水泥的 4 倍。

4.战略方向分析

基于上述对华新水泥内外部环境分析后，借助 SWOT 框架有助于本章探寻华新水泥未来最佳的战略方向，具体见表 4.2。

表 4.2 华新水泥 SWOT 分析

内部条件\外部条件	优势（Strengths）	劣势（Weaknesses）
	• 百年水泥企业，口碑优良 • 优秀的控股股东 • 十余年骨料行业经验，千万吨级大型骨料产线运营经验 • 海外运营体系和团队管理经验丰富 • 优秀的技术研发团队，丰硕的创新成果 • 提前实施环保转型实现合规管理 • 国内首个发布建材行业以低碳发展为主题的白皮书 • 世界首条水泥窑尾气吸碳制砖生产线	• 高新建材等新业务领域人才储备不足 • 国际化经营人才储备不足 • 盈利能力减弱 • 营运能力降低 • 发展增速放缓
机会（Opportunites）	SO 战略	WO 战略
• 环保管控趋严为并购提供机会 • 骨料行业结构调整升级 • 新型建筑材料需求大 • 数字化、智能化技术发展迅速	• 把握矿产资源，利用优势扩大骨料、混凝土产能 • 加速新型建筑材料研发，逐步推向市场 • 深化传统工业+数字化创新，推进无人工厂建设	• 与高校、研究院等合作
威胁（Threats）	ST 战略	WT 战略
• 国内水泥产能过剩，行业竞争激烈 • 行业法规政策变化，环保排放、绿色矿山及其他合规性政策趋严 • 国外新冠肺炎疫情形势严峻，"走出去"困难加大 • 竞争对手加速海外布局	• 稳定现有工厂业绩，适时新建或并购，提升竞争优势 • 利用水泥窑协同处置技术，扩大工业危废、生活垃圾处置等环保业务，保护水泥主业 • 加速海外发展，扩大海外水泥与熟料产销量	• 避免与国内竞争对手和大股东正面竞争，填空式开拓海外市场

可以看出，华新水泥要想在当前局势下实现"十四五"规划战略目标，应当优先选择 SO、ST 战略，这也与华新水泥当前制定的战略基本一致。基于正确的发展方向，本章将对"华新水泥能否实现业绩倍增"在具体业务层面进行分析。

（二）持之有故——业务布局较好

借助波士顿矩阵对华新水泥现有业务进行评估，分析其战略目标是否能够在业务层面上得到支撑，具体如图 4.10 所示。

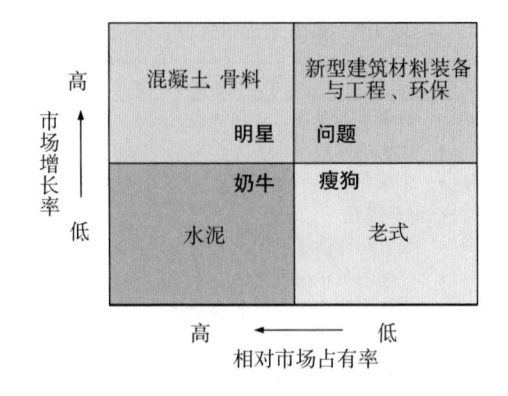

```
           高 ┌─────────────┬─────────────┐
              │ 混凝土 骨料  │新型建筑材料装备│
   市          │             │与工程、环保  │
   场          │    明星     │    问题     │
   增          ├─────────────┼─────────────┤
   长          │    奶牛     │    瘦狗     │
   率          │    水泥     │    老式     │
           低 └─────────────┴─────────────┘
              高  ←──────────── 低
                  相对市场占有率
```

图 4.10　波士顿矩阵分析

（1）奶牛型业务

水泥业务是奶牛型业务，主要依据在于：水泥其长期以来深耕细作的核心业务，已经做到了行业前五、世界第八。2021 年水泥业务占总业务的 74.14%，行业相对市场占有率与同体量企业相比较高，但在外部环境的影响下，水泥业务市场增长率较低。

（2）明星型业务

混凝土和骨料业务是明星型业务，主要依据在于：目前整个大型骨料与混凝土行业正处于风口期，市场增长率较高。同时，华新水泥早在 2005 年就开始布局混凝土、砂石骨料等业务领域，积累了年产千万吨级的大型骨料矿山生产运、混凝土业务运营经验，因此，华新水泥相对市场占有率也较高。

（3）问题型业务

新型建筑材料、装备与工程、环保业务是问题型业务，主要依据在于：这类业务属于新兴业务，备受市场青睐。但华新水泥属于该领域内的新进入者，风险较高，相对市场占有率低。

（4）瘦狗型业务

兼并收购的老式微小企业存在的老式业务是瘦狗型业务。基于这样一种业务布局，华新水泥未来发展在业务层面可以得到一定支撑。

（三）执经问难——战略实施疑虑

"以人为镜，可以知得失。"本章将选取海螺水泥作为对标对象，归纳出可能存在的风险点，为探讨战略制定的可行性提供依据。

1.水泥产业链

（1）上游资源相对较少

华新水泥与海螺水泥燃料及矿产储备对比见表4.3。在自有矿产储备方面，华新水泥仅相当于海螺水泥的五分之一。从燃料及动力供给来看，华新水泥以煤电为主体，结构较为单一。而海螺水泥通过大力投资光伏和风电，计划逐步把外购电全部替换为自主发电，将大大减少用电成本和"双碳""能耗双控"政策的影响。

表 4.3 华新水泥与海螺水泥燃料及矿产储备对比

公司	燃料及矿产储备
华新水泥	• 36 亿吨矿山储备 • 煤、电为主，缺乏清洁能源
海螺水泥	• 150 亿吨矿山储备 • 煤、电，且大力发展清洁能源，至 2021 年底已建成 19 个光伏电站、3 个储能电站 • 2021 年全年风力发电 127.6 万千瓦时

资料来源：根据企业年报等公开资料整理

（2）中游产品成本较高

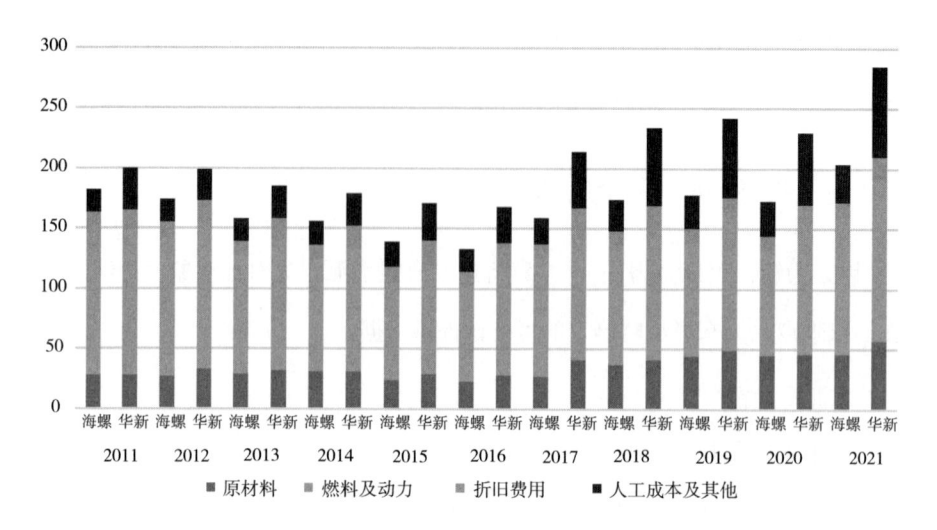

图4.11　2011—2021年产品吨成本对标情况（单位：元/吨）

水泥的成本主要是原材料（石灰石）、煤电、折旧和人工，从近10年的数据来看（见图4.11），海螺水泥的吨成本均低于华新水泥，在行业中处于优势。2016年之前，两家企业吨成本均呈下降趋势。但在2016年之后，由于煤炭价格上涨和生态环保严格要求，水泥行业吨成本整体上升明显，但海螺水泥每吨的价格相对于行业平均值始终要低至少10元，近10年每吨成本平均值为165元，甚至比行业平均值低29元，因此华新水泥在降本增效上还存在很大的改善空间。

（3）下游项目承接减少

通过将华新水泥与海螺水泥下游项目承接进行对比，不难发现，其下游项目承接有所减少，具体见图4.12。

海螺水泥	公司在 2002 年 A 股上市前就基本完成了在长三角市场的基本布局，产品广泛应用于铁路、公路、机场、水利工程等国家大型基础设施建设项目，如京沪高铁、杭州湾跨海大桥、上海东方明珠电视塔、上海磁悬浮列车（轨道梁）、连云港田湾核电站、浦东国际机场等工程。
华新水泥	20 世纪 50 年代的十大建筑 北京亚运村葛洲坝、京珠高速公路长江中下游数十座公路和铁路大桥、三峡工程等国家重点工程均选用华新水泥。但近几年来，由于国资委持股比例降低，承接的国家大型基础建设项目减少。

图 4.12　下游销售产品对标情况

2.海外发展

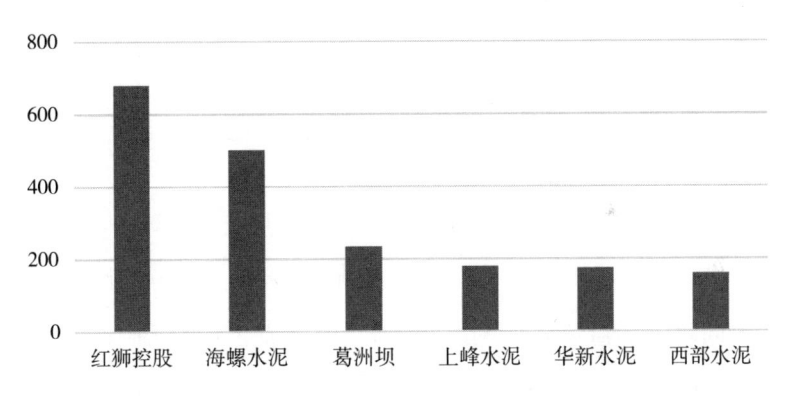

图 4.13　海外投资在建的水泥熟料产能（单位：万吨/年）

海外在建产能有限。如图 4.13 所示，与同行业对比，华新水泥产能有限，在行业集中度和竞争程度进一步加深的趋势下，海外发展战略受到制约。

结合目前产能现状，实现战略目标"2025 年海外产能占总产能三分之一，且成为水泥业务的主要增长点"存在一定的难度。

3.高新建材

（1）竞争能力较弱

在高新建筑材料领域，华新水泥属于新进入者，从 2017 年才开始进行可行性研究、研发和市场探索新型建筑材料业务，2019—2021 年主要业务扩张情况和产能变化情况见表 4.4 所示。

表 4.4　2019—2021 年华新水泥主要业务产能变化情况表

业务	2019 年	2020 年	2021 年
综合环保型墙材（亿块/年）	1.2	3.6	5.4
砂浆（万吨/年）	30.0	30.0	30.0
超高强混凝土幕墙挂板（万平方/年）	/	80.0	/
民建幕墙板（万平方/年）	/	8.0	80.0
石灰（万吨/年）	/	30.0	69.0
工业防腐瓦板（万平方/年）	/	/	300.0
加气混凝土产品（砖、板）（万方/年）	/	/	85.0
超高性能混凝土（万方/年）	/	/	4.0

数据来源：根据企业年报等公开资料整理

可以看出，近三年来，在一些主流的高新建材产品上，华新水泥存在空缺或产能较少的问题，而海螺水泥早在 2008 年 1 月就成立了节能环保新材料股份有限公司，是新形势下海螺集团在新材料、新技术领域发展的重要载体。因此，相比之下华新水泥起步较晚，竞争能力较弱。

（2）行业嵌入不够

装配式建筑符合绿色发展的途径之一，国内相关部门已对全国新建建筑中的装配式建筑占比提出了要求，地方政府也将其作为一项硬性指标，长期来看具有很大的发展机会，甚至可能推动建筑行业革命性发展。而华新水泥通过提供一些自己研发超高性能混凝土、墙面材、灌浆料等部分产品，只做上游，嵌入程度不够。然而，海螺水泥和华润水泥早在 2019 年初就各自签约的装配式建筑项目，现在正稳步推进中。若装配式建筑市场成熟，华新水泥想进一步发展将面临较为坚固的进入壁垒，丧失许多机遇。

4.叶落知秋——未来营收可期

基于对宏观环境、行业环境、公司内部、业务层面和战略实施过程中可能存在的疑问点的分析，本书将对华新水泥"十四五"期间的营业收入做出预测。

（1）水泥及熟料业务

销量方面。在新冠肺炎疫情反复暴发、固定资产投资增速放缓的影响下，2022年华新水泥在国内销量将小幅下滑，2023—2025年，国内水泥需求将保持在高位平台期运行。

价格方面。2022年上半年水泥需求下滑，库存走高、价格下降，5月份多地水泥错峰生产延长，以缓解库存压力，下半年价格有望回升。全年来看，在成本端动力煤价格高位支撑下，预计2025年水泥价格为每吨342元。

吨毛利方面。预计水泥吨毛利未来几年可能不会有太大变动，基于此，预测2025年水泥及熟料业务营业收入将到达272亿元，具体见表4.5。

表4.5 华新水泥2022—2025年水泥及熟料业务营业收入预测

年份	2018	2019	2020	2021	2022E	2023E	2024E	2025E
水泥及熟料									
销量（万吨）	7 072	7 694	7 601	7 526	7 400	7650	7 800	7 953
吨收入（元/吨）	338	354	328	341	340	342	342	342
吨成本（元/吨）	201	208	196	229	227	227	227	227
吨毛利（元/吨）	137	146	132	112	113	115	115	115
收入（亿元）	238.8	272.6	249.4	256.7	251.6	261.6	266.8	272.00
同比增长率（%）	28.90	14.10	-8.50	2.90	-2.00	4.00	2.00	1.95
成本（亿元）	142.2	160.1	149.2	172.4	168.0	173.7	177.1	177.1
毛利（亿元）	96.6	112.5	100.3	84.4	83.6	88.0	89.7	91.5
毛利率（%）	40.50	41.30	40.20	32.90	33.20	33.60	33.60	33.60

数据来源：华新水泥2018—2021年年报、华安证券、中信证券、长城证券等研究报告

(2) 骨料业务

骨料作为华新水泥拉动利润增长的新动力，预计未来销量持续走高。在国家对安全、环境、能源消耗及排放政策收紧的影响下，大量不合规骨料生产商已被重组或关闭，骨料行业供需格局持续改善，骨料价格、吨毛利将维持高位。预计2025年骨料业务营业收入将实现119.6亿元，具体见表4.6。

表4.6 华新水泥2022—2025年骨料业务营业收入预测

年份	2018	2019	2020	2021	2022E	2023E	2024E	2025E
骨料									
销量（万吨）	1 451	1 759	2 305	3 497	6 819	9 547	12 411	20 974
吨收入（元/吨）	57	59	51	59	58	57	57	57
吨成本（元/吨）	21	21	19	20	20	20	20	20
吨毛利（元/吨）	36	38	32	39	38	37	37	37
收入（亿元）	8.3	10.3	11.8	20.5	39.6	54.4	70.7	119.6
同比增长率（%）	61.10	24.90	14.50	73.60	92.60	37.60	30.00	69.10
成本（亿元）	3	3.6	4.4	7.1	13.6	19.1	24.8	24.8
毛利（亿元）	5.3	6.7	7.4	13.5	25.9	35.3	45.9	77.6
毛利率（%）	63.80	64.80	62.60	65.60	65.50	64.90	64.90	64.90

数据来源：华新水泥2018—2021年年报、华安证券、中信证券、长城证券等研究报告

（3）混凝土业务

随着水泥产业链一体化协同效应的逐渐强化与混凝土产能利用率的提升，叠加核心市场基建投资的预期增加，华新水泥的混凝土销量有望实现较快增长。同时，华新水泥从业务和区域两个维度双向扩张，骨料、混凝土业务和海外市场的快速发展将赋予更高的弹性。因此，预计2025年混凝土业务营业收入将实现147.2亿元，具体见表4.7。

表 4.7　华新水泥 2022—2025 年混凝土业务营业收入预测

年份	2018	2019	2020	2021	2022E	2023E	2024E	2025E
混凝土									
销量（万立方米）	356	423	461	905	1 584	2 059	2 574	4 183.2
单方收入（元/立方米）	381	428	408	351	352	352	352	352
单方成本（元/立方米）	291	328	329	285	285	285	285	285
单方毛利（元/立方米）	90	100	79	66	67	67	67	67
收入（亿元）	13.5	18.1	18.8	31.8	55.7	72.5	90.6	147.2
同比增长率（%）	43.80	33.70	3.80	68.90	75.60	30.00	25.00	62.52
成本（亿元）	10.4	13.9	13.5	25.8	45.1	58.7	73.3	73.3
毛利（亿元）	3.2	4.2	5.3	6	10.6	13.8	17.3	28.0
毛利率（%）	23.50	23.30	28.00	18.80	19.10	19.10	19.10	19.10

数据来源：华新水泥 2018—2021 年年报、华安证券、中信证券、长城证券等研究报告

（4）总体预测

根据上述分析，本章预计 2022—2025 年华新水泥营业收入将保持平均 14.7% 的增长率，最终 2025 年将实现 561.7 亿元营业收入，距离 600 亿元营业收入存在一定的差距，具体见表 4.8。

表 4.8　总体营业收入预测结果

年份	2018	2019	2020	2021	2022E	2023E	2024E	2025E
水泥及熟料									
收入（亿元）	238.8	272.6	249.4	256.7	251.6	261.6	266.8	272.0
骨料									
收入（亿元）	8.3	10.3	11.8	20.5	39.6	54.4	70.7	119.6
混凝土									
收入（亿元）	13.5	18.1	18.8	31.8	55.7	72.5	90.6	147.2
其他									
收入（亿元）	14	13.4	13.5	15.6	17.2	18.9	20.8	22.9
同比增长率（%）	54.70	-4.60	1.00	15.70	10.00	10.00	10.00	10.05

续表

年份	2018	2019	2020	2021	2022E	2023E	2024E	2025E
成本（亿元）	10.2	8.6	7.3	8.7	9.4	10.4	11.4	12.5
毛利（亿元）	3.8	4.7	6.2	6.9	7.7	8.5	9.4	10.4
毛利率（%）	27.10	35.40	45.90	44.30	45.00	45.00	45.00	45.00
合计								
营业收入（亿元）	274.7	314.4	293.6	324.6	364.1	407.4	448.9	561.7
同比增长率（%）	31.50	14.50	−6.60%	10.60%	12.10%	11.90%	10.20%	25.12
营业成本（亿元）	165.8	186.3	174.4	213.9	236.2	261.8	286.6	313.7
毛利（亿元）	108.9	128.1	119.2	110.7	127.9	145.6	162.2	180.7
毛利率（%）	39.70%	40.80%	40.60%	34.10%	35.10%	35.70%	36.10%	36.10

数据来源：华新水泥2018—2021年年报、华安证券、中信证券、长城证券等研究报告

但是，考虑到国家政策管控趋严，行业集中度不断上升，未来几年如果能够把握兼并收购中小企业的机遇，华新水泥"业绩倍增"目标的实现值得期待。因此，结论是：华新水泥2025业绩倍增计划，存在挑战，但未来可期。

四、夯路：业务优化篇

> 李叶青听完小师父话后，连连点头，按捺不住地问道："可有破解之法？"小师父拂袖转身，将扫帚放在台阶上："通其变，天下无弊法；执其方，天下无善教。我已将这变化之道教于你，怎样逐机应变，无外乎通晓变化，逐一击破，且听我一一分析。"

为了确保公司层四大战略的落实，我们在业务层针对主体业务巩固、新材料业务发展、海外市场拓展、数字化创新四个业务运营方面提出了如下优化措施。

（一）深耕细作——延伸一体化产业链

根据华新水泥上、中、下游存在的问题，为了抢抓发展机遇，顺势而为，可以实施一体化产业链措施，具体见图4.14。

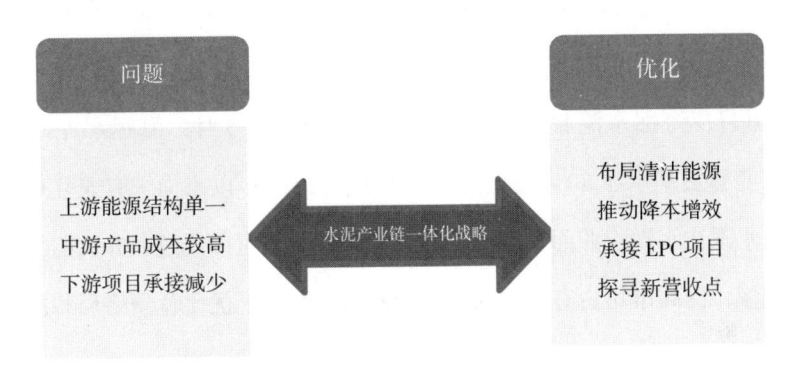

图 4.14 华新水泥一体化战略优化措施

1.优化能源结构

水泥生产的主要燃料和动力是煤炭和电力，煤炭和电力占到了成本的55%左右，电力和原材料价格相对稳定，而煤炭价格的变动较大对水泥生产的成本影响较大。近年来，由于煤炭价格上涨和生态环保严格要求，水泥行业吨成本整体上升明显。因此，华新公司可考虑与光伏等新型能源企业合作，形成多样的能源供给，以降低煤炭等能源上涨带来的成本影响，增加企业的价格竞争力。

2.推动降本增效

华新水泥窑尾气吸碳制砖生产线是世界首条利用水泥窑尾烟气生产混凝土制品的生产线，将水泥窑尾气制品化，解决了资源消耗、能耗及二氧化碳排放的问题，开发出水泥产业碳中和技术。水泥行业在处理建筑垃圾研发项目的建设上，还有很大的进步空间，华新水泥可积极与科研院所成立研发中心，推进节能低碳技术发展路线研究，加快研发水泥窑炉烟气二氧化碳捕集与纯化催化转化利用关键技术等重大关键性节能低碳技术，加大技术攻关力度，加快先进适用节能低碳技术产业化应用，促进水泥行业进一步提升能源利用效率。

3.加快兼并收购步伐

据中国水泥网公开信息，2021年CR10达到58.7%。随着新一轮兼并重组的推进，市场竞争格局将进一步优化。据统计，2021年水泥行业全国共有9起跨集团的收并购案，涉及十余家水泥企业，中国建材、海螺、华润等行业龙头均有参与，其兼并重组的部分情况为：2021年2月，上峰水泥收购内蒙古松塔水泥；2021年10月，海螺水泥收购举牌亚太集团；2022年5月，海螺水泥以3.72亿元收购奈曼旗宏基水泥80%股权。但华新水泥2021年以来尚未有兼并重组的情况。华新水泥在水泥行业面临深刻变革和转型背景下可以通过兼并收购等方式扩大自身规模，提高市场占有率、强抗风险能力，有利于优化竞争格局和提高行业集中度。

4.探寻新营收点

根据前面的预测，水泥业务增长后劲不足，骨料、混凝土都是明星产品，拥有拉动营业收入再创新高的潜力。其中骨料毛利率达到60%以上，且近几年产量增长率在30%左右。华新公司拥有36亿元吨矿山资源，且技术和设备较为先进，发展骨料业务具备显著的先发优势。因此，华新公司应利用国家政策，实施兼并重组，扩大机制砂的骨料生产线，扩大骨料市场，争取更多的盈利。此外，作为水泥、骨料的下游产品混凝土，华新公司拥有绝对的优势。因此，华新公司应加大战略布局，在公司水泥核心市场附近建设混凝土搅拌站，争取更多的市场。

（二）高掌远跖——拓展全球市场

唯有市场才能立足不败之地，在国内市场竞争激励的情况下，需要转移市场方向，因此，华新水泥顺应"一带一路"倡议，积极寻求海外市场发展的机遇，积极布局全球市场。具体见图4.15。

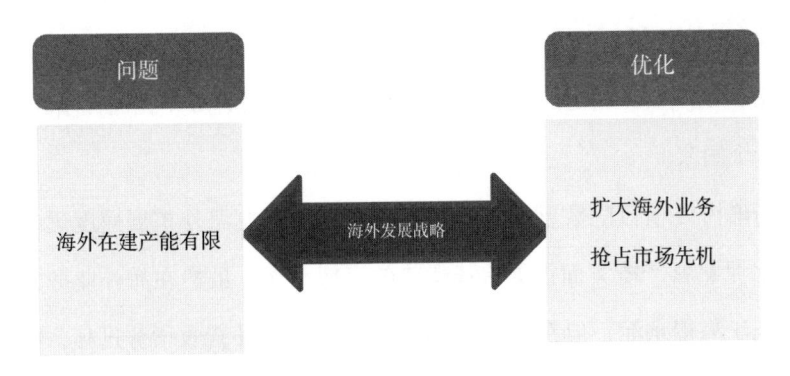

图 4.15　华新水泥海外发展战略优化措施

1. 扩大海外业务

虽然华新水泥相比于业内龙头企业存在海外在建产能有限的问题，但是从海外已建成投产的水泥熟料产能来看，华新水泥虽然产能仅相当于海螺水泥 60% 左右，见图 4.16 所示。

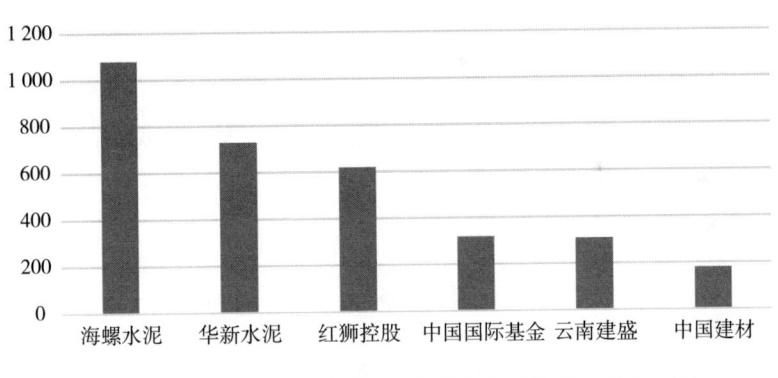

图 4.16　海外已建成投产的水泥熟料产能（单位：万吨/年）

目前，我国水泥企业在海外年产能规模能达到 200 万吨以上的企业，除华新水泥外，仅海螺水泥、红狮水泥两家。华新水泥 2021 年的海外总产能约为 1 100 万吨（包括尼泊尔），前三季度海外市场在公司业绩占比达到了 11%，海外业务收入同比增长 30.1%，占总收入比重同比提升至 8.4%。海外业务作为一大增长点，仍需坚定信心，继续耕耘。

2.抢占市场先机

截至 2021 年末，华新水泥海外项目覆盖国家数总计 8 个，同比增加赞比亚、马拉维 2 个国家。

从新增海外项目的数量来看，2021 年华新水泥在海外扩展速度远超在营业收入和水泥熟料产能方面占据市场优势的海螺水泥。虽然在海外业务营业收入总额上低于海螺水泥，但在 2021 年迅速扩张后，海外营收增势迅猛，同比增加 36.67%，远超海螺水泥，且海外营收贡献比达到 7.96%，是我国水泥行业中的最高值。2020—2021 年华新水泥与海螺水泥海外营收对比情况见表 4.9。

表 4.9 2020—2021 年海外营收对比情况

	2020 年海外营收（亿元）	2021 年海外营收（亿元）	公司总营业收入（亿元）	海外营收贡献比
华新水泥	18.90	25.83	324.64	7.96%
海螺水泥	26.58	27.99	1 679.53	1.67%

因此，在我国"一带一路"倡议与产能输出援建非洲的趋势叠加下，预期华新水泥海外业务仍有增长空间，而其中的关键就在于能否把握住国家战略机遇，迅速抢占市场先机。

（三）磨砥刻厉——进军新建材领域

企业是否具有核心竞争能力的关键，就在于敢于突破现有的成熟业务，创新拓展新业务，通过 SWOT 分析，华新水泥可以进军新建材领域。具体见图 4.17。

4.17 华新水泥高新建材业务拓展战略优化措施

1.研发新型材料

随着生产力的发展和建筑材料生产新技术的研发，人类可以利用的能源越来越少，所以提倡和倡导节能减排的环保社会越来越重要。在高新建筑材料市场，华新水泥应当强化公司研发团队建设，加强与大学、科研机构等的合作，不断提升自身高新建筑材料研发创新能力，一方面要以客户需求为导向，研发满足市场需求的产品；另一方面要重点开拓绿色环保化、多功能化、智能化，并且更安全、舒适、美观、耐久的新型建筑材料。

2.加深资本运作

目前，海内外各大企业都积极布局装配式建筑行业，抢占市场。国外目前装配式建筑占比达70%以上，装配式混凝土建设项目相比传统方式可减少建筑垃圾排放70%，节约木材60%，节约水泥砂浆55%，减少水资源消耗25%。因而，推动装配式建筑顺应了资源节约、低碳环保的绿色发展潮流。

2020年，海螺水泥、华润水泥已经分别在装配式建筑中建厂并投入生产。装配式建筑往往作为水泥企业绿色建材产业园项目建设的重要组成部分出现，未来，随着水泥行业围绕主业，多元化发展格局的进一步推进，装配式建筑作为水泥产业链延伸方向，或将迎来新的发展。因此，建议华新公司在装配式行业进行布局，可通过参股、控股等方式逐步进行投入，并形成公司的下游产业，与水泥产业形成合力。

（四）日新月异——推进数字化转型

煤炭价格上涨，环保标准不断提高、碳达峰、矿山治理等多种因素，都使水泥行业企业生产成本不断上升，华新水泥应紧跟时代发展推进数字化转型，使商业智能系统与工业智能系统相结合，提高企业生产管理运行效率，实现降成本增效率。同时，接续推进无人工厂样板建设，为未来全面支撑跨国公司业务运营助力。

五、护路：职能保障篇

> 不远处，浅步走来一道身影。"师姐，刚才你就在近处，贵派的情况想必你已知晓一二，可有他法？""别急，路漫漫其修远兮，吾将上下而求索。要想取得佳绩，还需从上到下，面面俱到，人、财、序、意都要打点妥当，没有一番寒彻骨，哪有梅花扑鼻香。"

公司层战略为业务布局提供整体规划，职能层则为业务的具体推进提供制度保障。职能层战略将有利于提高企业发展核心竞争力。因此，本章在政策指引、内部机制、选育人才、企业文化方面提出了保障措施。

（一）顺势力道——紧跟政策明方向

1.紧跟政策明晰方向

企业战略是基于宏观政策、行业特点、自身实力作出的长远性规划，只有符合政策导向的发展战略才能真正发挥作用。行业政策往往代表着政府对某一行业未来发展趋势的引导，顺应行业政策的企业战略往往可以提前抓住行业发展机遇，降低未来政策调整带给企业的系统性风险。

2.战略目标引领发展

在充分利用好国家税务政策和"一带一路"倡议的基础上，拟定公司长期发展战略和阶段性发展战略，紧跟企业战略目标的步伐，做好业务布局。同时，紧抓机遇，继续深化产业结构调整，进一步强化企业的生存能力，落实战略实施的各项措施，从而实现企业发展目标。

3.全盘谋划稳步推进

在制定好战略方向后，企业应明确当前的业务布局，大力发展高精尖技术的同时，稳步推进原有主营业务。进入新时代，企业深化协调发展迎来前所未有的重要机遇，也面临着更加复杂多变的风险挑战，需要形成更多的发展合力，推动企业业务高质量发展取得更大进展。

（二）涓滴不遗——完善内控护航行

1. 增强内部控制机制

企业内部管理的关键之处在于管理的制度化，即建立和健全一套系统、科学、严密、规范的内部管理制度。通过制度建设、执行保障公司各项业务流程高效可靠运转，并以此确保公司战略目标的实现。

2. 建立目标责任制度

建立目标责任制，明确各岗位职责，对职责范围内的问题追究相关责任人。进行组织架构整合布局，对组织架构进行持续优化和调整，实现部门间以及员工间的岗位职业化和分工专业化，有助于提升整体工作效能，强化企业的专业化管理。在内控各流程中设置相应的节点，减少违规行为的发生，确保企业合规目标的实现。

3. 建立安全生产责任制

华新水泥属于制造业企业，生产过程中安全隐患较大，公司更应注重员工生产过程中的人身安全问题。通过建立安全生产责任制，领导会更加注重对员工生命安全的保护，在认真组织企业生产的同时，会积极采取措施，改善员工的工作条件。而对于员工来说，责任制度可以让员工在生产时更加细心，进而提高公司整体的营运效率和营运质量。

（三）知人善任——广纳贤才增后劲

1.科技创新　人才为本

科技创新，人才为本。好的战略要靠人去执行，人力资源已成为企业最重要的资源。积极推进人才强企战略，切实加强管理和技术人才队伍建设，建立人才培养、选拔工作机制，培育全员创新的企业文化，引进高层次人才和紧缺人才。同时，加强产学研合作交流，与高校、科研机构建立合作，加大科技成果转化力度，增强企业成长的科技含量。

2.招贤纳士　量才而用

可采取校招、社招等形式，广纳贤才。同时，为了达到生产效率高效化、岗位配置最优化、生产成本最低化，结合公司实际情况需要，进行合理定岗定编，人员数量达到行业先进水平。同时，适度补充新鲜血液合理层级替换，搭建人才梯队，促进员工队伍结构合理，满足企业发展需求。

3.培训激励　双管齐下

加强员工培训工作，做到学历提升和技能提升并重，既提高本岗位专业知识水平，又不断提升实际操作技能，鼓励员工参加各类安全环保培训和技能竞赛等活动。通过对员工职业能力培养和评估，为其成才创造条件，让合适的人到合适的位置上，激发工作激情和创造力。

（四）不忘初心——宣贯文化聚心力

1.文化建设注入活力

企业文化既是文化创新的重要内容，又是经济发展中最具活力的因素。加强企业文化建设，需要通过不断的培训、学习来实现。在企业文化中，人是最重要的因素，只有树立好的企业价值观，才能在实际工作中真正领会企业文化的重大意义。一个好的企业，如果没有企业文化，就没有灵魂，就不会有活力，更不会有竞争力和战斗力。

2.愿景使命深入人心

企业文化是在长期生产和经营活动中逐渐形成的,存在被认可和被遵循的过程,价值观是企业文化的核心,直接影响领导和员工的观念、想法和行动,也对公司生产和经营有着重要影响。愿景与使命是企业价值观的凝练,所以华新水泥要想在行业转型中抢占先机,建设和完善企业文化且被员工认可和遵循是必不可少的重要一环。

3.安全生产绿色发展

员工是企业文化建设的主体,也是企业发展的重要组成部分。华新水泥应将"人本"精神注入企业文化当中,在生产发展中,要将以人为本放在首位,注意统筹好安全与生产的关系,以员工的健康安全为首要目标。其次在国家推动下,要把"双碳"工作纳入企业建设整体布局中,坚持降碳、减污、扩绿、增长协同推进。通过构建清洁绿色低碳的能源产业与技术创新体系,同时,引导企业员工增强环保意识,将企业文化建设和企业发展战略结合起来,以推动绿色节能生产,最终实现企业可持续发展。

研究结论[①]

> "哈哈哈……"远处一老者,未见其身,先闻其声,从台阶上层朝李叶青走来,只听两位小师父齐声喊了一句"师傅"!那白衣长衫老者便点头应允,李叶青心想,想必这就是天机阁阁主了吧!"纸上得来终觉浅,绝知此事要躬行。"李叶青豁然开朗,今日不虚此行,有此等妙计,想必华新再安然度过下一个百年不成问题。

---

① 本案例分析研究由李冬生、张俭老师指导,研究人员有张峰、王湘懿、杨洁、洪欢、徐小明、胡兴花、肖静、马莉、李紫荆,荣获湖南省第七届高校 MBA 企业案例大赛二等奖。

本章以华新水泥为研究对象，以权变理论、目标设定理论、可持续发展理论为理论基础，对华新水泥"十四五"战略规划的内容进行深入的分析与评估，并给出合理性的优化措施与保障制度，以促进企业更好地实现战略目标。最后，通过华新水泥战略规划过程总结出企业成功实现战略目标的启示。具体情况如下：

首先，本章以权变理论等为研究的理论基础，并对企业战略规划等相关概念进行了定义。在对华新水泥战略目标与战略规划内容进行梳理后，运用PEST分析、波特五力模型、SWOT分析框架等工具对企业外部环境与自身条件进行分析，借助波士顿矩阵对华新水泥现有业务进行评估，总结出企业在水泥业务一体化战略、海外发展战略、高新建材业务拓展战略方面存在的问题。基于此，对企业未来营业收入进行预测，得出结论：华新水泥2025年业绩倍增计划的战略实现，存在挑战，但仍相信前景光明。

其次，针对上述业务板块存在的问题，本章提出了深耕细作水泥赛道、持续拓展海外市场、加大高新建材进入程度等具体优化措施及加强政策研究、完善组织体系、广纳创新贤才、巩固文化基石等保障机制，以使企业结合自身优势与劣势、机遇和挑战，顺利实现企业的战略目标，完成"业务倍增计划"。

最后，企业转型升级没有平坦的大道，只有在崎岖道路的砥砺前行，才能成为真正具有竞争力的强者。在可预见的未来，华新水泥一定能够在转型发展的道路上越走越好！

第五章　古阳河茶业公司圆梦之方

思维导图

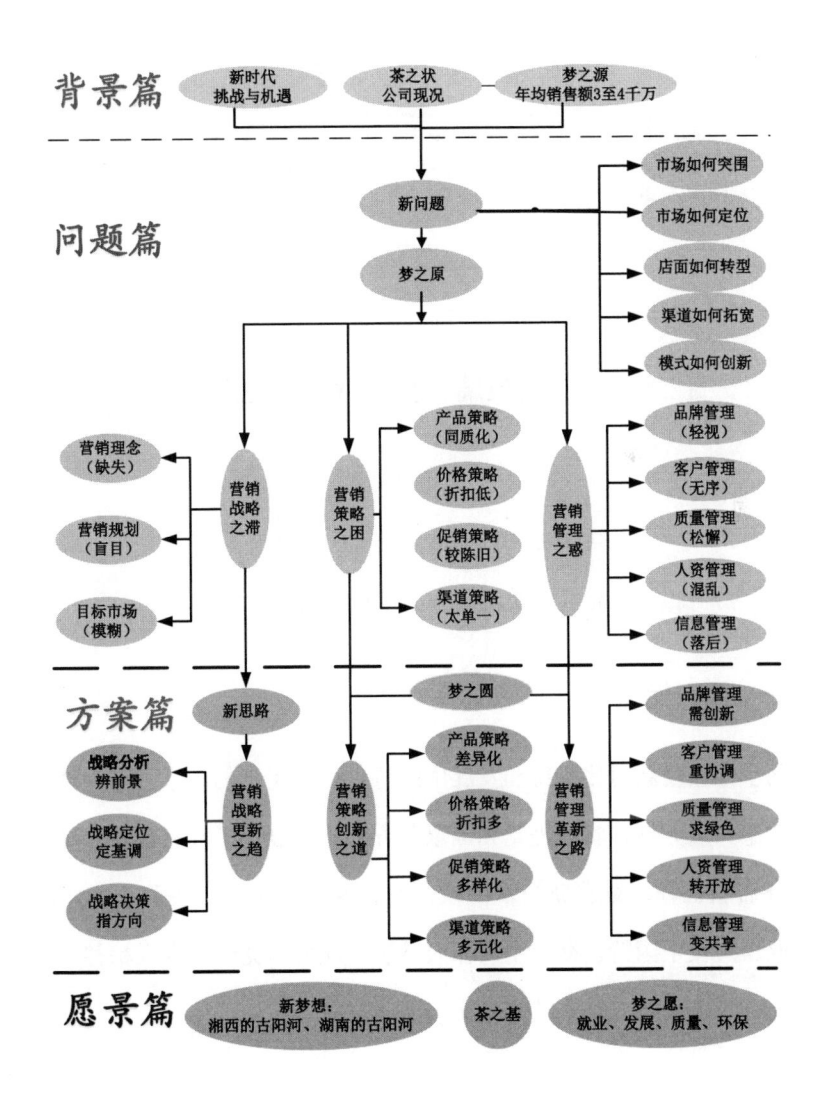

背景篇
- 新时代挑战与机遇
- 茶之状 公司现况
- 梦之源 年均销售额3至4千万

问题篇
- 新问题
  - 市场如何突围
  - 市场如何定位
  - 店面如何转型
  - 渠道如何拓宽
  - 模式如何创新
- 梦之原
  - 营销战略之滞
    - 营销理念（缺失）
    - 营销规划（盲目）
    - 目标市场（模糊）
  - 营销策略之困
    - 产品策略（同质化）
    - 价格策略（折扣低）
    - 促销策略（较陈旧）
    - 渠道策略（太单一）
  - 营销管理之惑
    - 品牌管理（轻视）
    - 客户管理（无序）
    - 质量管理（松懈）
    - 人资管理（混乱）
    - 信息管理（落后）

方案篇
- 新思路
- 梦之圆
  - 营销战略更新之趋
    - 战略分析辨前景
    - 战略定位定基调
    - 战略决策指方向
  - 营销策略创新之道
    - 产品策略差异化
    - 价格策略折扣多
    - 促销策略多样化
    - 渠道策略多元化
  - 营销管理革新之路
    - 品牌管理需创新
    - 客户管理重协调
    - 质量管理求绿色
    - 人资管理转开放
    - 信息管理变共享

愿景篇
- 新梦想：湘西的古阳河、湖南的古阳河
- 茶之基
- 梦之愿：就业、发展、质量、环保

> 【茶之韵】
>
> 茶，生于天地之间，采天地之灵气，吸日月之精华。茶里藏河，茶中有山。一壶茶在手，如天人合一，如抚日托月，如捧着万水千山。
>
> 茶有季节。茶里，泡着一个夏，卧着一个秋，藏着一个冬，含着一个春。天天喝茶，品尽四季；一生喝茶，品尽人生。
>
> 品茶，品的不仅是茶，品的是花香，品的是晨露，品的是轻烟，品的是和风，品的是夕阳，品的是月光，品的是江水，品的是春色，品的是万物，品的是大自然，品的是岁月……
>
> 品茶，品的是心。

一、背景篇：新时代·梦之源

复履约同作

矮纸凝霜供小草，浅瓯吹雪试新茶。

凭君莫话蹉跎事，绿树黄鹂有岁华。

（一）新时代

党的十九大就新时代坚持和发展中国特色社会主义的一系列重大理论和实践问题阐明了大政方针，就推进党和国家各方面工作制定了战略部署，是我们党在新时代开启新征程、续写新篇章的政治宣言和行动纲领。决胜全面建成小康社会，夺取新时代中国特色社会主义伟大胜利，就要以党的十九大精神为指引，汇聚起团结奋斗、开拓进取的强大力量。

2003年4月9日，时任浙江省委书记的习近平到安吉溪龙乡调研，并给溪龙乡留下了一句话："一片叶子，成就了一个产业，富裕了一方百姓。"茶行业面临着同业竞争及"三公"消费带来的挑战，而随着国家"一带一路"倡议与精准扶贫政策的推进与实施，同时，也获得了新的发展机遇。

1.茶业发展的挑战

（1）茶业同业竞争激烈

一方面由于行业增长缓慢，导致古丈县各茶企对市场份额的争夺激烈；另一方面是几年来古丈县内英妹子、牛角山等新茶企强势崛起，导致区域内竞争者数量较多。而且产品同质化进一步加剧了竞争强度；另外各茶企提供的服务大致相同，体现不出明显差异，古阳河茶业公司也未能开发出具有独特工艺的特色产品，使得竞争态势更加复杂化。

（2）"三公"消费的规范

长期以来中国茶叶产品一直以土特产与礼品的双重身份在市场出现，目前茶叶企业的产品形态几乎是把这个土特产包装成礼品，茶叶产品的销售去向也大都和礼品相关，甚至不乏在"三公消费"中得以批量采购，政府部门成为茶企的首要公关对象。近年来，一些茶企就靠生产高端产品，满足三公消费需要而使企业得到发展，因而有些企业还定位自己的产品为"政商礼节茶"，花重金去塑造一个高端产品的企业也比比皆是，这些都寄希望于腐败现象给企业带来机会的茶企，今后的销售通路也将受到反腐新规的制度性拦截。

2.茶业发展的机遇

（1）产业政策促发展

国家西部大开发、湖南省强力推动湘西地区开发已将古丈县列入其中，这些政策（见表5.1）都为古丈县的经济发展提供了良好的政策保障，优化了古丈县经济发展的环境，也更加彰显了古丈县的区域位置优势，为古丈县茶叶的可持续发展奠定了良好基础，也为古阳河的发展带来了新契机。

表 5.1 产业政策文件汇总

行政等级	政策文件
中央	《中国农村扶贫开发纲要（2011—2020年）》（中发〔2011〕10号）
	《武陵山片区区域发展与扶贫攻坚规划（2011—2020年）》
地方	《关于进一步加快茶叶产业发展的意见》（湘政发〔2006〕34号）
	《关于强力推进茶叶产业化基地建设的意见》

（2）"一带一路"利出口

"一带一路"倡议的实施，将从官方、民间两条途径增进中国与沿线国家的友好关系，使沿线国家乐于引进中国茶叶企业。在中亚、西亚等茶叶消费国，主要是投资建立自己的销售渠道。在东南亚、南亚等茶叶生产国，主要是投资建设茶园、茶叶加工厂，生产市场有需求而国内竞争力不强的茶叶产品，如红茶。

茶叶一直是古丝绸之路上重要的贸易商品。千百年来，商品贸易带来了沿线国家的共同繁荣，不同的文化在古丝绸之路上交相辉映，积淀形成了"团结互信、平等互利、包容互鉴、合作共赢，不同种族、不同信仰、不同文化背景的国家可以共享和平，共同发展"的丝绸之路精神。

今天，茶文化作为中国传统文化的一翼，以其为载体开展对外交流，勾起沿线国家人民对古丝绸之路的美好回忆，对弘扬丝绸之路精神、促进民心相通将发挥重要作用。

（3）精准扶贫奔小康

精准扶贫是新时期党和国家扶贫工作的精髓和亮点，是全面建成小康社会、实现中华民族伟大复兴中国梦的重要保障。扶贫工作的重要意义在于帮助贫困地区人民早日实现伟大的中国梦。

全国两会期间，"精准扶贫"是代表们、委员们关注的热点之一。而茶产业，在精准扶贫方面发挥了重要作用。

茶产业具有"精准扶贫"的属性。贫困之处，大多是山区，许多地方适合种植茶叶。只要方法得当，举措得力，就会使茶农获益。同时，茶产业与其他产业易于联动。最明显的是茶文化旅游的发展。在文化旅游之中，植入茶叶、茶事、茶艺、茶俗，成为亮点与卖点。茶文化旅游可以是"高大上"的，也能够是家庭式的、平价大众的，能够使贫困人口获得直接受益。

（二）茶之状

1.公司概况

古阳河茶业有限责任公司（简称古阳河茶业公司）前身为古阳河茶庄，创建于 1998 年，注册资本 50 万元，目前总资产已达 790 多万元，其中固定资产 593 万元。截至 2017 年 10 月底，公司在坪坝镇建立了优质有机茶园共 1 050 亩，采用"公司＋基地＋农户＋市场"的运作模式，已新建 1 200 平方米标准化茶叶加工厂并投产使用，每年可生产 200 吨干茶，可以满足 1 000 多吨鲜叶的加工需求，带动坪坝镇周边茶园建设 3 000 多亩。

表 5.2　古阳河茶业公司人力构成表

职位	员工数（人）
评茶师	2
茶艺师	3
助理茶艺师	3
高级制茶师	10
制茶师	20
总计	38

如表 5.2 所示，公司现有员工 38 人，其中评茶师 2 名，茶艺师 3 名，助理茶艺师 3 名，制茶师 20 余名，高级制茶师 10 人，有丰富的生产加工和市场营销经验。公司一直把古丈毛尖茶工艺品组合销售，整合资源凸显差异，以古丈茶文化为底蕴，以古丈毛尖品质为核心，运用文化经济这一现代经营理念，大力开拓茶叶市场与旅游商品市场，使古丈茶焕发出货新的生命力。公司发展历程见表 5.3。

表5.3 古阳河茶业公司发展历程表

年份	事件概要
2006年	"古阳河"品牌成立,垄断政府用茶
2008年	古阳河茶业公司买断茶王制茶,并取得其茶叶生产基地使用权
2011年	茶叶基地扩展为三个,占地面积500亩,年产茶80吨,营收总计1 345万元,净利润160万元
2013年	承包坪坝镇茶叶生产基地,并开设淘宝天猫网店
2017年	参加北京茶博会,并建立门店,线下门店累计三家

2.产品认证

古阳河建立了科学化的标准体系,2007年通过了国家质检部门QS认证。首先,在茶园选址上(坪坝镇地处山区),光照、温度和水分条件都十分适合茶树生长,而且无工业污染为茶叶的品质提供了环境保障,茶树品种也做到了多样化、优质化,古河茶叶产品分类见表5.4。其次,茶叶采摘按照"单芽""一芽一叶"和"一芽两叶"的标准,作为茶叶品质分级的基础。最后,古阳河在茶叶生产上,除了标准化的厂房和生产设备外,茶叶加工的八道工序都实现了标准化和精细化操作,同一品种的成品茶色香味形一致、品质稳定。

表5.4 古阳河茶业公司茶产品汇总表

产品类别	茶品种
绿茶	茶王茶、古丈毛尖、黄金茶
红茶	青红茶、古阳红茶、老树红茶
花茶	主要是茉莉花茶
黄茶、白茶	辅助产品

3.经营格局

公司创立的"古阳河"和"古阳红"古丈毛尖两大品牌个性鲜明,集亲和力、尊贵、卓越于一身,富有价值和现代表现力,产品具有统一的标志、颜色、设计、造型、市场定位、核心价值、包装、风格、质量,及生产标准、加工、销售;同时,带动农民发展,形成生产、加工、销售一体化的经营格局。

4.校企合作

企业方面校企合作符合企业培养人才的内在需求,有利于企业实施人才战略。企业获得了实惠与利益,提高了参与教育培养人才的积极性,古阳河在校企合作方面有清醒的意识和强烈的意愿,目前已与湖南农业大学和吉首大学建立了产学研合作关系。

(三)梦之源

风风雨雨二十年,有成功也有坎坷,有笑容也有愁云。胡总为公司走出销售困境,殚精竭虑,不断地拜师求学,对公司的发展始终充满期待,并且始终怀揣着一个梦想,致力于将古阳河茶业公司打造为"古丈的古阳河"。正如她自己所言,希望可以打开北京市场,未来三四年将古丈毛尖推向全国,实现销售额年均达到3 000万—4 000万元。

这个梦想是古阳河茶业不断进取的动力源泉,然而,这段追梦之旅注定充满坎坷。正如案例所言,如何才能突破销量的瓶颈?如何才能通过创新实现成功转型?……如此种种,都是古阳河茶业公司亟待突破的经营困局。

二、问题篇:新问题·梦之源

汲江煎茶

活水还须活火烹,自临钓石取深清。

大瓢贮月归春瓮,小杓分江入夜瓶。

(一)新问题

古阳河茶业公司要走出销售不畅的困境,突破销量瓶颈,实现未来3—4年销售额年均达到3 000万—4 000万元的梦想,必须思考以下新问题。

问题之一：市场如何突围？古丈英妹子、妙古金、牛角山与古阳河等茶企已成群雄逐鹿之势，古阳河茶业需要冲出古丈市场，并成为"古丈的古阳河"？

问题之二：市场如何定位？古阳河茶业作为古丈茶叶的传承者，如何以敏锐的嗅觉，洞察茶叶市场形势的变化，发现自身发展的限制与不足，找准市场定位开拓创新之路？

问题之三：店面如何转型？古阳河茶业主要借助线下门店直销茶产品的方式已很难满足当今消费人群对茶文化的需求。古阳河茶业要如何将门店转型升级为体验店，时刻抓住消费者的味蕾？

问题之四：渠道如何拓宽？缺乏线上电商平台的建设，古阳河茶业产品销售速度缓慢，在饮茶群体规模日益壮大的今天，搭载互联网，如何加快古阳河的电商渠道步伐？古阳河茶业如何变"慢销品"为"快销品"，快速提升市场占有率？

问题之五：模式如何创新？古阳河茶业公司目前被人员少，资金缺，店面减等问题缠绕。如何实现营销模式创新，快速打开国内市场，寻找国外消费者市场的突破口？

这些新问题，都是阻碍古阳河茶业公司梦想成真的一道道坎，其深层的原因又是什么呢？

（二）梦之源

1.营销战略之滞

古阳河茶业营销战略滞后的根本原因在于营销理念缺失、营销规划盲目及目标市场模糊。

为搁置的梦想拨开迷雾，落后的营销战略是阻碍古阳河茶业公司圆梦的第一道坎。

（1）营销理念：缺失

销售为核心的传统营销理念，缺失现代的茶叶营销理念。一直秉承着把产品卖出去的想法，在以产品为中心的经营模式下，公司所有的生产经营活动都围绕产品的生产与销售展开，公司所有的职能部门都为此而建立。在市场上推销自己的产品，被动地满足客户的需求，实行的是被动的营销。其基本的出发点在于：客户是喜欢我们的产品才来购买。

（2）营销规划：盲目

发展步伐激进，营销规划盲目。古阳河茶业公司商业布点前未进行可行性分析，茶叶生产基地选择与投资有明显的随意性；公司市场开拓缺乏计划性，产品布局太广、开拓步伐过快。急速扩张的战略并未能有效提升"古阳河"品牌知名度与美誉度、提高产品市场占有率，反而导致了公司运营资金紧张和人才短缺的境况。

（3）目标市场：模糊

无重点侧重市场，目标市场模糊。古阳河茶业公司虽然拥有古阳绿茶、红茶、黄茶、白茶、花茶等产品系列，却没有针对不同产品开发合适的细分目标市场。导致公司高、中、低品牌平庸并进，没有重点有效区分市场定位，导致高端品牌的市场定位失效。

2.营销策略之困

（1）产品策略：同质化

市场竞争激烈，企业缺乏远见。古丈毛尖市场上的毛尖绿茶，在其性能、外观等上没有其区别，而且古阳河公司没有突出自己的产品特色造成现在的古阳河茶业公司的产品同质化；与此同时，茶业市场竞争激烈，企业利润压缩严重，企业缺乏转型资金，难以支撑改良包装和提升产品服务带来的成本开支；一味地顺应市场做产品而没有跳出地区市场来引领市场消费，虽然推出了众多迎合不同消费群体产品品类，却未形成自己的特色，所以品类显得过于繁杂。

（2）价格策略：折扣低

价格体系混乱，互利原则不够。古阳河茶业在整体价格体系营造方面存在致命缺陷，目标市场不清晰也是导致价格体系不完善的根本原因；且在互利原则方面，统筹缺规划，兼顾性不够，对于占销量20%左右的散客而言，一般采取现金支付，没有任何优惠；对于经销商而言，刚开始主要采取合同或协议形式，彼此熟悉以后就靠诚信合作；古阳河茶业公司在价格制定与实施方面有一定欠缺，价格体系可能会影响到一些渠道商的利益，甚至会影响经常来光顾门店消费者的利益，导致冲突加剧。

（3）促销策略：较陈旧

促销理念单一，应变机制不行。抑制"三公"消费之前，古阳河的主要业务是面向政府采购与高档礼品茶，销售渠道虽然单一但是极为畅通；同时，受产能所限，产品供不应求，营业收入丰厚，属于卖方市场，这是导致古阳河未形成促销理念的重要原因；一直以来，古阳河茶业公司营销体制市场响应速度慢，缺乏对整体促销策略规划和门店特色管理，线下门店与销售部分基本上不推动其产品的促销活动，导致了产品的积压，使得其销售形势雪上加霜。

（4）渠道策略：太单一

渠道思路狭窄，缺乏制度保障。渠道建设理念陈旧，应变能力差，未找到适合企业本身的渠道模式；在市场营销方式方面，古阳河茶叶公司虽然有电视、报刊、媒体、网络等宣传渠道，但如今厂家直销依然是最主要的传播方式，古阳河没能切实地理解网络营销，在网络上的销售手段也只是限于搞促销与广告推销上，相当于简单地把企业名称、产品名称、购买地址、联系方式等信息放到网上，结果几乎没有进行网络营销活动；原有建立的直营店模式数量较多，由于渠道建设机制保障性不够、经营不善导致店面数量大减影响销售渠道，渠道建设思路狭窄。

3.营销管理之惑

针对古阳河茶业公司目前的状况，营销管理主要存在五个方面的问题，即品牌管理轻视、客户管理无序、质量管理松懈、人资管理混乱和信息管理落后。

（1）品牌管理：轻视

产品品牌意识不强，品牌核心文化缺失。古阳河茶业公司在运营过程中过于强化对古丈毛尖的推广，过度依赖于"茶王茶"的牌匾，从而导致只有"产地品牌——古丈毛尖"，没有"产品品牌——古阳河"的问题。另外，公司核心文化的缺失，致使消费者、经销商甚至公司员工对古阳河品牌的认可度低，公司的价值观得不到有效传播，也无法在市场上建立良好的企业品牌形象。

（2）客户管理：无序

科学管理系统缺失，新老客户持续流失。古阳河茶业公司发展至今仍未建立科学的客户关系管理系统，无法及时了解客户需求。此外，对于为公司带来利益的关键客户疏于发掘和管理，开发、维系客户的手段也很单一，仅仅通过参加茶业博览会宣传，却很少主动和客户建立持久的关系，使得公司未能有效开拓新客户的同时，又失去了宝贵的老客户。

（3）质量管理：松懈

质量认证等级较低，存储问题导致退货。古阳河茶业公司产品仅仅取得了国家质监部门 QS 认证，并未取得有关国际标准认证如欧盟有机认证、香港 HACCP 体系认证等，致使客户对产品质量的认可度不高。此外，已销产品因存储问题，导致易受天气影响而变质，产品质量得不到有效保障。

（4）人资管理：混乱

公司架构不明，薪酬体系不当，业务流程过多。古阳河茶业公司运营未建立适宜的公司架构，造成一把手全面决策的问题。同时，往往由于技术人员角色转变不到位、欠缺管理意识、管理知识及经验不足等原因导致权责不清。在薪酬方面，公司只单方面地考虑了地理位置所带来的差异化进行工资区别，并没有很好地将店长的工资与绩效匹配,使得中层领导人才对薪酬分配感觉不公,提出辞职要求。另外,采茶工人临时性短缺也是公司面临的棘手问题,恰逢茶叶采摘的旺季,由于当地农户也需要采摘自家的茶叶,公司面临着雇工难的问题,不得不借调生产工人,大大增加了其人力成本和经营成本。

(5)信息管理:落后

没有形成产业联盟,未搭建信息分享平台。在案例描述中,我们可以发现古丈县内几家公司只关注于自身的一亩三分地,未能形成合力,未有效整合集体资源,形成抱团发展的良好局面。信息共享平台的缺失,也导致企业难以有效跟进市场需求。

三、方案篇:新思路·梦之圆

谢朱常侍寄贶蜀茶剡纸

瑟瑟香尘瑟瑟泉,惊风骤雨起炉烟。

一瓯解却山中醉,便觉身轻欲上天。

(一)新思路

新问题需要新思路,借助于战略分析辨前景,战略定位定基调,战略决策指方向助推古阳河茶业公司营销战略更新。

1.营销战略更新之趋

在国内国际市场茶叶消费需求日益增长的形势下,茶叶企业应该抓住国际化的市场机遇,开拓茶叶市场、推广茶叶品牌,树立正确的营销战略。

（1）战略分析：辨前景

立足古阳河茶业公司未来三至四年的梦想，运用SWOT矩阵模型进行战略分析，划分出了防守型、偏重防守型、适度型、进攻型战略四种战略规划，详情见表5.5。

表 5.5 古阳河茶业公司 SWOT 战略矩阵分析

内部资源 外部环境	优势（S） ①自然条件好 ②政策扶持 ③较高的产品质量，产加销一体化经营格局 ④校企合作	劣势（W） ①公司战略滞后 ②营销策略单一 ③营销管理无序
机会（O） ①"一带一路"倡议 ②精准扶贫 ③居民养生保健观念增强 ④消费者由目的性消费转向文化体验消费	进攻性战略（SO） ①抢占电商渠道，扩大经营规模，培养未来消费者 ②打造中高端时尚茶文化	偏重防守型战略（WO） ①成立电商运营中心，配套电商运营设施 ②打造新媒体营销能力 ③补充线上线下所需人力资源
威胁（T） ①茶业竞争激烈 ②礼品茶市场萧条 ③茶饮料等茶叶制品冲击	适度进攻型战略（ST） ①推出小包装真空单品 ②打造"爆款"提供高质低价产品，培养年轻人饮茶习惯	防守型战略（WT） ①关闭亏损严重的门店 ②缩减礼品茶销售资源投入 ③裁掉能力不匹配员工

（2）战略定位：定基调

"老骥伏枥，志在千里；大鹏展翅，鹏程万里。"通过以上分析，明确了古阳河茶业公司的优势和劣势，外部环境的机会和威胁。未来三至四年，古阳河茶业公司应该确立"以顾客为中心"的价值链导向，加入古丈县茶叶产业联盟，积极引入产业基金，抓住国家"一带一路"倡议的发展机遇，坚持走国际化路线，拓宽市场，实施稳中求进的适度进攻型战略，战略定位见图5.1。

```
       偏重防守型战略              进攻型战略
   ①成立电商运营中心配套设施    ①抢占电商渠道扩大经营规模
   ②打造新媒体营销能力         ②打造中高新时尚茶文化
   ③补充线上线下所需人力资源

         防守型战略              适度型战略
   ①关闭亏损严重的门店         ①退出小包装真空单品
   ②缩减礼品茶销售资源投入     ②打造"爆款"提供高质低价
   ③裁掉能力不匹配员工           产品，培养年轻人饮茶习惯

                                              古阳河
```

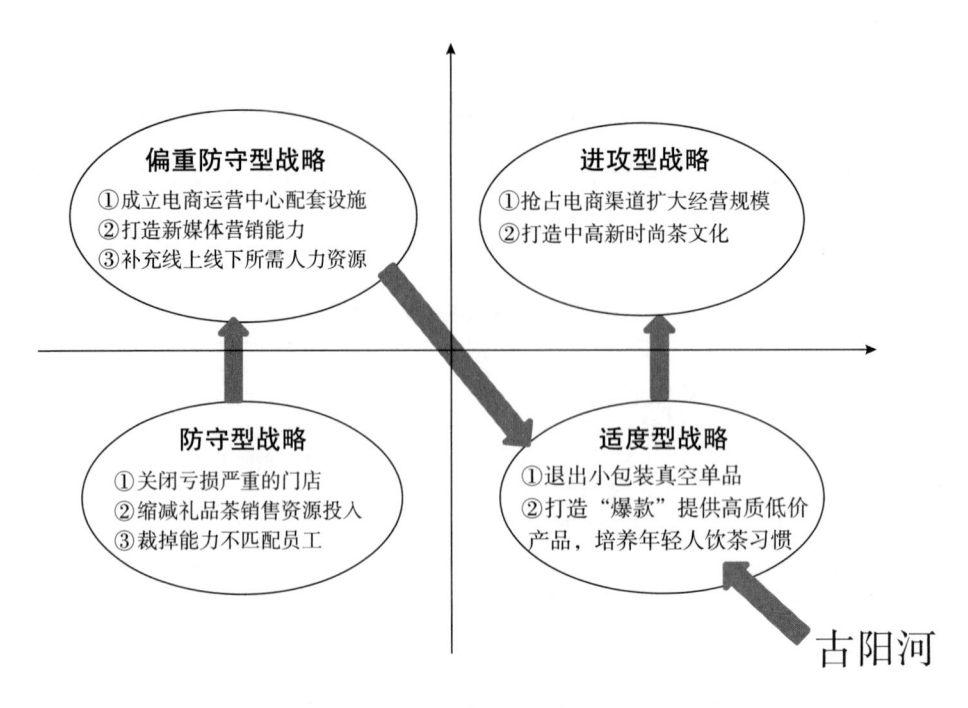

图 5.1　古阳河茶业公司战略定位图

（3）战略决策：指方向

①树立正确的营销理念

改变"卖出去就是出路"的价格导向营销理念，树立"以客户为中心"的核心经营价值链。在"古阳河"过去的价值链中，利润是价值链的终点和主要目标。实际上，企业通过价值链的价值活动不但创造了利润，也创造了顾客价值，而且利润的源泉是顾客价值。因此，价值链应以顾客价值为导向，见图 5.2 和图 5.3。

| 核心资产 | → | 投入要素 | → | 提供茶叶 | → | 销售渠道 | → | 顾客 |

图 5.2　转型前古阳河茶业有限公司运营流程

客户偏好 ➡ 销售渠道 ➡ 提供茶叶 ➡ 投入要素 ➡ 核心资产

图 5.3　转型后古阳河茶业有限公司运营流程

②制定科学的营销规划

客源规划。采用移动互联网营销、节事营销或将各地的饮茶习俗（如敬茶、擂茶、茶与婚礼、斗茶、茶联、茶艺、茶会、茶宴、祭祀茶、喊茶等）、平台营销（如携程网、去哪儿网等）、跨界营销（如酒业、服装业、电商等）、公益营销或体验营销，以及参加各类电商节（如淘宝双 11、双 12，京东 618 等）等多种营销方式，扩大市场影响力，增大古阳河茶业公司在市场的占有率，培育产业优势。

市场规划。以拓展市场为目标，打造品牌为举措，聘请专业团队从基础设施、产品到服务形成品牌意识，推动"抱团发展"，建立现代茶业公司，打造国际高端品牌，将"古阳河"茶业品牌推向世界。

渠道规划。着力抓好市场拓展，完善销售网点平台建设。市场开拓的范围、力度和营销平台建立的覆盖面在一定程度上决定了茶叶产品的销售情况。因此，新常态下古阳河茶业公司要想获得快速发展，就必须要做好市场拓展这个大文章，要通过市场细分，做好产品定位与划分，搭建好茶叶购销平台，有效拓宽流通渠道。要将互联网和茶叶销售相结合，充分利用淘宝、天猫、京东、阿里巴巴等电商主流平台，做强网络营销品牌，配合相应管理制度的运作，大力激发茶叶资源的市场新活力。

③准确定位目标市场

现代市场营销理论以 STP 营销（目标市场营销）为核心，主要包括市场细分、目标市场和市场定位。

市场细分划格局。古阳河茶叶公司可以按消费者收入将市场细分为低、中、高三个阶层,选择定位适合公司的目标市场。低档收入阶层的消费者茶叶消费量受茶叶价格上升的影响出现明显的下跌。中档收入阶层的消费者主要以白领为主,工作时间紧、生活节奏快,要求携带方便、包装精美。高档收入阶层的消费者对价格不是很敏感,但是对品质的要求比较高,注重健康养生。

目标市场定级别。多年的对公业务以及高端产品的经验,公司在业界有良好的口碑。另外,"茶王茶"作为古阳河茶业公司的金字招牌,影响力较大、珍品最为畅销。因此公司选择做中高端产品市场有得天独厚的优势。

市场定位不明人群。古阳河已经做了多年的高端市场,有一定的业内口碑。产品定位方面主要针对白领阶层、品茶爱好者、知识分子等有一定消费水平的广大群体。从古阳河的消费层来说,其消费场所主要包括高档茶楼、茶铺、各大商场、专卖店、酒店、中高档娱乐场所,以及网上的消费。

(三)梦之圆

立足于营销4P理论,借助于产品策略差异化;价格策略折扣多、促销策略多样化、渠道策略多元化等措施,开创古阳河茶业公司营销策略创新之道。

1.营销策略创新之道

(1)产品策略:差异化

为了避免古阳河茶业公司与其他同类茶业公司的同质化,企业应在传统产品的基础上对产品特点开展差异化策略。

①无与伦比,古阳河茶业产品定位精准。好的开始就是成功的一半,古阳河茶业产品如何定位?消费者市场如何细分选择?对古阳河茶业后续运作影响甚大,古阳河茶业应该延续企业传统营销高端绿茶的特色:"围绕中高档消费群体来打造中高档消费产品",利用不同层次的策略从迎合市场到引领市场,让"送礼就送古阳河茶"的消费理念深入人心。

②举世无双,古阳河茶业产品特色吸引客户。古阳河茶业传统主打产品是绿

茶极品——古丈毛尖，利用茶叶生产基地绿色、有机，茶树品种稀少、高端，茶叶采摘标准化管理，茶叶加工精准细致等理念打造出属于古阳河毛尖的精品产品。给古阳河茶叶赋予高端、养生、绿色的涵义，引导消费者形成"古丈毛尖中的精品就是古阳河毛尖"的观念，吸引消费者客户。

③与众不同，古阳河茶业产品包装显特色。在当今激烈的市场竞争中，包装对于企业产品的销售影响巨大，好的包装令人耳目一新，记忆深刻。同时，为解决古阳河茶业公司中古丈毛尖不易储存的问题，建议将茶叶采用真空包装，便于消费者更好的品尝绿茶的清鲜口感。好的包装可以提升古阳河茶业的档次，提升产品边际效益，将茶王的招牌和奖项做成头像印在古阳河茶叶外包装上，提升产品形象档次，同时，也可以在外包装上传播古阳毛尖的保健养生理念，树立良好的营养健康形象。

④出类拔萃，古阳河产品服务差异化引人入胜。对古阳河茶叶营销群体集中培训，普及茶叶养生、健体的基本知识，再适当配备专业的健康指导老师，使其在实体销售时能够帮助消费者冲泡毛尖茶，包括食用的方法、剂量、最佳食用时间、注意事项等，同时指导消费者可以通过电话咨询，让消费者买得放心，用得安心。

（2）价格策略：折扣多

古阳河茶业只有结合企业的实际情况合理制定价格，才能获得市场份额，建立优势，塑造良好的企业形象。

①美轮美奂，古阳河茶业价格引凤来仪。古阳河可以采用"精门店+大经销商"策略，利用门店的精美的广告效应和经销商的互利政策为吸引经销商，通过采取比竞争对手获利空间更大的价值体系，通过阶梯销量折扣体系、推广津贴策略、销量完成奖励策略，古阳河茶业可以充分调动经销商的积极性，从而达到筑暖巢引凤来仪。

②有口皆碑，古阳河茶业产品性价比高。目前古阳河对产品定位是低、中、

高档全部覆盖，所以古阳河茶业对消费市场定价时主要是采取差异化价格策略。针对高端途径消费群相对固定、价格弹性小的特点，应采取高价位策略，运用多种手段以保持名茶的珍贵形象；将高端茶业大包装改良为小罐装或小包装，总价不变的基础上降低顾客的送礼成本，提升高档茶叶的性价比。而中低端产品（大宗茶）属于大众消费品，价格弹性大，应坚持薄利多销、走量为主的定价原则，追求批量化的规模效益，让它来成为开辟古阳河茶业新市场的"金钥匙"。差异化价格策略让消费者选择性多，提升古阳河产业产品的性价比。

③因地制宜，古阳河茶业产品价格新策略。古阳河茶业价格在销售实际过程中，因成本的高低、季节的变化、市场的情况、经销商的情况等，充分运用价格组合新策略。如每年春茶刚刚上市，一般价格规定得比较高，而去年的陈茶则要根据库存、竞争对手的相关情况进行相应的价格调整。这样可以有效地帮助古阳河去库存，盘活企业现金流，释放企业产能。

（3）促销策略：多样化

古阳河茶业公司通过制定合理且多样化的促销策略，将会对公司产品的销售和推广起到极大的促进作用，能够扩大企业市场份额，提高企业的销售利润。

①加大对古阳河茶业公司整体形象的宣传，完成从地域品牌到全国知名品牌的宣传转移。利用电视、微信、网络等多种媒体提升古阳河茶业有限公司在市场上的影响力，借助双11购物节、双12购物节、京东618购物节等促销平台来进行促销活动提升企业品牌知名度。

②精心准备，打造古阳河茶业门店的特色营销策略。"人无我有，人有我优，人优我转"的特色促销是增强茶店吸引力的最直接手段。譬如，很多消费者知道茶叶功效后，更想知道茶为什么能有这样的功效。而通过专业知识让顾客"知其然，知其所以然"，即满足消费者的知情权，服务营销将产品推出去，知识营销将顾客拉回来。

③开发专门的产品，向特定机构供应形成高端品牌效应。古阳河茶业公司可

以开发出一些特级古丈毛尖品种,参加北京中南海等专用茶评选活动,最大限度地提高古阳河毛尖在市场占有率、影响力。

④依托文化、公益相关事业的平台,充分促进与古阳河茶业公司促销的有机结合,提升古阳河企业品牌影响力。例如,定期参加茶文化节、举办茶王比赛等,使得促销活动更具影响力、更富主题,从而更好地拉近与消费者的心理距离。

(4)渠道策略:多元化

在目前茶业市场商品过剩的情况下,古阳河茶业公司渠道建设是否成功将会直接企业的生死存亡,而只有让销售渠道更加丰富和多元化,企业才能更加接近成功。

①打造适宜的混合直供模式(见图5.4)。搭建经销商网络和门店直营平台,不仅可以将各级经销商共同开展联合直供,还同时对部分零售终端进行完全直供,便于充分利用各级经销商的资源,市场反应迅速,市场信息全面而又真实。

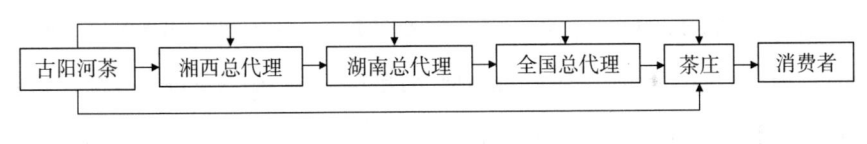

图 5.4 混合直供模式

②分区域设立销售管理中心。设立北京分公司为北方销售管理中心,设立长沙分公司为南方销售管理中心。分公司的设定必须在当地较有影响力的地区,通过销售管理中心的设立既可以作为一个销售窗口,用于展示公司的产品,又可以作为一个信息窗口沟通公司与市场的联系。

③建立古阳河茶业连锁店。建立销售网点可以借鉴国内外连锁商业的成功经验,依托古丈毛尖地域品牌优势,结合古阳河企业品牌特点,实施严格的"八个统一管理"(统一装修格式、统一服务规范、统一进货、统一库存调配、统一商号、统一价格、统一核算、统一管理)。这样就可以强化员工品牌意识训

练,树立为消费者提供优质茶叶的企业精神,形成适合古阳河茶业公司的茶业文化。

④大力发展经销商,建立专柜和专营店。针对大城市有许多大型商场和超市的特点,借助社会渠道,通过经销商在各大商场和超市建立古阳河茶叶专柜或专营店。

⑤加大直销力度,减少中间流通环节。针对经销商难以进入的或不愿进入的茶社、大酒店、宾馆等零售终端,可以采取完全直供方式进入。这样减少了流通环节,降低了价格,扩大了市场销售量,提高了市场占有率。

2.营销管理革新之路

以"五大发展理念"为指导,借助品牌管理创新、客户管理协调、质量管理绿色、人资管理开放、信息管理共享,开辟营销管理革新之路。

(1)品牌管理需创新

①增强产品品牌意识

品牌是市场效应的结晶,代表了信誉和实力。公司要做好四大整合,完成两个转变:将"形象、产品、文化、传播"的整合作为古阳河品牌战略的主要创新点,赋予老产品以新的品牌内涵,通过对四大要素的整合,完成"古丈毛尖"到"古阳河","产地品牌"到"产品品牌"的两大转变。

②凝练品牌核心文化

通过叙述一个有趣的、感人的、体现产品及企业特色的故事,打造企业品牌的核心文化,强化企业内部对于品牌管理的一致性认同,传播企业的定位、价值观,从而帮助企业建立良好的社会品牌形象。

(2)客户管理重协调

①建立客户关系管理系统

通过客户关系管理系统(CRM)的建立,提高客户管理的时效性,动态掌握客户需求,妥善解决客户问题。同时,通过数据挖掘技术,发现整理客户深层次需求，及时调整发展方向，改进产品质量，提高服务水平，从而实现以客户为中心的经营策略。

②加强重点客户的管理

"二八定律"说明企业大部分的利益来源于少数的关键客户，因此，抓住"关键的少数"显得尤为重要。公司要通过前期全面评估，发掘重点客户，完善重点客户服务工作，提高服务水平，从而培养重点客户忠诚度，提升客户黏着度。

③丰富维系客户的手段

现阶段，公司的客户关系维护还停留在一种低层次、单一的层面上，如：对产品价格进行打折，未来应丰富客户维系的手段，通过回访重点客户、赠送特色礼品、邀约参与公司活动（如参观茶园、工厂）、体验茶叶制作流程等一系列方式，打造公司与客户的长期合作关系，实现团结发展。

（3）质量管理要求绿色

①提高质量认证等级

古阳河公司只通过国家质检部门的 QS 认证，只能说明茶叶符合质量安全，门槛低，市场认可度不高。公司要积极打造有机茶园，通过欧盟及日本的有机认证，让产品通过 ISO9001：2000 质量管理体系认证、HACCP 食品安全控制体系认证等，推进国际化质量认证，获取进军国际市场的通行证。

②研发解决储存难题

公司产品主打绿茶，而绿茶具有难以储存的问题，因此，公司要积极通过技术攻关改善茶树品质，同时，可运用充氮包装代替真空包装，延长产品的保质期，提升产品的新鲜度。通过有关技术研发解决储存难题，保证产品质量。

（4）人资管理转开放

①理清公司组织架构

结合古阳河公司员工数量较少、技术型人才多、管理专业型人才少、生产营销价值链长等现状，建立矩阵式管理模式（见图5.5），可打破各个部门间的潜在壁垒，明确责权利，建立跨部门的团队运作，从而提升公司市场应变能力及运营效率，实现"产品质量为根"的商业承诺。

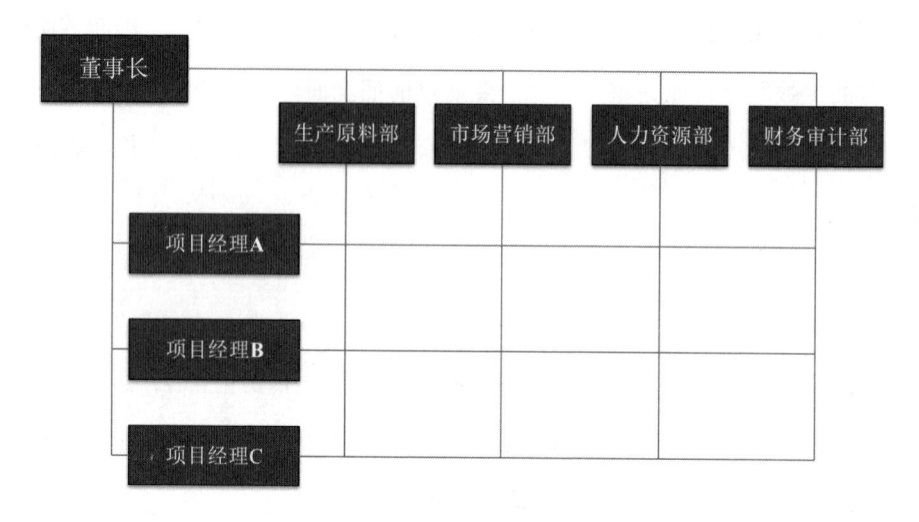

图 5.5　古阳河茶业公司组织架构

②完善绩效薪酬体系

建立一套客观、科学的绩效薪酬体系，优化人力资源配置，调动工作积极性和创新性，降低人才缺失带来的高额人力成本，从而实现公司与员工的"双赢"。根据HRM系统中的"3P"模型明确岗位职责，确立绩效考核目标，设计动态薪酬以适应行业、物价等因素的变化，最大程度利用薪酬杠杆作用来激励员工，从而实现古阳河公司经营业绩的提升。

③推行业务流程外包

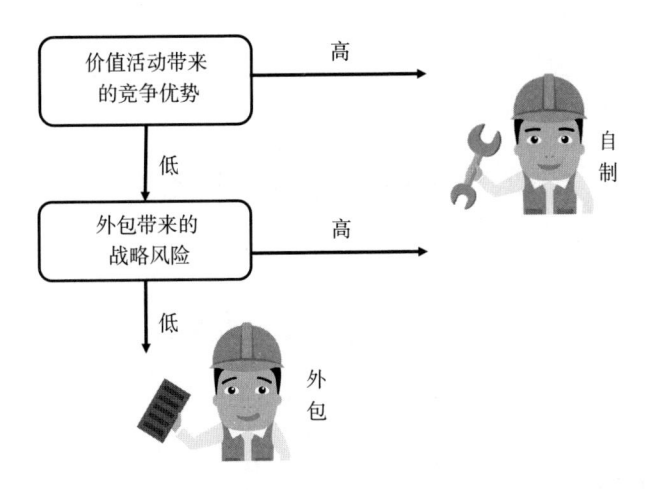

图 5.6 茶业采摘外包 VS 自制

如图 5.6 所示，茶叶采摘是茶叶生产过程中低价值、低风险的业务，通过将茶叶采摘这一流程外包的方式，可有效处理采摘季节人工短缺的问题。服务外包后，古阳河公司可以降低资本投入，有效利用有限资源，专注自身核心能力的提高。

（5）信息管理变共享

①成立地域产业联盟

面对古丈毛尖产地品牌知名度不高的窘境，古丈地区内的茶企要积极响应政府号召，聚力茶叶技术创新、公共品牌创建、国内外市场拓展，实现内部的资源整合与优势互补，整合全县优质资源，从而共同将古丈毛尖的品牌做大做强，实现产业竞争从红海向蓝海的转变。

②搭建信息分享平台

要打破家庭作坊、小农经济发展茶叶的局限性，破除"一家一户搞生产，千家万户闯市场"局面，通过公共信息平台的搭建，进行茶叶生产、制作、销售等信息的共享，实现茶业供应链的整合，形成企业间风险共担、利益共享的有利局面。

四、愿景篇：新梦想·梦之愿

古丈茶歌

春茶尖尖叶儿脆，绿得人心也发甜。

天下五洲四海客，逢人都夸古丈茶。

（一）新梦想

随着古阳河茶业公司营销战略的更新、营销策略的创新及营销管理的革新，坚信公司未来三到四年一定能成为"古丈的古阳河"，实现销售额年均3 000万—4 000万元的梦想。然而，任时光荏苒，应力保企业长存，所谓"预则立，不预则废"，为长久计，自当放眼未来，构建新梦想。

立志未来十年，古阳河茶业公司不应是"古丈的古阳河"，而应是"湘西的古阳河""湖南的古阳河"，甚至是"中国的古阳河""世界的古阳河"；年销售额力求突破1亿元，甚至更多，如今成为湖南现代茶叶生产示范企业与标准企业，引领行业发展。

（二）茶之基

然而，实现新梦想，绝非简单易事。放飞新梦想，成就新梦想，必须紧抓新时代的引擎，建立强有力的保障基础。

1. 政策东风，吸引产业基金投资

（1）中央政策助力产业升级。2015年3月13日，李克强总理所作的《政府工作报告》首次提出："要实施'中国制造2025'，坚持创新驱动、智能转型、强化基础、绿色发展，加快从制造大国转向制造强国。"3月25日，国务院常务会议部署加快推进实施"中国制造2025",实现制造业升级。由此,"中国制造2025"成为经济领域关注的重要话题。"中国制造2025"被认为是我国实施制造强国战略第一个十年的行动纲领。

(2)地方产业基金扶助中小企业。为响应中央号召,全国各地市由政府主导产业基金如雨后春笋般纷纷涌现。2015年古丈毛尖获得全国驰名商标,成为湖南省茶叶界首个获此殊荣的茶种,而古丈县茶叶产业联盟则是古丈毛尖品牌最具分量的代表。2016年,湖南省政府出台《湖南省农业产业发展专项资金管理办法》,因此在资金方面,古阳河等企业极有可能成为政府产业基金大力扶助的对象。

2.精益求精,推动聚焦与一体化

(1)聚焦战略实现营销定点突破。聚焦战略就是企业通过集中自身资源能力和组织精力向特定的目标客户提供他们真正需要的产品和服务。可以实现企业业务的专一化,能以更高的效率和更好的效果为中高档的茶叶细分市场服务,从而在较广阔范围内超越竞争对手们。这样可以避免大而弱的分散营销局面,使企业在营销方面实现定点突破。

(2)一体化战略构建供产销体系。采用后向一体化战略,使古阳河茶业公司的中、高档礼品茶在市场上拥有明显的优势,从而可以继续扩大生产,打开销售。但是在后向一体化战略下,可能出现协作供应原材料的茶叶种植农户与自身茶叶种植基地生产规模有限、外购供应跟不上和成本过高等情况,会阻碍企业的进一步发展。此时,企业可以依靠自己的力量,扩大经营规模、茶叶的原料供应量,也可以向后兼并供应商或与供应商合资兴办企业,实现组合联合体,统一规划和销售。

3.迎合需求,完善产品体系建设

(1)市场需求倒逼企业完善服务。随着人们对参与体验的需求不断增加,如今在整个经济发展业态已经出现了新的体验经济,而整个市场经济发展也进入全新时代。古阳河公司必须从整个时代发展的新特点入手,结合时代特点和消费者的新需求，完善自身产品体系建设。目前整个市场所提出的重要需求之一，就是消费者希望自身的需求能够得到充分满足：能够在品茶的同时，了解茶叶的成长环境，欣赏茶叶产地的优美风光。

（2）满足客户需求，壮大企业发展。因此，想要达到这一目标，古阳河公司就必须从完善产品体系化建设出发，通过构建丰富全面的产品内容，从而实现消费者的消费目的，提升竞争力，最终提升综合实力。随着当前市场竞争不断激烈，茶叶企业发展所面临的挑战和压力不断增大，古阳河公司想要适应市场发展，就必须对当前整个市场发展所面临的环境进行深度考虑和融合，从而才能满足客户需求，同时壮大企业发展。

4.拓宽渠道，打造"茶叶+"产业链

（1）打造复合产业，产生聚合效应。古阳河公司应通过"茶叶+"发展复合型业态茶产业，复合型业态是指一个企业经营多种商业业态，而每一种业态分别适合于特定的目标市场，借助资源和要素，合理配置、共享及生产合力效应的经营模式。茶叶产业是在茶叶生产的基础上，集高效农业、特色旅游业、绿色食品加工业以及文化产业于一体的复合型产业。

（2）新要素打造新的利润增长点。在当前茶企竞争激烈趋势下，古阳河公司应借鉴"互联网+"的发展模式，可以把"茶叶"分别"+种植业""+食品加工业""+金融""+旅游业""+健康产业""+文化产业""+互联网"，从而分别延伸出生态茶业、茶食品加工业、茶金融业、茶旅游业、茶养生健康业、茶文化体验休闲业、茶叶电商平台和物流产业等，拓展出茶叶特色小镇和茶业功能区的新增长点，提升新常态下的自身竞争力。

5.丰富内涵，开辟茶文化新市场

（1）丰富茶文化内涵促消费。随着当前市场经济发展的不断成熟，古阳河公司所研发的产品只是整个产品体系中的一部分，多为茶叶的生产和制作，而如今人们对整个茶叶产业发展已经提出了新的更高要求，从茶叶生产制作到茶文化开发建设等，都逐渐成为人们新的消费趋势。

（2）融入茶文化，注重深度考量。茶文化的新市场，最大的优势就是要有丰富的茶文化内容，而茶文化的具体内涵才是能够为消费者带来深度体验的重要内容，以往古阳河公司在茶产业开发建设过程中，最大的不足和缺点就是缺乏对茶文化作用和价值的深度认识，整个茶产业开发过程，缺乏对茶文化的有效融入。与传统经济形式相比，今天新的时代要求必须充分注重对茶文化的深度考量。只有融入茶文化，才能让消费者在具体消费活动中，感受到古阳河茶的深度和内涵。

6.继往开来，"走出去"才是真出路

即使实现了从"古丈县的古阳河"到"湖南省的古阳河"蜕变，古阳河茶业公司也不能就此满足，持续发展的脚步不能就此停歇。这只是阶段性的胜利与成功，此时的古阳河则要立志实现到"中国乃至世界的古阳河"的目标跨越，那时才能真正地将古丈毛尖做大做强，走出湖南，走出国门，走向世界。

"卖出去"很可能是一时的出路，"走出去"才是永恒的出路。

（三）梦之愿[①]

困境破局之余，古阳河茶业公司作为负有社会责任感的企业，更会切实履行着社会责任，把共同利益高于一切作为企业精神，把发展经济和履行社会责任有机统一起来，把承担相应的经济、环境和社会责任作为自觉行为，把企业社会责任作为提高竞争力的基础，为国家与社会的发展贡献自己的一份力量。

1.创造就业机会

"就业问题关乎社会的和谐稳定，创造就业机会是履行社会责任最好的方式。"古阳河茶在发展的过程中，要秉承健康发展、创造就业、善待员工的原则，

[①] 本案例分析报告由雷振华、刘保平、张俭老师指导，参赛队员有肖国梁、易平、洪雪飞、杜任、艾洋锐、万娜、钟展如，荣获湖南省第四届高校 MBA 企业案例大赛二等奖，杜任荣获"最佳风采奖"。

履行好作为企业的社会责任。在技术创新为主的新型盈利模式下,古阳河茶业公司需要更多的高新技术人才,公司规模持续扩张,不仅需要高新技术人才和管理人才,同时,需要更多的茶工,为周边农村富余劳动力提供更多的就业机会。

2.带动共同发展

古阳河茶业公司作为古丈县茶业的龙头企业,其生存和发展紧连着上下游企业,其中很多个体茶农都是依附于古阳河茶业公司的生存与发展,公司通过以技术创新为主的新型盈利模式,扩展国内国际市场,不仅对自身发展带来巨大收益,同时,也必然为上下游企业带来财富,一荣俱荣,有效促进区域经济发展,为财政收入提供税收保障。同时,带动上下游企业共同发展,更有利于打造古阳河茶业的产业集群,提升公司竞争力,进而带动整个地区的产业结构升级,资源优化配置。

3.产品质量放心

武陵山脉腹地古丈县境内,植被丰富,森林覆盖率达70.7%,云雾缭绕,溪流纵横,雨量充沛额,年平均降水量为1 475.9mm;冬暖夏凉,气候温和,年平均气温15.9℃;土壤肥沃,有机质平均含量达3.18%,矿质元素和微量元素含量丰富且组成均衡合理,土壤全氮为0.185%、全钾为2.2%;自然优美而无污染的生态环境,为谷阳河的茶叶优异自然品质的塑造,奠定了得天独厚的生态基础。

另外,古阳河建立了科学化的标准体系。首先,在茶园选址上(坪坝镇地处山区),光照、温度和水分条件都十分适合茶树生长,而且无工业污染,这为茶叶的品质提供了保障;茶树品种也做到了多样化、优质化。其次,茶叶采摘按照"单芽""一芽一叶"和"一芽两叶"的标准,作为茶叶品质分级的基础。最后,古阳河在茶叶生产上,除了标准化的厂房和生产设备外,茶叶加工的八道工序都实现了标准化和精细化操作,同一品种的成品茶色香味形一致、品质稳定。

4.彰显环保责任

目前，我国面临严峻的能源短缺、环境污染等问题，因此，古阳河茶业公司应注重节能环保，实行清洁生产。同时，响应国家政策，开发环保茶叶生产政策，并通过环保公益活动来履行环境责任，促进企业的可持续发展。公司致力于从源头推进节能环保度，确定"节能、环保和节约资源"的技术发展方向，彰显公司的环保责任。

附　录

ZH 市茶商的访谈记录：

1.你们卖不卖古丈毛尖这个品种？

随机访问约 10 家店铺，仅 3 家提供古丈毛尖。

2.你们店主要经营哪个茶叶品种？

大部分主推红茶、黑茶及当地品牌绿茶（如南岳云雾）。

3.你们店哪个茶品种卖得最好？

按季节销售，冬季主推红茶、黑茶，夏季卖绿茶。

4.你们的进货渠道？

主要通过茶农直接收购，少部分代销企业品牌（如传承老树白茶）。

5.你们的主要消费群体是谁？

在 ZH 市客户群体基本为 35—50 岁的中老年场。原因一是有时间，二是有一定经济基础。注意地域性差异，在已形成茶叶惯性消费地区如广东、福建，茶如米饭，必不可少。茶叶消费贯穿消费者的整个生命周期。

6.哪个品种的利润率最高？

基本差不多（涉及经营数据较少）。高档茶叶利润高，但销路较窄，主要对象是懂茶爱茶之人。

7. 古丈毛尖是哪个品牌在卖？有没有古阳河这个品牌？

三家卖古丈毛尖的经销商、零售商，通过当地农户采购，不卖产品品牌，只卖地域品牌。没有听说过古阳河，也没有听说过英妹子、妙古金、牛角山等品牌。

8. 有没有网络店？网络店好还是实体店好？分别都会遇到什么问题？网络营销对你们实体营销的影响？

没有网络店。有一定影响。

9. 茶叶需要什么核心优势才畅销？

品质优良，适销对路。了解客户需求，解决经销商痛点。

10. 我们为什么要买古丈毛尖？为什么选古阳河品牌？

经市场调查古丈毛尖经销商较少，通过当地茶农采购，没有固定品牌。

ZH 市古丈毛尖市场调查报告

——基于茶叶销售商问卷调查总结

1. 市场基本情况

根据季节、消费者需求、茶叶功效、地域品牌等进销茶叶，品牌代销较少，多采用原产地茶农采购——产地品牌包装——销售（散户、商场、茶楼）的经营模式。主要销售的茶类以红茶、黑茶、乌龙茶为主，绿茶以当地品牌为主，即南岳云雾。

2. 古丈毛尖市场情况

经销古丈毛尖的商家较少，主要原因有以下几点：

（1）古丈毛尖属于绿茶，绿茶难以有效保存。绿茶如青菜，新茶易卖、陈茶难销，容易产生滞销问题，增加成本。

（2）本土品牌优势大、销路广。南岳云雾同属绿茶，既能得到政府支持，如政府采购接待用茶，又能代表地方特色，消费者认同程度高。故而，古丈毛尖难以打入当地市场。

（3）产地品牌知名度不高。古丈毛尖虽获得多项国内国际荣誉，却未被列入中国十大名茶名单，公众知晓度不高。

3. 古阳河品牌情况

只有少数商家销售古丈毛尖，基本没有听闻过古阳河这个品牌。

4. 调查建议

（1）关于品牌建议

①确立品牌特色。如英妹子主打文化制度建设，妙古金主攻高端有机茶品，牛角山主推体验式茶园，那古阳河品牌特色在哪里呢？（我们是不是可以从地方特产入手，让古阳河成为地方特产茶的代表，从而形成"送礼就送古阳河"的消费观念和习惯呢？）

②立足本地市场。借助古丈毛尖的地方品牌优势，努力成为当地龙头企业，争取政府扶持、政策支持，提高本地市场占有率，提升公司影响力。

（2）关于产品建议

①确保品质。一方水土养一方人，一寸山地产一类茶，古丈县自古产绿茶，要保证已有茶类的品质和口感，故而需考虑红茶、黄茶、花茶的推出能否保证品质，而不产生"橘生淮北则为枳"的尴尬？从而进一步导致销售难的问题。

②确立产品名称。现在是看脸的时代也是看名称包装的时代，产品命名要凸显产品特色。例如，"宝盖有机茶""传成老树白茶""古阳河""古阳红"。

（3）关于技术建议

就绿茶难以存储的问题，可否通过校企合作，产学研研究，技术攻关此问题？

(4) 关于市场建议

可适当开拓北方市场。南方是传统产茶、制茶、品茶之地，市场竞争压力大，北方缺少茶，且百姓传统礼节观念强，如送礼要送古阳河茶，可以在保证本土市场的基础上适度适时开发北方市场。

第六章　高顿核心竞争力提升之路

一、往岁求浆忆叩门：简介篇

财经培训谋深耕，由点到圈显成效。

（一）高顿教育发展剪影

高顿教育于 2006 年创立于上海杨浦区，致力于打造完整的"终身财经教育"生态体系，拥有 13 年历史，是著名的财经教育领导品牌。目前，高顿旗下包含教育服务机构、互联网学习平台、智能科技教育平台、就业实训平台、高校服务平台、财经学习工具六大业务板块，拥有 50 家分支机构，6 000 名全职员工，已覆盖了 100 座城市。先后获得新东方、前程无忧战略投资，2018 年 11 月获得摩根士丹利、高瓴资本领投 8 亿元的 C 轮融资，13 年来高顿教育已累计服务超过 60 000 家企业客户，培训学员超过 800 000 名，注册用户超过 3 000 000 人。并与阿里、华为、京东、海尔、百度、中兴等企业建立财务体系深度合作，2018 年突破 20 亿元。高顿教育的发展历程见图 6.1。

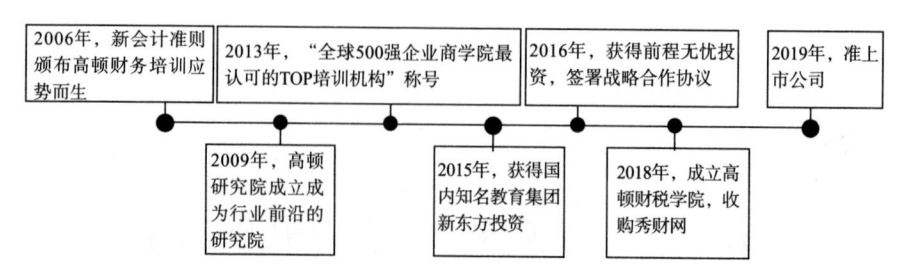

```
┌─────────────┐   ┌─────────────┐   ┌─────────────┐   ┌─────────┐
│2006年，新会计准则│   │2013年，"全球500强│   │2016年，获得前程无忧│   │2019年，准上│
│颁布高顿财务培训应│   │企业商学院最认可的│   │投资，签署战略合作│   │市公司    │
│势而生       │   │TOP培训机构"称号│   │协议         │   │         │
└──────┬──────┘   └──────┬──────┘   └──────┬──────┘   └────┬────┘
       ●                 ●                 ●                ●
              ┌─────────────┐    ┌─────────────┐   ┌─────────────┐
              │2009年，高顿  │    │2015年，获得国│   │2018年，成立高│
              │研究院成立成 │    │内知名教育集团│   │顿财税学院，收│
              │为行业前沿的 │    │新东方投资    │   │购秀财网      │
              │研究院       │    │             │   │             │
              └─────────────┘    └─────────────┘   └─────────────┘
```

图 6.1　高顿教育发展历程

发展至今，高顿已经形成了完整的平台生态圈，以自身为主体，与高校、资本结构、专业服务形成了共生共赢的合作关系。从"点"到"线"，化"线"为"圈"，高顿教育已经形成了一个完整的、闭环的生态链。只要进入这个系统，所得到的价值远远不止一堂课程这么简单，能得到的是贯穿一生的价值。

（二）高顿教育业务简介

高顿教育通过旗下高顿财经、高顿网校、高顿财税等产品，不仅提供财经培训，还提供实习、游学、就业、再教育和高端财经人脉拓展等帮助贯穿财经人才职业生涯的生态系统（见图 6.2）。

图 6.2　高顿教育成熟的平台生态图

二、节物风光不相待:现状篇

毕竟西湖六月中,风光不与四时同。

2019年财经培训行业成为政策红利的市场,国务院政府工作报告指出财经培训行业将会有利于提高民众生活质量。此后,中央印发的《财经培训行业发展"十三五"规划》,明确要求到2020年财经培训行业将增加30%,各地方出台了地方政策,提高行业的渗透率。财经培训行业的持续需求火热,资本利好财经培训领域,行业发展向好,高顿在经过三轮融资之后,将融资获得的资金用于打造国际化的终身财经教育平台生态。现如今,高顿的平台生态圈初见规模,但还有不得不面对的壁垒,为了使这个"圈"更稳更平整,使高顿得到广阔的发展空间必定要率先制定长远可行的战略规划,从内外部的环境进行分析,探寻其发展壮大的根本原因。

(一)财经教育培训行业的外部环境分析

为了对财经教育培训行业的外部环境进行分析,本章借助PEST分析工具,从政策、经济、社会及技术等四个方面进行分析,具体见图6.3。

- 国家重视人才培养
- 法律法规引导市场
- 多头管理监管混乱

- 需求旺盛增长迅速
- 金融危机发展机遇
- 培训市场投资焦点

- 终身学习深入人心
- 求学就业压力递增
- 家长重视子女教育

- 技术进步教育需求
- 技术革新提升效率
- 休闲教育扩大规模

图6.3 财经教育培训业的外部环境PEST分析

1. 政治法律环境

表6.1 中国在线教育行业的主要法律法规及政策性文件

时间	颁布机关	政策文件
2010年	教育部	《国家中长期教育改革和发展规划纲（2010—2020年）》
2011年	教育部	《教育部办公厅关于成立成立教育部信息化领导小组的通知》
2012年	教育部	《教育部关于加快推进职业教育信息化发展的意见》
2013年	教育部	《国家教育管理信息系统建设总体方案》
2015年	教育部	教育部三通两平台文件之《教育部2015年工作要点》
2016年	教育部	《教育脱贫攻坚"十三五"规划》
2017年	国务院	《国家教育事业发展"十三五"规划》
2018年	教育部	《教育信息化2.0行动计划》
2018年	教育部	《关于健全校外培训机构专项治理整改若干工作机制的通知》

资料来源：公开资料整理

2010—2018年，中国在线教育行业的主要法律法规及政策性文件如表6.1所示。《2018年中国分享经济发展年度报告》中指出："当前形势下，资本市场高度认可知识经济的发展潜力，从事知识服务行业的工作者超过3 500万人，行业总参与者达到7亿人，市场交易额呈继续上涨的趋势。"随着分享经济在各个领域的深入渗透，知识技能共享的用户在不断壮大，领域在不断扩展，发展模式也愈发成熟。习近平总书记在党的十九大报告中特别提出，要大规模开展职业技能培训，建设知识型、技能型、创新型劳动者大军。2018年4月18日，国务院总理李克强主持召开国务院常务会议，会议原则通过《关于推行终身职业技能培训制度的意见》，在资金方面，职业技能培训补贴要覆盖企业所有技能人员，不光是新参加工作的，还包括在职的；在税收优惠政策上，市财建〔2006〕317号文件，要求企业按规定足额提取并合理使用职工教育经费。2019年4月30日国务院召开常务会议，会议确定了使用1 000亿元失业保险基金结余实施职业技能提升行动的措施，提高劳动者素质和就业创业能力。而在"一带一路"倡议长期的战略背景下，随着中国"走出去"企业数量和外贸交易日益增长，我国对复合型国际化财会人员的需求出现了巨大的缺口，因此需要像高顿这样的财经培训机构给社会输送更多的复合型财务人才。国家发布了一系列鼓励支持职业教育、在线教育的文件，采取了支持性措施，像高顿这样的财经培训机构给社会输送财务人才受到国家政策大力支持。

2. 经济环境

中央经济工作会议指出，我国发展仍处于并将长期处于重要战略机遇期。《2019年第三季度中国宏观经济形势分析与预测报告》指出，前三季度GDP按可比价格计算同比增长6.2%，依然处于政府年初设定的6%至6.5%预期增长目标之间基，CPI增长2.1%，PPI下降0.3%，GDP平减指数增长1.8%，消费增长8%，投资增长5.7%，出口增长1.6%，进口下降0.9%。自2012年以来，国家财政性教育经费支出占GDP比值均超过4.0%。2018年教育部发布全国教育经费总投入为46 135亿元，比上年增长8.39%。其中，国家财政性教育经费为36 990亿元（主要包括一般公共预算安排的教育经费、政府性基金预算安排的教育经费、企业在办学中的政府拨款、校办产业和社会服务收入用于教育的经费等）比上年增长8.13%。

2010年以来我国财政性教育经费占GDP的比重在逐年提高，如图6.4所示。2010年国家财政性教育经费占GDP比重为3.66%；2012年首超4%，达到4.28%；之后，国家财政性教育经费占GDP比例连续超过4%，政府对教育事业的投入力度有所加大。下游行业交易规模增长，为财经培训行业提供新的发展动力。2018年居民人均可支配收入28 228元，同比实际增长6.5%，居民消费水平的提高为财经培训行业市场需求提供经济基础。与经济发展相比，我国在国际财经组织中的人数还不多，话语权和影响力还比较小，同时，在国际组织中的参与能力还有待提高。这反映了我们的人才培养数量和结构滞后于我国经济全球化的发展要求。

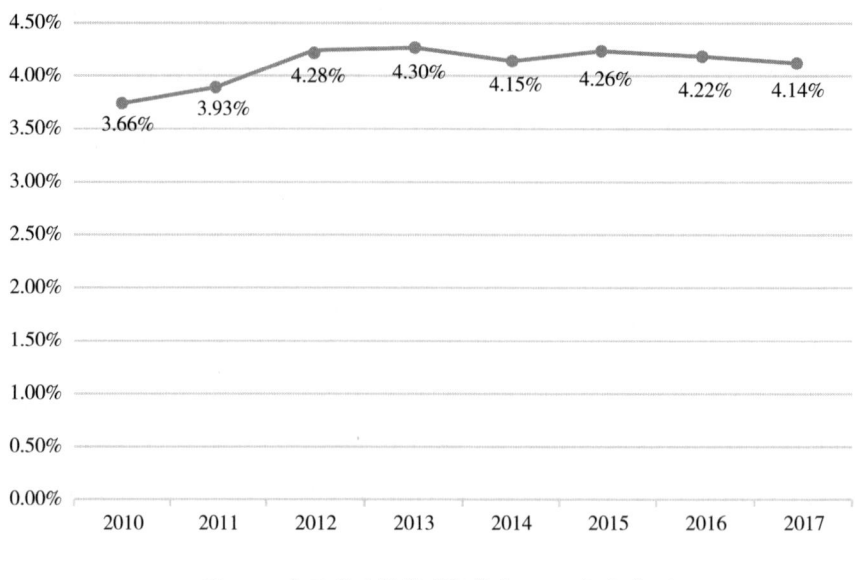

图 6.4　中国财政性教育经费占 GDP 比重（%）

3.技术环境

根据《世界互联网发展报告 2017》和《中国互联网发展报告 2017》，2016 年中国数字经济规模总量达 22.58 万亿元，跃居全球第二，占 GDP 比重达 30.3%，以数字经济为代表的新经济蓬勃发展。当前，信息化、数字化、智能化发展势不可挡，正在给人类的生产方式、交易流通方式、教育学习方式和生活方式带来革命性的变化。多方面的影响必然会极大地增加教育的时空限制，带来学习方式的革命。"互联网+"教育在全球互联互通中影响日益彰显。网络大学、网络课程、社交新媒体、微信、微视频以及大数据、云计算等正在改变教育和科学研究的发展生态，使得知识、思想和数据的获取和传播更加便捷，来源更加多样化。尤其近年来信息科技、人工智能的跨越式发展，导致财经领域部分就业岗位也出现了机械化、自动化、智能化的发展趋势。例如：在会计领域，"德勤财务机器人"等自动化程序已上市，大量简单重复的手工劳动将被计算机程序化操作所替代。这些技术进步，一方面极大可能提升财经领域行业的生产效率，但也导致许多传统的财经就业岗位消失，新的就业岗位诞生和涌现。这对高等财经人才培养和科学研究提出了与时俱进的发展命题，我们需要有新作为，不仅面对眼前的挑战，更要着眼于未来。

4.社会文化环境

从人口结构看，财经素养教育应该实现全覆盖，包括全部学龄人口和劳动人口。从学校财经素养教育看，应首先加强中学生的财经素养教育，然后逐步向前延伸至小学和幼儿园，向后延伸至大学和研究生。中学生已经懂得"对与错"，并开始学习对各类"选择"进行判断，是人生学习的重要时期，这个时候接受财经素养教育会终身受益。2015年，我国财经院校本专科招生数729 225人，专职的经济学教学和研究者已经达到91 566人，经济学的学生人数和研究人数已经是世界第一。如表6.2所示，随着"二孩政策"全面开放，80后、90后作为父母其教育意识不断增强，更重视培养孩子的综合素质能力，学前教育、K12在线教育、素质教育市场需求不断扩大，90后、00后等各类人群，逐步成为财经培训行业的消费主力。在消费升级的大背景下，人均可支配收入、付费意愿、移动支付便捷度提高，人们对高质量教育的需求越来越旺盛，进一步推动在线教育"刚需化"转变。

表6.2　80后、90后、00后、10后教育互联网化需求分析表

时代	出生年份	教育阶段	职业阶段	学前教育	K12教育	高等培训	职业培训	互联网使用习惯
80后	1980—1984年	大学毕业	而立	/	/	/	是	较强
	1985—1989年	大学毕业	瓶颈期	/	/	/	是	较强
90后	1990—1994年	大学高年级毕业	初入职场	/	/	是	开始	强
	1995—1999年	高中、大学低年级	/	/	是	开始	尚未开始	强
00后	2000—2004年	小学、初中	/	/	是	尚未开始	尚未开始	很强
	2005—2009年	小学	/	/	是	开始	尚未开始	很强
10后	2010—2014年	学前教育	/	是	尚未开始	尚未开始	尚未开始	融合
	2014年及以后	胎教	/	尚未开始	尚未开始	尚未开始	尚未开始	融合

（二）行业背景分析

2019年知识技能共享继续保持快速发展的态势。在多方利好的环境之下，知识服务借助互联网思维、依托发达的新媒体平台呈现出良好的发展态势。自2012年以来，国家财政性教育经费支出占GDP比值逐年提高，政府对教育事业的投入加大。技术的革新也给在线教育行业带来巨大变化，科技赋能VR、大数据、云计算、人工智能、5G等逐步从一线城市过渡到二、三、四线城市，实现财经培训行业及体验的普及化。财经培训行业引入ERP、OA、EAP等系统，优化信息化管理施工环节，提高了行业效率。人均可支配收入、付费意愿、移动支付便捷度提高，家庭消费升级。高顿教育行业环境的波特五力模型如图6.5所示。

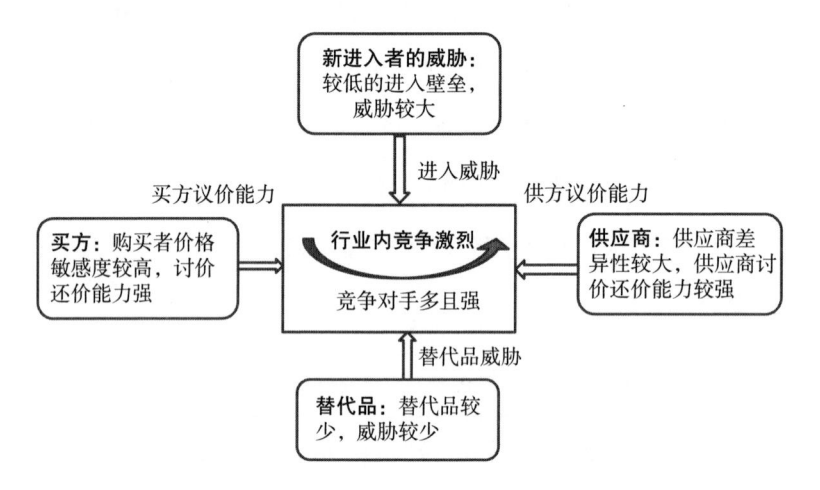

图6.5　高顿教育行业环境的波特五力模型

1. 现有竞争对手之间的竞争

近年来，教育市场呈现旺盛的增长趋势，其中财经教育行业也慢慢发展起来，越来越多的年轻人基于自身发展需要学习更加专业的财经知识。行业的竞争加剧，一些小型的培训机构由于资金、师资等缺乏难以在短期内形成品牌，市场空间越来越小。因为教育行业"先收费后服务"的模式，学员往往会为了降低学习风险选择具有优势、知名的教育培训机构品牌，从而形成强者愈强，一家独大的竞争格局。由于国家颁布的经济政策等因素也为财经教育培训行业市场需求快速增长提供了内生驱动力。高顿培训 ACCA、CFA 的竞争对手主要有中博诚通、恒企教育（285）、华领、东奥、中华网校、爱尔信教育，企业财务培训方面的竞争对手主要有纳税人俱乐部。其中，中博成立时间早，历史悠久，信誉度高，服务质量好，城市布局点中博比高顿广泛。

2. 潜在新进入者的威胁

新进入者是行业竞争的重要力量，能够带来多样化的产品服务与生产能力，从而刺激行业竞争者发现更多市场潜在机会。从产品的差别化以及顾客忠诚度来分析财经教育行业，高顿教育是 2006 年创立，经过多年的品牌积累，虽然有着很高的知名度，但是要抢占制高点，在竞争中占据有利地位，需要丰富的人力资源和雄厚的经济实力支持。教育产业由于投资成本很低，所以进入壁垒较低，因此企业受到潜在进入者的威胁相对较高。移动互联网技术的发展也降低了终身教育进入的门槛。教育行业的新东方、好未来、沪江等，以及规模类型不一的教育行业创业公司，也借助各自在资金、模式或技术上的优势进入教育行业。所以，高顿教育所面临的新进入者的威胁较大。

3. 来自替代品的竞争压力

替代品是指行业中的功能相似或相同的产品。替代品的竞争压力主要取决于替代品在价格、性能、质量等重要属性方面的满意度、吸引力，及购买者转向替代品的转移成本。目前教育培训行业的替代品来源于学校教育与外国教育机构。教育培训与学校教育互为补充，但学校教育对教育培训对威胁不大，因为教育培训可以满足市场多元化、个性化需求。而外国教育机构产品价格吸引力不大，且购买者对转移成本较高。总体来看高顿教育的替代品对其威胁较小。

4. 购买者议价能力

购买者主要通过不同企业之间对竞争力来施加压力，大多体现在对更高质量、更低价格的产品与更完善的售后服务的需求上，总之购买者的压力会使本行业的盈利水平降低。购买者的压力主要取决于其集中购买程度、产品标准化程度、转移成本、购买者所掌握的信息等因素。由于现在信息透明度高,购买者可以通过多种渠道了解并掌握教育培训产品的最新信息,通过横向或者纵向比较来选择合适自身性价比较高的培训产品。在产品标准化程度较高的情况下,购买者的价格敏感度较高,价值转移成本也比较低,教育行业的购买者讨价还价的能力较强。

5.供应商议价能力

教育行业的产品供应者有两大类:一个是拥有丰富教学经验的老师,另一个是国内外各大出版社、国外考试项目合作单位等。目前高顿教育的合作单位有上海财经大学和新东方等。通过分析可得,教育培训行业供应商的集中化程度比较高,供应品可替代的程度比较低,供应品的差异性大,该行业的供应商讨价还价能力较强。

（三）企业的自身条件分析

为了掌握高顿教育自身条件,借助 SWOT 分析工具,从优势、劣势、机会与威胁等分析高顿教育。具体见图 6.6。

① 拥有成熟的财经教育平台生态圈
② 业界最大的财经职业认证研究结构
③ 创新能力强
④ 教育模式差异化、师资力量强大
⑤ 上下游布局,构筑产业链

① 产品结构单一
② 内部建设欠缺
③ 管理理念、文化步调不一致

① 政府政策支持
② 国家教育行业处于起步阶段
③ 互联网+教育深度融合
④ 高端财经人才市场需求大

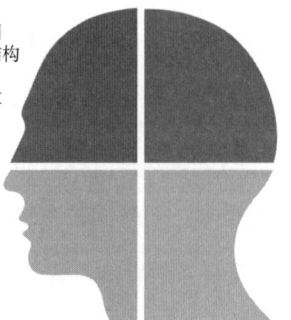

① 竞争激烈,师资人才供不应求
② 行业门槛低,有潜入竞争者威胁
③ 同质化和机构的竞争激烈
④ 互联网共享课程资源泛滥

图 6.6　高顿教育

1.优势（Strengths）

高顿拥有成熟的财经教育平台生态圈。研究院已成为业界最大的财经职业认证研究结构，并将研究院优质的教育资源作为其最大的核心竞争力。其研究院已成为业界最大的财经职业认证研究机构。主要原因是高顿的创新能力强，2019年数字经济创新企业百强排行榜98名，高顿重视科技利用5G、大数据、人工智能等科技手段实现财经教育场景科技化及个性化学习内容定制。高顿教育作为上海市5G试点企业中唯一的教育公司，已率先实现5G覆盖，并希望依托5G，实现立体化教学和跨地域教育资源实时共享。此外，高顿教育还研发了G-live、Smart School、EP智能学习平台等，以科技驱动，提高学习效率，赋能财经学员。EP智能财经学习平台可以根据学员的学习背景和能力，设计学习路径，并根据学员的反馈推荐下一步的路径。

教育模式差异化、师资力量强大。高顿采用的是"教研+讲师+学管（助教）"的三师模式，开设3个ACCA研究院、CPA研究院、CFA&FRM研究院，老师也参与课程的研发、考纲的研究、热点案例分析，甚至教材的研发等更加前端工作中，让知识结构更加的体系化。ACCA通过率高，2019年9月8日广州、南京分校成为大陆唯一一家拥有4个ACCA白金资质的教育机构。同时，师资力量强大。讲师方面：目前已有1 500位老师，其中800位全职老师，80%是来自国际知名学府的硕博和在全球一流企业的实战经验。不少人曾就职于摩根、中金、四大等世界百强企业。据高顿介绍，其选取老师注重四个方面——其一是学术能力，是否有比学赶帮的专业化优势；其二是准确表达等软技能；其三是价值观，必须把学生放在第一位；其四是不断提升的向上力量。"学管"方面：优先选择泛财经专业的毕业生担任，帮助学员合理规划职业路径；为学员定制个性化的学习路径，利用精细化管理的方法，一对一全程跟进。过程中，学管就像班主任，起到充分疏导和监督作用，保证完课率及学习效率。

高顿正在围绕"终身财经教育"生态进行产业上下游的布局，构筑战略性教育产业链。高顿教育与前程无忧达成战略合作，实现了财经人才的培养与职业发展的无缝衔接和整个行业的多方共赢，高顿将为更多的财经人才提供专业的财经培训，前程无忧将为专业财务人员提供更多的职业机会，而企业用户也将获得更多高质量的财务人员和财务培训方案。高顿教育与新东方能够达成的战略合作，首先是在线教育上的合作，依托新东方的在线教育平台，能够实现为高顿网校进行导流。在客户群上，两个行业的巨擘本来就是有重叠的，而两者的课程，也能起到一定的互补作用。此外，新东方有全国的教育资源，场地、师资管理方面经验丰富，也是高顿走向全国所需要。

2.劣势（Weaknesses）

公司扩张速度加快，人才数量、质量难以同步，产品结构与市场主流相比，相对单一。终身财经教育有布局没成效。在发展过程中过于重视公司规模的扩张和业绩的增长，忽视内部建设的重要性，企业的文化建设没有跟上企业快速发展的步伐。各地分校与总公司在管理理念和企业文化等方面的步调不一致。公司在快速扩张过程中，各分校分布在全国各地，分校管理人员的背景和知识结构各不相同，企业又缺乏统一的文化体系，很难保证分校的运营模式及文化导向与总公司保持高度统一，难免出现步调不一致的情况。公司经营状况略低于同行业的中博诚通和恒企教育。高顿教育信用好评度，相较于其竞争对手中博诚通、恒企教育较低。

3.机遇（Opportunities）

政府的政策支持。2016年2月，互联网教育被列入新版《国家重点支持的高新技术领域》列表，互联网教育企业有机会被认定为高新技术企业，享受税收等优惠。2017年初印发的《国家教育事业发展"十三五"规划》，教育行业成为知识服务行业的重要组成部分。中国教育培训行业处于起步阶段，尚待开发。而"互联网+"行动的深入推进，教育与互联网深度融合，加快了教育行业的进步，世界对高端财经人才的市场需求越来越火热。

4.威胁（Threats）

教育行业市场竞争激烈，优秀的师资人才供不应求，人才缺乏，人员流动率高。非学历教育培训机构进入门槛低，没有较高的进入壁垒，利润空间大，加之政府对其发展的政策性支持，致使许多投资者想要加入此行业。同质化竞争和同行竞争压力较大。由于计算机与互联网技术的不断发展，以网络授课为主的培训机构也开始兴起。现代社会网上资源共享的速度快，许多网课在互联网上传播，而由于网络领域的知识产权保护一直不受重视，所以网上各种关于财经的学习资料被非法传播，导致互联网资源泛滥。这些资源与培训课程相比往往成本低廉，且也是培训课程中一定程度上的替代者，所以泛滥的资源成为高顿培训教育所面临的一个挑战。

通过内外部环境分析，我们发现，社会大环境为包括财经教育在内的非学历教育培训机构提供了良好的发展机遇，高顿教育也抓住了发展的机遇，实现了从"点"到"线"、从"线"到"圈"的飞跃发展，其构建的知识服务平台生态圈将企业自身、资本机构、人力资源机构、高校等纳入进来，实现对学员的持续的终身财经教育。但是高顿教育自身的劣势使得这个"圈"并不完整，主要原因是：高顿追求过快的营收增长，过于重视外部市场的开拓，忽视了自身的内部建设。自身的核心竞争力跟不上其战略扩张的目的，主要体现在以下几个方面：①公司扩张速度加快，人才数量、质量难以同步，产品结构与市场主流相比，相对单一。②过于重视公司规模的扩张和业绩的增长，忽视内部建设的重要性，企业的文化建设没有跟上企业快速发展的步伐。③各地分校与总公司在管理理念和企业文化等方面的步调不一致。公司快速扩张，各分校分布在全国各地，分校管理人员的背景和知识结构各不相同，企业又缺乏统一的文化体系，很难保证分校的运营模式及文化导向与总公司保持高度统一，出现步调不一致的情况。④公司经营状况略低于同行业的中博诚通和恒企教育。

（四）战略定位

对于高顿教育来讲，目前它将客户人群定位为财经行业的初学者、执证者、自身从业者和管理者的所有财经人士。高顿教育的产品定位随着企业的发展在不断变化，从单一的针对企业财务培训产品到个人培训产品，从线下培训课程到线上线下相结合的培训课程。目前，高顿教育将产品定位为打造完整的"终身财经教育"生态体系，为企业及个人提供专业、系统、便捷的财经知识产品与服务，帮助万千企业系统提升财务运作水平，更为百万学员提供学习深造、求职、创业、职业晋升、人脉拓展的机会和舞台。高顿教育希望通过线上和线下相结合，利用面授、网校和财经智能学习平台等方式为目标客户群提供产品和服务，以达到引领全球财经培训，传播经世商业智慧，建立国际化财经培训基地，培养世界级财务金融人才的目的，最终，实现连接与服务中国企业，从而推动中国新商业文明的建设与发展的宏伟目标。

2014年，高顿获得教育培训巨头新东方的A轮投资2.4亿元人民币（19.5%）；2015年，获得前程无忧的B轮投资（15%）；2018年底高顿教育获得了由高瓴资本、摩根士丹利联合领投的8亿元的C轮融资，这是高顿完成的第三轮融资。高顿教育表示未来将会把融资获得的资金用于持续打造国际化的终身财经教育平台生态，成为"独角兽"的高顿教育不再把眼光局限于国内，未来的高顿教育是否能在海外市场创造辉煌呢？对标海外财经培训机构，高顿教育是否可以不再局限于做一家培训机构，而是成立像BPP大学（英博夏尔大学）这样的"高顿大学"呢？高顿接下来还有很长的一段路要走，制定什么样的战略才能实现它远大的目标呢？

三、料峭春风吹酒醒：问题篇

莫看江面平如镜，要看水底万丈深。

企业战略为企业核心竞争力的形成指明了方向。企业战略就是分析企业内外部环境后而制定的经营目标和计划，那企业在分析内外部环境的同时，就对企业的基本情况有一个全面的了解，这样就知道企业具备形成哪些方面核心能力的潜力。核心竞争力是实现企业战略的重要力量。核心竞争力会使一个企业从激烈的竞争中脱颖而出，它是制定和实现企业发展战略的关键因素。公司的战略不是拍脑袋拍出来的，它应建立在公司的核心竞争力的基础之上，战略定位应该与公司的核心竞争力相匹配。而企业战略也往往是以提升企业的核心竞争力，维持企业的可持续发展为目的。故而企业管理层要在管理实践中协调好两者的关系，战略定位时应该充分认识自己，明确自己的核心竞争力，准确的战略定位一定是建立在公司的资源能力和竞争能力基础上的。如果战略与核心竞争力不匹配，会造成资源浪费，战略目标不准确，发展方向偏差，会阻碍核心竞争力的加强和战略目标的完成。

通过上述现状分析，我们发现高顿教育存在战略与核心竞争力不匹配的问题，高顿教育的战略定位为构建国际化的终身财经教育生态平台，但是其目前的竞争优势不领先，自身的核心竞争力存在以下问题。

（一）品牌优势失灵

1."独角兽"并非一骑绝尘

品牌是建立客户关系，提高产品差异化的重要因素，这为企业在竞争力占有有利地位奠定了基础。在品牌管理理论中，品牌的信息传递作用的重要性以及品牌维护及营销对保持品牌忠诚度，提高品牌影响力有着重要作用。高顿教育专注构建财经终身教育服务体系，从2006年以来始终坚持做财经教育培训，逐渐创立了自己的品牌。品牌是企业的无形资产，也有着无形的价值。一方面，高顿教育品牌提升，能够吸引更多优秀的生源来学校深造。同时，也会吸引更多的名师和学者加入这个团队，有着更优秀的生源和老师，为提升高顿核心竞争力打下了基础。

但是随着行业的发展，高顿的品牌优势逐渐失灵。随着教育行业的不断发展，财经教育的发展也越来越快，国家颁布了一系列对职业教育方面利好的政策。在国家政策的支持下，财经教育的前景越来越广阔。在市场的导向发展下，越来越多教育企业开始关注财经教育，运用波特五力模型分析行业竞争变得越来越激烈，竞争对手逐渐增多。研究发现在高顿致力于成为财经教育领域垂直领域的"独角兽"的同时，独有的培训模式已经不存在。成立于2004年北京中博诚通国际技术培训有限责任公司是其最大的竞争对手，一直致力于ACCA、CMA等国际财经证书培训及财经类企业内训的中博诚通已成为中国规模大的国际财经证书培训机构。在消费者购买力的方面，由于教育行业的进入壁垒低，各大竞争对手在提供较低的价格的同时，也在提升产品质量。在供应商购买力方面，品牌的建设也一定程度上取决于师资力量是否满足企业自身需求，高顿与各大高校合作寻求优质的师资力量，但师资力量是可能随着薪酬、绩效考核机制等因素发生改变的。从行业不断发展和竞争对手的不断强大，高顿的品牌优势不再明显，打造财经教育类垂直领域的"独角兽"的目标任重而道远。

2."美誉度"并非傲视群雄

品牌美誉度在消费者品牌决策的过程中，有着举足轻重的作用。品牌美誉度是消费者对某一品牌的喜爱和认可程度，是消费者通过自身的消费经验以及综合其他不同品牌信息对品牌价值的认同，这种认同是消费者在心理上的感知，并不是简单依靠广告宣传影响消费者的品牌决策。品牌与美誉度是一个企业的无形资产，也是企业文明程度的重要标志。良好的品牌与美誉度对内可以产生无形的凝聚力和向心力，对外可以产生强大的感召力和宣传力。常言道：若升高，必自下；若陟遐，必自迩。我们通过资料发现（见图6.7），高顿教育信用好评度，相较于其竞争对手中博诚通、恒企教育较低，处于相对劣势地位，企业美誉度不高，不利于吸引新客户。

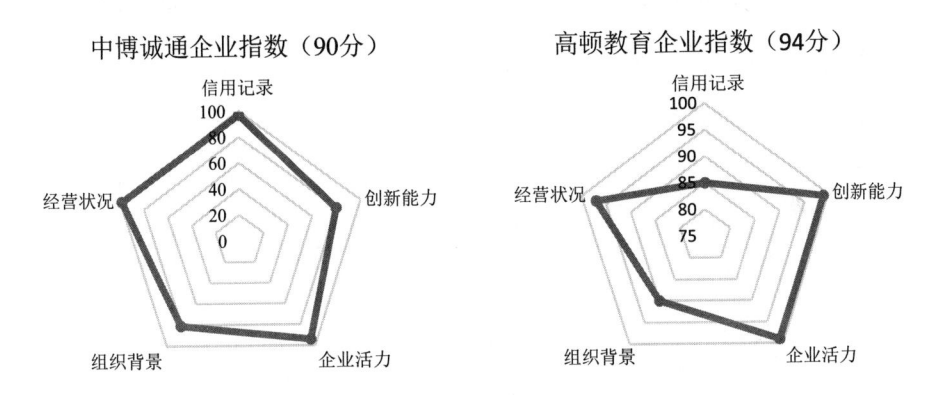

数据来源：企业公开数据资料

图6.7 中博诚通、高顿教育和恒企教育的企业指数

（二）人才储备不够

1."人才流失"乃行业通病

人才是培训教育机构的核心竞争力，人才需求量大，但行业普遍面临人才流动性大、人才流失严重的问题，不利于企业的连续性发展。高顿发展至2018年，由开始的8人到2018年的7 000人，通过我们的数据分析得出（见图6.8），当前高顿教育人才需求量高达1 900多人，占全公司人员的27.14%，说明高顿教育员工离职率高，人才流失严重。

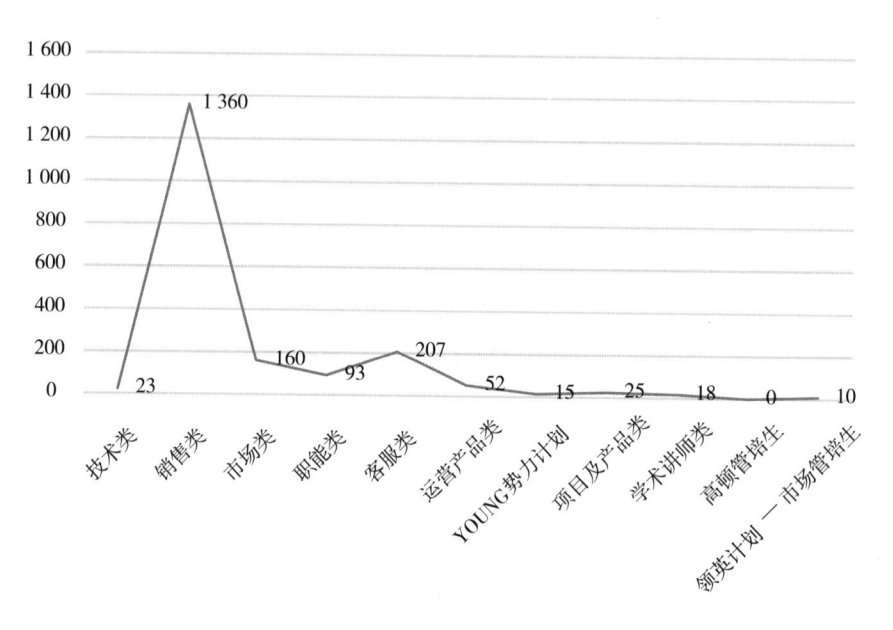

图 6.8　高顿官网数据人才需求数量（单位：人）

数据来源：高顿官网公开数据

2.教育培训并非"人才温床"

教育培训行业的人才流动性大。高顿教育人才流失的原因一是缺乏健全的企业组织文化体系，企业凝聚力不够，员工没有归属感，忠诚度不高。二是培训教育机构的核心竞争力归根到底还是人才，目前市场上的人才培训机构如雨后春笋，数量不断增加，市场竞争激烈，对高层次和经验丰富的优质人才争抢严重。三是招聘时人岗匹配程度不高。像高顿这样的培训教育机构迫于人才需求量大而储备不足的压力，不得不在招聘中适当放宽条件，而企业和人才之间这样相互"迁就"的权宜之计只是暂时性缓解了企业人才储备不足的压力。随着入职时间越来越长，因为相互"迁就"招聘到的人才会意识到自身和企业的能力及价值观匹配度不够，同时，其他教育机构可能给出对于人才来讲更有吸引力的条件，吸引人才跳槽，最终导致人才流失。四是员工激励考核制度不够完善。培训机构的考核形式单一，考核结果缺乏一定的科学性和公正性，不同类型员工的考核缺乏针对性。同时，考核和工资联系不紧密，考核系统形同虚设。对老师的考核，很难量化，导致数据不是很准确。对于创新型项目，机构缺乏相应的奖励机制，经常出现激励不及时的情况，打击了员工工作的积极性，最终导致其离职。

人才的流失会造成培训教育机构的危机：一方面老师的离职会导致培训机构的人员运转出现问题，另一方面名师的离职也会导致招生的困难。但是主要原因还是中国的教育培训机构太过依赖老师的名气。很多培训机构的自己的名气很大程度上是与老师的名气挂钩的。这就导致，一旦名师大量流失，原本还有一定知名度的培训机构就会很快地失去名气，从而失去最竞争力。

（三）企业组织文化薄弱

财经教育领域的独角兽，自 2017 年高顿教育平台生态圈基本建立，然而这些年来"每年再造一个高顿"的目标让高顿营收快速增长的同时，带来了一系列问题：重视外部市场开拓，忽视内部建设的重要性；公司内部出现了目标不统一，思想有偏差；重视业绩区"骚扰"顾客，为高顿教育的口碑带来负面的影响；2017—2019 年高顿教育是"休养生息"的两年，在稳步提升外部市场份额的同时，公司开始注重企业文化建设。目标由"每年再造一个高顿"转变为"回归教育的本质"。

1.内部文化建设一直被忽视

高顿忽视内部建设的重要性，企业文化建设没有跟上企业快速发展的步伐。企业文化是企业在生产经营实践中逐步形成的，为全体员工所认同并遵守的、带有本组织特点的使命、愿景、宗旨、精神、价值观和经营理念，以及这些理念在生产经营实践、管理制度、员工行为方式与企业对外形象的体现的总和。企业文化是企业的灵魂，是推动企业发展的不竭动力。它包含着非常丰富的内容，其核心是企业的精神和价值观。企业文化能够激发员工的使命感，凝聚员工的归属感，加强员工的责任感，赋予员工的荣誉感，实现员工的成就感。

在高顿前期的快速发展历程中，并没有充分认识到企业文化和内部建设的重要性，企业的文化体系建设没有跟上企业快速发展的步伐。这必然导致企业核心价值观不统一，员工思想无法统一，最终引发企业文化危机，为企业发展带来一系列的问题，比如引发企业经营的低效率和高成本、企业内部凝聚力下降、减弱企业文化外部扩张力。

2.子公司的文化建设步调参差不齐

2017年之前，高顿的企业口号是"每年再造一个高顿"，这足以看出高顿急切地想要扩大企业规模的野心，这样的思想导向在前期发展中是有一定效果的。然而，随着企业的快速发展，营业收入也不断增长，企业管理层和普通员工都尝到了甜头，越发单一追求公司规模的扩张和业绩的增长，逐渐形成业绩至上和金钱至上的思想倾向。物质建设上去了，精神文明建设跟不上，正如一个表面强大光鲜却没有健康灵魂的躯壳，发展到一定的规模必定会出现种种问题。此时，员工为了业绩而"骚扰"顾客现象的出现就变得理所当然了。这些强制营销的手段不但没有为企业留住用户，反而让很多用户心生厌恶，为企业形象和品牌美誉度造成了负面影响。公司快速扩张，各分校分布在全国各地，分校管理人员的背景和知识结构各不相同，企业又缺乏统一的文化体系，很难保证分校的运营模式及文化导向与总公司保持高度统一，难免出现步调不一致的情况。

（四）技术有待提升

对于大多数服务业、零售业来说，传统的客户服务更像是一笔一锤子买卖，主要分为售前与售后两部分。但在教育行业里面没有售前售后之分，从接触客户的第一天开始，企业的所有流程组织都是为了服务客户而存在。人工智能的落地点在于服务。因此，构建起大客服体系，将客户实际接触的"前台"、算法驱动为客户提供个性化服务的"中台"以及由传统的客服人员组成的"后台"囊括其中。高顿教育目前存在的技术方面的问题有以下几方面。

1.技术开发艰难曲折

包括高顿教育在内的职业教育领域相比于 K12 领域，自适应平台即 EP 平台开发时间晚，数量少，水平低，开发难度大，需投入资本多。正如多年前 K12 培训机构率先崛起一般，自适应的教学模式也只是先出现在 K12 领域，比如 36 氪此前报道过的医学教育，人工智能和教育的融合，成为教育赛道发展的一种新趋势，职业教育领域鲜少有自适应的身影，财经类职业教育亦是如此。高顿教育的 EP 平台，是目前财经类职业教育唯一的自适应教育平台，相比 K12 教育，财经培训要做自适应教育，存在着自己的痛点：K12 教育追求绝对意义上的高分，且学生延续性强，产品复购率高；但财经类培训不仅时间短，而且考评方式不同于 K12 教育，追求快速考取证书，学员取得证书后回购率低。这就导致高顿旗下高顿网校、高顿继教、CPA 注会跟我学的下载总量（288 万次），远低于行业的松鼠 AI 学习（K12 为 2.83 亿次）、多纳学英语（新东方在线为 721 万次）、学而思网校（3.98 亿次）等 APP 的下载数量，但是 EP 产品的开发需要大量数据支撑，所以高顿教育 EP 产品开发难度更高。

高顿 EP 平台投入三年时间、上亿资本、20 多名专业人才打造，相对目前新东方在线教育、K12，规模及资本投入方面不足。适应教育的核心在于知识图谱的构建，只有通过知识图谱，自适应系统才能举一反三，考核学生水平、向学生推荐关联知识点，而 K12 与职业教育的区别直接影响到知识图谱的开发。K12 对于知识图谱的要求很细,不能放过任何一个知识点,但财经类知识图谱的开发则在于"透",对知识理解的深度要求更高,即使对深耕财经培训十年的高顿教育,开发知识图谱也并非易事,因此对知识图谱开发的教研团队要求更高。在内容开发上,新东方在线建立了内容开发团队、课程及课程材料开发团队、技术团队,其中内容开发团队约有650名员工,他们负责按照内容类型(例如讲义、练习册或老师培训课程等),围绕相应业务进行内容开发。内容开发团队与教学人员协作,以不断地改进现有课程及开发新课程。

2. 技术管理美中不足

高顿旗下APP客户评价低于松鼠AI学习(K12)、学而思网校、沪江网校等,出现闪退bug(漏洞)、下载不了、设计不合理(无横屏播放模式)等问题。除了整个行业运维成本高的原因之外,最主要的原因是高顿教育技术上面的问题,从产品开发到技术管理再到运维管理都存在缺陷。

四、柳暗花明又一村:对策篇

莫道浮云终蔽日,严冬过尽绽春蕾。

高顿教育联合创始人李珂在2015年说过:"教育最重要的是质量,尤其在扩张的过程中,一定要先提高质量。市场就算丢了,只要质量在,是可以收得回来的。但口碑坏了,就收都收不回来了。"高顿教育应该不忘初心,继续采取稳扎稳打的扩张策略,让质量先上升一个台阶,然后企业往前迈一步,规模扩大一点;然后质量再上升一个台阶,企业再往前迈一步,规模再扩大一点。高顿教育要想实现"构建国际化财经终身教育生态体系"这一战略目标,必须将企业的核心资源充分利用起来并构建核心竞争力,使其核心竞争力足以支撑其扩张海外市场的战略定位。现在针对核心竞争力的不足提出了对策,见图6.9。

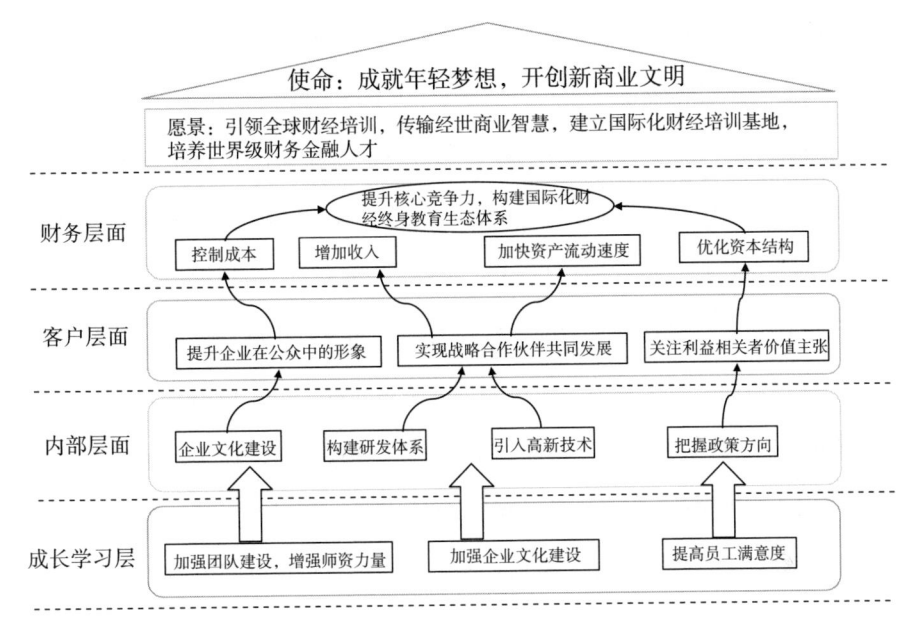

```
                  使命：成就年轻梦想，开创新商业文明
              愿景：引领全球财经培训，传输经世商业智慧，建立国际化财经培训基地，
                   培养世界级财务金融人才
                         提升核心竞争力，构建国际化财
                         经终身教育生态体系
财务层面      控制成本    增加收入    加快资产流动速度    优化资本结构

客户层面      提升企业在公众中的形象   实现战略合作伙伴共同发展   关注利益相关者价值主张

内部层面      企业文化建设   构建研发体系   引入高新技术   把握政策方向

成长学习层    加强团队建设，增强师资力量    加强企业文化建设    提高员工满意度
```

图 6.9 高顿 BSC 战略地图

（一）战略定位引导

1.专注核心，集中突破

对于财经教育培训行业而言，一家企业的核心竞争力还是在于产品，因而高顿教育发展战略制定第一步就是要从产品入手，聚焦于一个细分领域，打造具有核心竞争力的拳头课程产品，而不是什么课程都做，结果什么产品都没做好。高顿现在课程品类过于复杂，整个财经教育培训行业由于竞争激烈，产品同质化程度高，目前就市场供需来说处于供远大于求的状态，市场竞争已经进入白热化状态，很多行业内部信息也都比较透明，客户的要求越来越高。更多人希望得到最优质的教育，因此往往会选择细分领域最专业的机构去学习，以便学习更高效，取得更好的进步与成长。高顿要在细分领域做专做精，实施差异化聚焦战略，打造自己的核心竞争力，而不能盲目跟着巨头奔跑。因此高顿继续聚焦于高层管理者及企业内训课程领域，把高端财经课程打造成拳头产品，构建竞争壁垒，铸就

良好口碑，形成品牌效应。

2.理性扩张，谨慎投资

高顿教育应进一步巩固目前已经与新东方、前程无忧等企业及上海财经大学、中山大学、中央财经大学等建立的友好合作关系，积极融入国家"一带一路"倡议的建设行列，将发展的视野进一步向省内其他城市拓展。高顿在现在校企合作的基础上，积极探索"校企一体化育人"的长效机制，校企双方应建立知识共享、课程更新、订单培养、生产实训、交流任职、员工培训、协同创新等制度，共同制订人才培养方案，共同进行教学资源建设，共同实施实践教学管理，共同开展技能培训考核，共同完成顶岗实习就业等，为财经人才培养创造更为雄厚的支撑平台。高顿现金流相对宽裕，应采取的是稳步推进的策略——让质量先上升一个台阶，然后企业往前迈一步，规模扩大一点；然后质量再上升一个台阶，企业再往前迈一步，规模再扩大一点。应坚持"唯质量论"，而不是陷入"唯用户论"的迷眼风沙中。

此外，高顿要认清现代财经职业技能教育的发展趋向，借鉴国内外同类学校特色办学的成功经验，打造国际化财经终身教育体系。高顿至2018年共完成三轮融资，C轮融资将主要用于持续打造终身财经教育生态，并加强在人工智能、大数据、云计算等科技领域的投入，深化其在业务场景的应用，从而为学员群体带来效果更好的学习体验，提供更人性化的服务。高顿教育仍继续寻找是战略投资者，投资者在业务上找到实实在在的战略合作点，谨慎投资从而进一步推动财经教育市场的成熟，提升中国财经行业整体国际化水平，从而推动中国新商业文明建设。

（二）品牌美誉度提升

高顿尽快地提高自身的水平，增强品牌竞争力，就一定要从实际情况出发，不能盲目地追求效能最大化，速度最快化，运营最简化。培养全面发展的人才，打造高顿财经教育品牌，首先要确定清晰的目标，明确自身的品牌定位。总的来说，在终身学习理念影响下，高顿财经教育要以培养"面向世界、面向未来、面向现代化"、全面发展的财经类人才为目标。比如高顿教育旗下的分校可以利用自身的地域优势，将当地的高顿教育定位为以财经特色服务于本地经济。在这种品牌定位思想下，高顿在课程设置和实习实训方面就会结合本地区的实际情况，强调学生的区域化培养。

1.立足顾客，创新服务

让产品品质和消费期望保持一致，甚至高过或大大超出消费者的期望，给消费者一种意想不到的惊喜。实际具备的要比消费者期待的更多，因为消费者的期待很大程度上取决于教育机构的承诺。承诺越重，消费者的期待越高。一些成功品牌对给予消费者的承诺往往非常慎重，一旦承诺就一定做到。高顿教育应该持续用优质的师资和先进的技术，打造精品课程，能够针对个人需求提供个性化服务。优质的产品是最重要的。顾客是产品与服务的最终评判者，产品质量性能如何、服务有无欠缺都要由顾客说了算。再者，随着时代的变革，顾客的需要也在变，对企业的期望值也在提升。因此，要提升品牌的美誉度，企业必须通过与顾客建立紧密的联系，来掌握这些动态。高顿教育应该加强与学员的联系，多倾听学员声音，对学员反映的问题给予及时的反馈。

2.承担责任，打造品牌

企业社会责任也就意味着健康、安全和环境。遵守企业社会责任的企业通常具有长期效益。企业主动积极地承担社会责任，可以为企业赢得良好的社会信誉。高顿在追求经济利益的同时，应该积极主动地承担社会责任，可以做公益活动，并且要长期坚持下去。

（三）人才储备强化

1. 招贤纳士，量才而用

加大人才储备，夯实核心竞争力。培训教育机构的核心竞争力归根到底还是人才，只有人才储备充足，才能打造一流的教育产品和服务。开展人才储备根本目标即为核心工作岗位提供强大运营基础，不会因为员工流失而导致企业运行状态受到不良影响。因此，高顿教育应该继续加大人才引进的资金投入，不断引进高层次人才。目前，高顿的优质人才储备量难以与其不断扩大的企业规模和打造完整培训平台生态圈的战略布局相匹配。企业要寻找认同高顿教育企业文化，适应高顿工作模式和人岗匹配程度高的优质人才。同时，通过各种渠道比如猎头公司，寻找高质量人才把其纳入自己的人才库，及时更新其工作、离职情况，若其有从原公司离职倾向，则可以及时取得联系，招揽到自己公司。

人才招聘上，对应聘者提出更高的要求，建立能力模型对应聘者进行匹配，只有能力和价值观高度匹配者才能加入高顿教育。一是确定老师招聘需求，列出需要招聘的岗位要求、应聘条件和福利待遇等信息。二是做好工作职位分析。三是选择老师招聘的渠道。招聘渠道选择多种渠道。通过入职考核把适合做老师、乐意从事老师职业并具备老师素质的人挑选出来。入职培训是指将员工从一个社会人转变为企业人的过程，实现新员工角色转变，快速地融入新的工作环境，有主人翁的心态，并感觉到自己是大家庭的一员。新员工入职培训是人力资源管理中必不可少的环节，不仅能提高新员工的职业素养，还可以让新员工快速融入企业的文化氛围中，通过入职培训可以帮助新员工熟悉组织的相关规章制度，熟悉岗位工作内容（教材、试卷题型及考点）等，老师本身会不自觉地提升相应的能力，任职更加专业化，由此又促进学校业绩的增加，形成良性循环。反之，如果培训不够规范、入职门槛低，就会鱼龙混杂，教学质量得不到保证。老师很容易把教学看作一种谋生手段，只要有更好的机会就会离职。

2.提高待遇，科学考核

不断提高员工的薪酬福利待遇，建立一套合理的员工绩效考核制度。由于市场竞争激烈，经验丰富的师资人才供不应求，人才流动性大，建立良好的薪酬待遇和完善的激励机制，增强员工的主人翁意识，有助于企业留住人才。具体来说，可以采取如下措施：提高员工的薪酬待遇；健全员工的福利制度；给予员工足够的带薪假期；给予资深老师一定的股权等。建立合理的员工绩效考核制度，充分激发员工的工作积极性。

企业要追求长期稳定的发展，必需造就一支业务精干的、高素质的、具有高度凝聚力和团队精神的人才队伍，形成以考核为核心导向的人才管理机制。这不仅能够及时、公平地对员工过去一段时间的工作绩效进行评估（肯定成绩、发现问题），还能为下一阶段工作的绩效改进做好准备；为员工的职业发展计划和员工的薪酬待遇调整以及相关的教育培训人员提供人事信息与决策依据；还可以将人事考核转化为一种管理过程形成一个员工与公司双向沟通的平台，以增进管理效率，充分激发员工的工作积极性。今后，高顿教育可以公司对员工的经营业绩指标及相关的管理指标和员工实际工作中的客观事实为基本依据；以员工工作内容、程序和方法为操作准则；以全面、客观、公正、公开、规范为核心考核理念；以月度为周期定性考核、定量考核和绩效薪资三个层面进行考核奖励，以年度为周期用分公司全面完成年度利润指标和可发放年度考核奖金等方面进行考核奖励。

3.完善体系，善待人才

老师具有强烈的自我价值实现和成就感的需要，因此需要制定明确的职业生涯规划来指导其实现。这就要求高顿教育机构要针对每个老师的个人兴趣、特长、专业特点、研究领域等，为其制定职业生涯规划，帮助老师规划职业发展的阶段目标和总目标。人才的流失并不是一激而就的。当员工进入一家企业，必然是想好好工作，获得实现自我价值的平台。当企业在工作环境、文化理念、管理方式、晋升渠道等方面不能满足其需求时，员工就可能会有离职的打算。所以人才的流失其实是一个过程，而这个过程就是机构挽留人才的最后机会，竭尽全力采取有效措施，防止人才流失。对于机构希望能长期留住的员工，还应该充分了解其离职的原因，专门制定挽留此类员工的具体方案；对于机构希望能在一定时间内留住的员工，则可与之进行深入的沟通，确定一个合理的离职时间；而对于机构不想挽留的员工，也应该有正规的离职面谈，最大程度地减小机构信息和资料泄漏的可能性。

善待辞职的老师，尊重辞职或离职的员工。对于辞职的员工，尤其是为公司发展做出过贡献的员工，即使他们已经不为公司工作了，但领导也要抱着感恩之心，这样做不仅仅体现了领导的亲和力，而且也会对现有员工产生积极效应，能让他们感受到大集体的温暖。辞职和离职的员工虽然不再属于组织中的一员，但他们是留任员工所关注的对象，对该组织中的现有人员能产生一定的示范效应。一个组织，如果能做到善待和尊重辞职和离职的员工，那么，现有员工完全不必担心他们是否能够得到足够的尊重和关心。

（四）企业文化建设

企业文化反映一个企业的内涵，是机构最重要的无形资产。高顿教育机构应该通过文化建设，努力使机构和员工在核心价值观、经营理念、思想和行为规范上能达成一致。卓越的公司的奥秘就是：企业一定要紧紧地抓住核心价值观。加强企业文化建设，增强企业凝聚力。

1.完善体系，盘活有形

企业文化建设可以分为三个层次。一是表面层的物质文化，称为企业的"硬文化"，包括基础设施、设备，产品服务和质量等。高顿在硬文化建设方面已初见成效。二是中间层次的制度文化，包括领导体制、人际关系以及各项规章制度和纪律等。高顿前期的发展忽视了内部建设，下一步需要进一步建设完善的制度体系。三是核心层的精神文化，称为"企业软文化"，包括各种行为规范、价值观念、企业的群体意识、职工素质和优良传统等，是企业文化的核心，被称为企业精神。2017年，高顿踏出了核心精神文化建设的第一步：将企业的核心价值观在原来的"正、信、责、拼、韧"基础上增加了"以奋斗者为本，客户第一"，将企业口号从"回归教育的本质"变为"每年再造一个高顿"。目前，高顿已经专门成立专门负责企业文化建设和思想政治工作的部门。接下来，高顿可以结合自身实际，通过企业的深度调查分析、提炼强化核心理念、积极传播教育等一系列步骤，进一步加强企业组织文化建设，打造一个完善的文化体系。通过提升文化软实力，促进企业硬实力的进一步提升，用"无形"盘活"有形"。

2.培育创新，注入活力

创新型企业文化是指创新已经成为企业的核心价值观，创新理念已得到员工的普遍认同，人们坚信只有创新，企业才能生存，才能发展。企业注重创新，并不断倡导创新，企业管理人员和广大员工都积极创新，敢于进取，敢冒风险，创新思想已渗透到企业上上下下人员的意识深处，并已化为企业员工的行为习惯。一个组织的核心竞争力往往体现在对创新文化的培育上。在与顾客的互动中，一方面输出组织对创新的实践，另一方面汲取对方对创新的需求。组织正是在这种创新的正反馈中不断发展、壮大的。组织学习和创新是这种文化提倡的重要内容，组织鼓励不断创新并把这些思想表达出来。经营管理者深刻认识到只有不断创新，才能使核心竞争力动态化，同时，使竞争对手难以跟踪模仿，从而创造持续竞争优势。因此，高顿在建立了完善的文化体系之后，可以进一步在培育创新文化方面下功夫，提升核心竞争力。

把好入口关，寻找志同道合之人。人才招聘上，对应聘者提出更高的要求，建立能力模型对应聘者进行匹配，只有能力和价值观高度匹配者才能加入高顿教育。公司应当充分利用企业的良好形象和品牌效应，吸引技术人才。招聘工作实际上就是完成人员与岗位的匹配，即人岗匹配。人岗匹配要遵循"人适其事、事宜其人"的原则，主要涵盖五个方面：工作要求与员工素质的匹配、工作报酬与员工贡献的匹配、员工与员工之间相匹配、岗位与岗位的匹配、个人目标与组织目标相匹配。这些方面在招聘工作中都要兼顾。一方面，人员的个性、工作能力等与工作岗位要求一致；另一方面，人员的工作能力与本企业所能提供的报酬保持一致，要做到人尽其才，物尽其用。招聘工作就好像找恋人一样，不选最漂亮的，但一定要选最适合自己的。成立运营部，对标企业统一的价值观和文化体系，对各大分校的运营进行严格的监管，保证分校的步伐与总部的战略目标相一致。

（五）技术引进与创新

1. 紧抓核心，优化引进

建立以集团公司为主体、市场为导向、产学研相结合的技术创新体系，积极把集团公司作为研究开发投入的主体，以市场为导向，坚持产学研相结合，与国内外知名高校建立比较稳定的合作关系，打通"产学研用"一体化协同创新通道，促进科技与经济深度融合，增强高顿推进科技创新的组织、协调以及服务功能，逐步形成攻克核心关键技术的强大合力。一是建立创新联合体，以科研院所、高等学校等力量形成创新集群，并建立集群交流平台，促进部门间、行业间的技术交流合作，以市场需求为导向，对基础性、战略性、前沿性的科学技术加大投入力度；二是发展创新服务平台，通过信息服务、金融服务、人力资源服务等促进创新服务业向专业化、高端化发展，推动技术、产业形态的创新应用。

优化研发投入结构分类，实施创新投入政策，高顿需要加大关键性、共性技术投入，由于这部分技术具有较强的外部性、公益性，政府需要建设行业共性技术服务平台或网络，促进集成电路等产业率先实现技术轨道跃迁实施差异性技术引进策略，技术较低行业没有足够动力去研究新引进的技术，容易形成对国外技术依赖。行业由于拥有较好的技术资源，消化吸收、创新模仿能力较强，会主动或被迫进行自主创新研发，初步具备"技术轨道"跃迁的条件。因此，技术演进轨道选择与技术发展阶段相关，当技术差距较小，对于技术累积性较弱的轨道以及较低的进入壁垒，例如战略新兴行业，可通过集中开展创新活动，实现跳过一些步骤、非连续的方式实现技术跨越，促进技术轨道的成功跃迁。

2.重新规划，自主创新

提高创新管理水平、提升自主创新绩效，关键在于打造支撑自主创新的产业链、价值链，并有效提升整合能力，成为影响创新绩效的关键。将创新链、价值链上下游衔接，形成产学研联盟，打通科研与应用的通道，促进技术报告、科研论文、实验室样品转化为市场产品，并最终赢得市场，形成创新投入与市场回报良性循环，实现创新的可持续发展。在关键性、共性技术方面进行战略攻关，结合产业环境、技术特性、内部能力等多个方面。自适应学习中除了识别类AI中用到的图像识别、NLP（自然语言处理）、机器学习等技术，还用到了知识空间、遗传算法、贝叶斯定理、数据挖掘等技术，分类甄选不同的技术进行引进，提升技术引进的创新绩效，则有助于实现技术积累以促进技术轨道跃迁。

3.完善平衡，创新运营

积极做好技术引进—消化吸收—再创新工作。科学定位，坚持技术引进的先进性、经济性，坚持技术设备的高起点引进积极消化吸收引进技术，做好自主创新工作要形成并有效运行包括激励创新、支持专利申请、保护知识产权、促进研发成果转化为生产力、合理分配研发成果收益等在内的企业自主创新机制，使企业技术中心真正成为企业开展科技自主创新活动的指挥部。

提升科技评价等创新服务能力，科技服务对科技创新有较强的支撑作用，可助推科研成果的转移应用。一是改革重大科技项目立项和组织实施方式，精简科研项目管理流程，授予科研单位以及科研人员更多自主权；二是改革科研人员绩效评价机制，建立合理多元、科学分类的绩效评价体系，解决好"由谁来创新""动力哪里来""成果如何用"等关键性问题。改革科技奖励制度，把科研人员开展原创性科技创新的积极性激发出来，推动科研成果向产业应用转变，促进政产学研用一体化；三是明确各类创新主体在创新链不同环节的功能定位，结合技术转化链，将实验室试验阶段及其科技成果与技术产业化之间建立中间技术转化平台，通过以技术加工基地为依托，繁荣技术加工产业，逐步形成科学合理的产业发展战略。

五、直挂云帆济沧海：愿景篇

千磨万击还坚劲，各领风骚数百年。

（一）千磨万击还坚劲——启示

加强科研投入，保持创新能力。高顿公司要通过不断创新和研发出新型的技术，不断地布局新的技术领域，拿技术稳市场，才能保持持续的领先优势地位。而这和企业的研发能力是离不开的。在科技融入下，教育服务企业的核心竞争力在于技术，只有增大企业的研发投入，创造良好的软硬件条件，高顿才能使自己发展战略定位与科技融入高度契合，企业才能在行业中处于领先地位，保持创新优势。

抓住市场机会，进行模式创新。高顿公司在最近几年与各大高校、各大公司达成合作，最大限度地发挥了企业的技术优势和资金优势。高顿教育不仅仅要保持技术上的创新，还应该紧跟市场的方向和政策的引导，积极进行商业模式的变革。商业模式的创新才是企业不断发展的动力源泉。

制定多元化融资策略，如集合发债融资。债券的筹资成本将远小于股权筹资成本。其他融资方式如借力政府补贴。考虑到单独发行企业债的成本较高，可以采用企业集合债的方式融资。企业集合债是指通过政府部门牵头，以多个企业所构成的集合作为发债主体，发行企业各自确定发行额度，使用同一的债券名，统收统付，向投资人发行的约定到期还本付息的一种企业债券形式。

优化管控模式，提高运营效果。企业的规模越大，管理上的问题越不容忽视，在快速发展时期，企业的业务得到加速发展，但是尚未匹配合适的组织管理架构。在分析过程中发现，高顿公司在快速扩张的同时，在人才管理、绩效考核、预算等方面没有跟上公司的发展速度。公司亟待科学的管理架构，保证集团整体的运营效果，进而为公司进一步发展提供坚实的组织基础。

综上所述，对高顿公司商业模式及核心竞争力的解析为其他企业提供了借鉴意义。知识服务型企业应当准确把控自身在市场中所处的地位，因地制宜，居安思危，借鉴优秀企业的发展经验，从而促进企业的更好发展。

（二）各领风骚数百年——展望[①]

高顿教育需要对公司中长期的发展有一个准确的前瞻性预判，在实施过程中加以关注并于结束后及时反馈，迎合国家政策，制定合适的策略，才能给公司带来最大的利益。在战略实施过程中，为创造股东价值最大化，股东与相关利益者之间需要良性协调，尽量避免管理层与股东之间的代理冲突，重视激励考核体系的完善，注重员工的成长，使之与企业文化相融合，树立良好的公司形象，促进可持续发展。

高顿表示，在未来继续围绕"以科技为驱动力，构建国际化的终身财经教育生态体系"的愿景，以"成就年轻梦想，推动中国新产业文明发展"为使命，凝聚个人、企业和其他社会力量，打造国际化财经知识谱系，培养立足国际的"财经人士"，为推动新商业文明做出贡献。高顿基于自身构建的财经知识图谱和积累的用户学习数据，以"用户能够随时随地、便捷高效的学习知识"为目的，也一直在积极探索使用大数据和科技为教育赋能的行业发展之路。

我们相信高顿在夯实自己的核心竞争力之后，将会引领财经教育领域再现辉煌，谱写新华章！

[①] 本案例分析报告由龙云、张俭老师指导，参赛队员有魏敏、毛琪、谢超、段海林、王玉、赵丽丽、张丽君、贺祥，荣获湖南省第五届高校 MBA 企业案例大赛二等奖。

第七章 数字化助推新冠肺炎疫情背景下 Y 企业风险管理与财务战略转型

一、旁征博引·理论基础篇

万丈高楼平地起,一砖一瓦皆根基。

坚守基石不放松,立根源在理论中。

(一)方兴未艾——数字智能风头起

数字化是将许多复杂多变的信息转变为可度量和控制的数字或符号,再将这些数字或符号串联起来,构建数字模型并转变为二进制代码,引入计算机内部进行统一处理的过程。当前我国大部分企业已实现生产数字化,生产数字化指将生产计划变成数字符号录入生产系统,生产设备根据录入的信息自动运行机器设备。数字化设备生产比人工制造更为精准高效,降低了人工成本,解放了劳动力,提高了运营效率,有利于管理工作的执行。数字化除了应用于企业生产,还被用于企业财务管理,早在 20 世纪中叶,西方学者就提出了计算机审计的概念。近年来,我国学者也在积极倡导财务智能化。

1.思患预防——风险管理不动摇

新冠肺炎疫情背景下,企业发展行为会导致企业资金需要量发生变化,为了满足扩张的资金需求,企业必须加大资金筹集,任何筹资方式都要付出资金成本,任何企业都不能用某一固定资金成本筹集到无限量的资金。因此,企业扩张所引发的资金紧张,就会诱发企业发生财务风险。

(1)筹资风险

财务管理活动分为筹资活动、投资活动及经营活动,其中筹资活动在资金运动的起点。因此,企业需要根据投资活动及经营活动资金需要量的时点、时期安排筹资方式,确保筹资成本最低。企业有债务性资金及权益性资金方式两种筹资方式,负债性资金可以抵税,但由于其固定期限,且需要偿还本息,选择债务性筹资方式,会给企业形成固定的财务负担,而权益性资金由于无需偿还,且股利支付具有灵活性,更多的企业会更加偏好权益性筹资方式。

(2)投资风险

企业投资既包括对内投资,即固定资产及无形资产的投资,又包括对外投资,即联营、合营或证券投资,其目的是得到超过投资资本的回报。现实中突如其来的风险,会给投资者带来损失,这种投资损失就是投资风险。任何经过可行性论证的投资活动,都会因为未来不确定性因素的存在,给企业带来或多或少的损失。

(3)运营风险

运营活动包括采购、生产及销售活动。从采购环节来说,要实施经济订货批量,减少库存,降低采购成本,减少资金占用,确保生产不出现停工待料的情况。从生产环节来说,要合理组织生产,市场需要量与生产量保持一致,实现规模生产,降低生产成本,提高产品的竞争优势。从销售活动来说,是要实施营销策略,促进产品销售量增加,加强货款的回收。经营活动是企业的最基本的活动,是企业盈利的根本保证,企业要高度重视经营活动的管理,提高资产的周转速度,盘活存量资产,加强新产品的研发,提高新产品的市场竞争能力。

(4)发展风险

大多数企业一旦盈利,就会进行股利分配。股利分配问题,实质是一个融资问题。企业必须考虑下一个经营周期的用资量，按照先内后外的原则，首先考虑企业能留多少用于发展。由于外部融资因素的影响，企业希望将留存收益投资于发展前景好的项目，就会减少股利分配甚至不分配，而是直接将企业盈利的资金用于再投资。也有企业虽然进行股利分配，但其选择不是现金股利，而是股票股利。总之，利润分配既要考虑股东的需要，又要兼顾企业的未来发展。

2. 动循矩法——管理程序流程化

ISO31000属于风险管理的高级别标准，其风险管理程序（见图7.1）包括风险识别、风险评价及风险应对，根据Y企业财务风险研究的需要，探讨财务风险的管理程序。

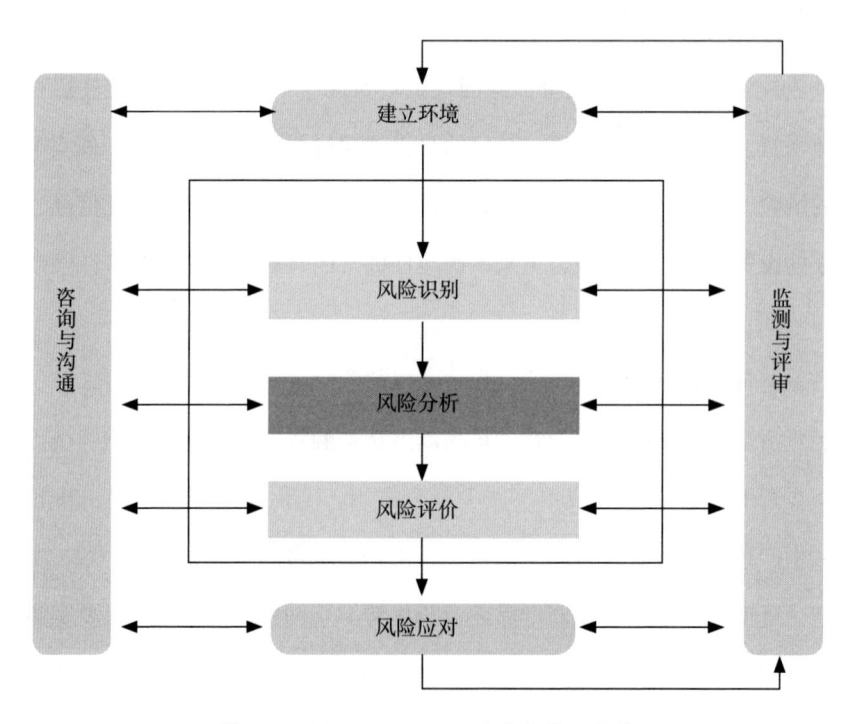

图7.1　ISO31000—2009的风险管理程序

二、知人论世·案例背景篇

千淘万漉虽辛苦，吹尽狂沙始到金。

疫情双隐危与机，数智赋能助转型。

（一）风起云涌——数字转型助发展

医药零售企业在新冠肺炎疫情和医药卫生体制改革的双重作用下，开启了快速扩张模式。同时，国家对"互联网+医疗健康"大力支持，线上线下融合发展已成为药店新零售的发展趋势，特别是2020年突如其来的新冠肺炎疫情，医药电商业务其价值创造力快速得到体现，以大数据、人工智能、云计算、5G为代表的数字科技在服务业（特别是电子商务、共享经济领域）应用更为深入，同时，衍生出"线上运营""互联网+""无接触配送"等数字化发展模式。医药连锁企业快速扩张所带来的经营成本上升问题已不容忽视，如何实现新冠肺炎疫情背景下的新发展，如何通过数字化实现财务战略转型已成为医药连锁企业务必正视的问题。

（二）要而论之——Y企业发展历程

企业发展历程见图7.2，Y企业于2001年6月成立，企业注册地：湖南省常德市。股份企业成立日期为2011年9月，注册资本71 877万元，2015年2月在沪市主板上市，主要经营活动为药品、保健品、医疗器械以及与健康相关的日用便利品等的连锁零售。企业以人为中心，建立从顾客到企业、商品、运营、营销的全面数字化链接，逐步实现企业由经营商品向经营顾客的价值转移。

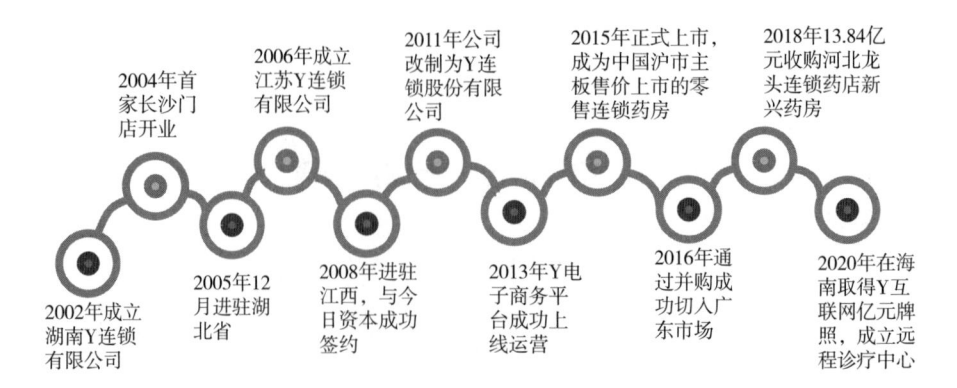

图7.2 Y企业发展历程

- 2002年成立湖南Y连锁有限公司
- 2004年首家长沙门店开业
- 2005年12月进驻湖北省
- 2006年成立江苏Y连锁有限公司
- 2008年进驻江西,与今日资本成功签约
- 2011年公司改制为Y连锁股份有限公司
- 2013年Y电子商务平台成功上线运营
- 2015年正式上市,成为中国沪市主板售价上市的零售连锁药房
- 2016年通过并购成功切入广东市场
- 2018年13.84亿元收购河北龙头连锁药店新兴药房
- 2020年在海南取得Y互联网亿元牌照,成立远程诊疗中心

十年间,Y企业以"区域聚焦、稳健扩张"为总体战略部署,通过"新开+并购+加盟"的市场拓展模式积极布局战略城市(见图7.3);通过新零售业务模式创新,线上运营经验萃取,持续深耕会员价值;通过供应链和商品结构优化,持续加强与工业合作伙伴的深度合作,多渠道承接医院处方外流;通过大力推进数字化转型升级,基本实现业务数字化,运营流程IT化和简单化。目前有53家医药零售企业、26家医药批发与物流相关业务企业、3家互联网医疗企业和1家数字化中药饮片制造企业。

- 53家 医药零售公司
- 26家 医药批发与物流公司
- 3家 互联网医疗公司
- 1家 数字化中药饮片制造公司

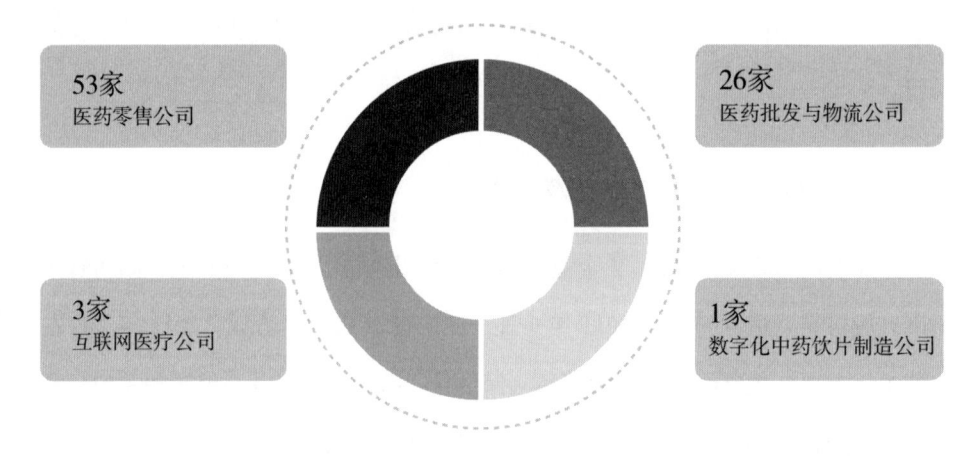

图7.3 Y企业产业布局图

截至2021年12月，企业实现营业收入153.26亿元，同比2020年增长16.6%，企业连锁药店7 809家分布湖南、湖北等九省市。截至2022年3月31日，企业门店数为8 225，商品SKU达44 000种，员工人数达到近33 000人，会员数接近5 540万人（见图7.4）。

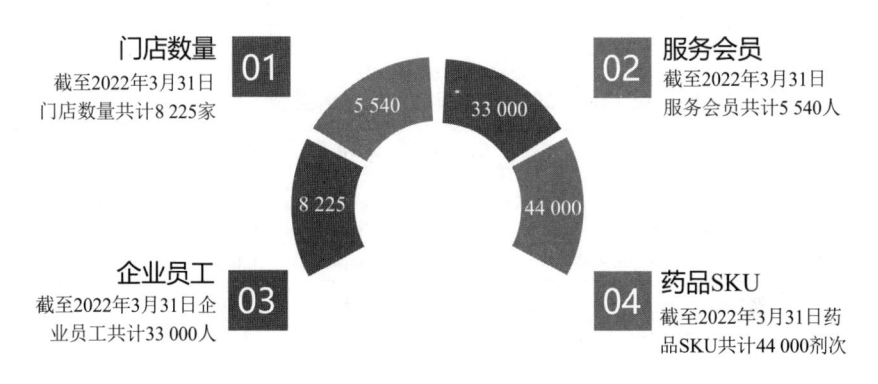

图7.4 Y企业产业规模图

三、抽丝剥茧·风险识别篇

莫为危时便怆神，前程往往有期因。

风险管理要谨慎，需识庐山真面目。

（一）波诡云谲——企业风险识别

本章选择财务报表与财务指标相结合的方法，根据Y企业2017—2021年的财务报表数据及其所计算的财务指标，分析Y企业财务现状，识别其潜在的财务风险。

1.筹资风险的识别

筹资活动是资金运动的起点，其筹资方式包括债务性及权益性筹资方式，Y企业扩张主要采取"直营店＋收购"的方式，其对资金的需求量比较大，其筹资风险可以根据现金流量表中筹资活动现金流入量与流出量进行分析，同时，可以将现金流量表与资产负债表有机结合起来,计算其短期偿债能力及长期偿债能力指标,识别其筹资风险。

(1)筹资活动现金流入量与流出量分析

根据 Y 企业 2017—2021 年的现金流量表(见表 7.1),从筹资活动现金流入量与流出情况进行分析。

表 7.1　Y 企业 2017—2021 年筹资活动现金流量表(单位:百万元)

项目	2017 年	2018 年	2019 年	2020 年	2021 年
吸收投资收到的现金	0.00	5.00	69.83	30.33	0.00
取得借款收到的现金	0.00	789.00	45.00	1947.60	142.12
收到其他与筹资活动收到的现金	0.00	0.00	0.00	0.00	0.00
筹资活动现金流入小计	0.00	794.00	114.83	1 977.93	142.12
偿还债务支付的现金	0.00	68.38	73.20	88.10	846.59
分配股利、利润或偿付利息支付的现金	54.07	185.80	164.72	175.97	240.27
支付其他与筹资活动有关的现金	0.00	13.41	2.27	6.06	1 240.27
筹资活动现金流出小计	54.07	267.59	240.19	270.13	2 327.13
筹资活动产生的现金流量净额	−54.07	526.41	−125.36	1 707.80	−218 5.01

根据筹资活动的现金流入及流出情况进行分析,Y 企业筹资活动资金呈现以下特征。

①借款金额比较高。该企业近 5 年的吸引投资总额 10 516 万元,而取得借款总额 292 372 万元,负债总额是吸收投资的 27.8 倍,可见近 5 年企业更偏向借款融资,特别是 2020 年的借款额达到 194 760 万元,这是因为 Y 企业在财务战略转型中更倾向采取负债融资方式。

②筹资风险高。从近 5 年数据来看,仅 2018 年和 2020 年其筹资活动产生的现金流量净额为正数,其他年度均为负数,从其现金流出量进行分析,分配股利及支付利息的金额为 82 083 万元,偿还债务支付的现金 107 626 万元,相对来说股利或利息已为企业固定财务负担,说明企业的财务风险比较高。

(2)偿债能力风险识别

筹资风险一般通过偿债能力指标反映,筹资活动与偿债能力相互依存,在财务风险识别中，可选择有代表性的偿债能力指标识别筹资风险。本章结合 Y 企业筹资活动资金运动特征，选取流动比率、速动比率、现金流动负债比率、经营现金净流量对负债比率、资产负债率、带息负债比率进行风险识别（见表 7.2）。

表 7.2　Y 企业 2017—2021 年偿债能力指标值

偿债能力指标	2017 年	2018 年	2019 年	2020 年	2021 年
流动比率（%）	2.15	1.46	1.34	1.29	1.17
速动比率（%）	1.66	0.97	0.85	0.92	0.72
现金流动负债比率（%）	20	18	26	26	32
经营现金净流量对负债比率（%）	20	14	22	19	23.4
资产负债率（%）	33.52	47.00	48.68	63.09	53.88
带息负债比率（%）	57.41	62.16	65.55	71.09	52.68

根据对 Y 企业的偿债能力进行分析，可以得到以下结论。

①企业长期偿债能力风险呈现上升趋势，资产负债率由 2017 年 33.52%，已增加到 2021 年的 53.88%，带息负债比率由 2017 年的 57.41% 上升到 2020 年的 71.09%，说明企业付息负债比率呈增长趋势，虽然 2021 年下降至 52.68%，但主要原因是新收入准则改变，企业调增负债总额所致，可见企业长期偿债能力风险有所增加。

②企业短期偿债能力风险基本上可控，速动比率稍有波动，但除了 2019 年速动比率明显低于 1 之外，其他年度的速动比率都近似大于 1 或等于 1，虽然其流动比率呈现下降趋势，但由于企业属于零售企业，其现收能力较强，因此，其短期偿债能力风险在安全范围之内。

③企业现金流较紧张。现金流动负债比率与经营现金流量对负债比率都比较低，说明作为药品零售企业，受新冠肺炎疫情的影响，其投资活动需要的资金量比较大，对于负债支付的金额明显不足，有可能导致资金周转速度降低，诱发现金支付出现缺额。

2.投资风险的识别

Y企业门店扩张采取的"直营＋收购＋加盟"的联合模式，其中直营门店扩张为主，收购与加盟为辅，直营与收购投资活动中，对投资资金的需要量比较大，其资金来源一部分来源于企业盈利，另一部分则是吸收投资及取得借款方式来满足扩张。由于药店零售企业同质化现象比较严重，其扩张带来的竞争也异常激烈，同时，Y企业新开门店的同时，也在不同的区域关闭了一些门店，其背后的原因非常简单，就是这些门店营利性较差，说明扩张所带来的投资风险已经存在。扩张所引发的投资风险可以通过投资活动的现金流量分析及盈利能力指标来反映，其中投资活动现金流入与流出量可以体现企业扩张的投资方式、规模及收益；盈利能力指标可以反映扩张过程中资产盈利能力。

（1）投资活动现金流入与流出量分析

根据Y企业2017—2021年的现金流量表（见表7.3），从投资活动现金流入量与流出情况进行分析。

表7.3 Y企业2017—2021年投资活动现金流量表（单位：百万元）

项目	2017年	2018年	2019年	2020年	2021年
收回投资收到的现金	0.00	0.59	0.63	0.00	0.00
取得投资收益收到的现金	0.00	2.98	0.00	0.00	0.00
处置固定资产、无形资产和其他长期资产收回的现金净额	1.17	1.45	2.26	3.88	6.52
处置子企业及其他营业单位收到的现金净额	0.00	62.66	0.00	0.00	0.00
收到其他与投资活动有关的现金	3 439.21	4 682.08	2 969.33	1 416.63	2 254.00
投资活动现金流入小计	3 440.38	4 749.76	2 972.21	1 420.51	2 260.52
购置固定资产、无形资产和其他长期资产支付的现金	206.73	233.67	454.05	582.80	827.54
投资支付的现金	61.20	22.50	0.00	0.00	0.00
取得子企业及其他营业单位支付的现金净额	166.23	1 239.32	487.19	138.93	408.88
支付其他与投资活动有关的现金	3 155.27	3 736.54	2 916.70	1 954.32	1 590.94
投资活动现金流出小计	3 589.42	5 232.03	3 857.94	2 676.06	2 827.36
投资活动产生的现金流量净额	−149.04	−482.26	−885.73	−125 5.55	−566.84

通过分析,其现金流量情况如下。

①近5年,企业现金流出量高于流入量,属于扩张型的资金运动。

②现金流入量主要来源为收到其他与投资活动有关的现金,总额1 484 338万元,为投资理财产品所获得的收益,企业选择在转型期购买理财产品是为了分散扩张门店投资所产生的风险同时,提高企业资金使用的效率。

③现金流出量呈多元化特征。第一,固定资产投资与无形资产投资呈增长趋势,投资额由2017年20 673万元增长至2021年82 754万元。第二,投资支付的现金金额不大,企业通过加盟方式不明显,2017年与2018年有加盟门店布局,且金额不大,只有8 370万元。第三,直营与收购门店投资额比较大,特别是2018年,投资额高达123 932万元。第四,租赁费用较高,支付其他与投资活动有关的现金主要是门店物业租赁费,2018年以来呈现下降趋势,但仍然占比很高。

(2)盈利能力风险识别

投资风险可以通过盈利能力指标进行识别,结合企业投资活动现金量及盈利指标,本章选取主营业务利润率、成本费用利润率、总资产报酬率、净资产收益率、盈余现金保障倍数及资产的经营现金流量回报率作为指标识别投资风险。

通过对2017—2021年盈利能力指标值(见表7.4)分析,可以得到以下结论。

表7.4　Y企业2017—2021年盈利能力指标值

盈利能力指标	2017年	2018年	2019年	2020年	2021年
主营业务利润率(%)	39.31	39.05	38.48	37.56	39.98
成本费用利润率(%)	9.71	9.10	8.59	9.69	9.54
总资产报酬率(%)	9.83	8.62	10.02	9.67	8.67
净资产收益率(%)	9.90	10.26	12.06	14.05	11.87
盈余现金保障倍数	0.99	1.16	1.58	1.54	2.17
资产的经营现金流量回报率(%)	0.07	0.06	0.11	0.10	0.13

①主营业务利润下降。企业主营业务利润率自2017年开始缓慢下降,说明国家政策对零售药品价格产生了影响,药品价格的降低对老百姓来说是直接受益者,

能在一定程度上解决看病贵的现象。2021年主营业务利润率较上年增2.42%，主要来源于老店的内生式增长和并购门店的外延式增长以及企业管理效益的提升。

②净资产收益率提高。2017—2021年，净资产收益率呈现增长趋势，虽然总资产报酬率变化不大，说明企业进行负债经营，产生了正向财务杠杆的作用。

③盈利质量较好。盈余现金保障倍数不断提升，已由2017年的0.99上升到2.17，说明企业经营现金净流量远高于同期净利润，现金回收工作做得比较好。其他指标各年度虽然有所变化，但变化并不明显。

3.运营风险的识别

Y企业经营活动包括药品集中采购、中成药生产及药品销售等活动，作为企业盈利的主要保障，经营活动现金流入、流出及经营活动的盈利状况，直接影响各门店的生存与发展。扩张引发的经营风险可以通过经营活动现量状况及运营能力指标进行识别，其中经营业活动现量可以反映经营活动现金流出量可否通过自身的现金流入量来满足，以便维持门店的正常资金周转。

（1）经营活动现金流入与流出量分析

根据Y企业2017—2021年的现金流量表（见表7.5），从经营活动现金流入量与流出情况进行分析。

表7.5 Y企业2017—2021年经营活动现金流量表（单位：百万元）

项目	2017年	2018年	2019年	2020年	2021年
销售商品、提供劳务收到的现金	5 470.45	7 827.80	11 104.43	13 830.76	16 006.16
收到的税费返还	0.00	0.00	0.26	0.26	0.00
收到其他与经营活动有关的现金	26.73	47.70	57.80	100.88	197.60
经营活动现金流入小计	5 497.18	7 875.50	11 162.49	13 931.90	16 203.76
购买商品、接受劳务支付的现金	3 257.75	4 654.43	6 349.33	8 146.27	9 696.55
支付给职工及为职工支付的现金	785.99	1 142.29	1 678.84	2 044.21	2 579.62
支付的各项税费	420.16	537.40	688.01	771.63	746.51
支付其他与经营活动有关的现金支出	716.08	1 030.67	1 483.07	1 634.14	1 032.10
经营活动现金流出小计	5 179.98	7 364.79	10 199.26	12 596.24	14 054.78
经营活动产生的现金流量净额	317.20	510.71	963.23	1 335.66	2 148.98

分析可知，其现金流量的情况如下。

①经营活动满足自身的用资金需求。2017—2021年，各年经营活动现金流量净额均为正数，而且呈现增长趋势，说明企业在不断扩张发展，经营活动现金入量明显高于现金流出量。

②现金流入量以销售药品为主要，占经营活动现入量的99%以上，说明企业销售药品的主营业务活动得到了保证。

③现金流出量整体呈现增长特征。第一，购买药品支付现金呈增长趋势，占经营活动现金流出量的比例高达50%以上。第二，支付职工的现金也呈增长趋势，这与企业的发展战略相关，门店数量增加，为职工支付的现金自然增加，占经营活动现金流出量的比例在15%左右。第三，税费支付呈增长趋势。企业发展规模扩大，营业收入增长，税费也会相应增长。第四，支付其他与经营活动有关的现金呈现快速增长，占经营活动现金流出量的比例在10%左右，这些支出需要引起关注。

（3）运营能力风险识别

表7.6 Y企业2017—2021年运营能力指标值

运营能力指标	2017年	2018年	2019年	2020年	2021年
存货周转率（次）	3.86	3.78	3.84	4.08	3.51
应收账款周转率（次）	16.42	14.66	15.17	16.63	16.07
流动资产周转率（次）	1.48	1.82	2.22	2.01	1.92
资产现金回收率（%）	7.04	8.07	11.30	12.07	14.33
固定资产周转率（次）	15.98	19.45	24.45	25.77	20.50
总资产周转率（次）	1.07	1.09	1.20	1.19	1.02

根据Y企业2017—2021年运营能力指标值（见表7.6），对Y企业的运营能力进行分析，可以得到以下结论。

①企业属于轻资产经营企业。固定资产周转率远高于总资产周转率及流动资产周转率，说明企业固定资产的投资比较，更多资产是流动资产，这与零售药店

的经营特征一致，Y企业的流动资产主是药品。

②应收账款周转率比较高。企业作为零售药品经营企业，一般的情况下都是现金交易，医保门店存在与医保部门进行款项结算，但从应收账款周转来看，各年度应收账款周转率基本上保持稳定，说明企业与医保部门关系融洽。

③流动资产周转率虽有所改善，但其周转速度整体不高，说明企业需要加强药品采购管理，积极处理采购与销售的关系，减少库存药品。

④总资产周转率并不理想，各年度基本上保持稳定，其原因在于流动资产所占比重较大，已影响了总资产的周转速度，需要加强对流动资产的管理，特别是存货的管理。

4.发展风险的识别

为了识别Y企业是否存在利润分配风险，案例从利润分配及发展能力两个维度进行分析，企业不断发展必然导致资金需求量增加，按照啄序理论，企业筹资一般是先内部筹资，这就意味着企业必须考虑股利分配政策，分多少，留多少，留得越多，企业从内部筹资的金额就越大，这样可以减少企业对外部融资需求的依赖。同时，发展能力也可以体现企业未来的成长能力，也能在一定程度上识别利润分配风险。

（1）利润分配情况分析

利润分配活动既是上一次资金循环的终点，也是下一次资金循环的起点，作为承上启下的关键环节，利润分配政策是股东与经营者共同关注的焦点，因此，为了识别Y企业利润分配风险，需要掌握其利润分配情况。

根据2017—2021年利润分配情况（见表7.7），得到以下结论。

表 7.7　Y 企业 2017—2021 年利润分配情况表

项目	2017 年	2018 年	2019 年	2020 年	2021 年
净利润（百万元）	317.47	441.57	608.88	866.85	990.75
每股收益（元）	0.86	1.14	1.44	1.45	1.25
每股股利（元）	0.3	0.3	0.3	0.3	0.3
股利支付比率（%）	34.88	26.32	20.83	20.69	24.00

①企业净利润呈现增长趋势，说明企业近几年经营稳定，净利润总额是增长的，同时，每股收益也随之增长。

②股利支付比率呈现下降趋势。说明企业基于扩张发展资金需求量的变化，是盈利增加的情况下，采用了固定股利政策，一方面是考虑了股东利益，另一方面更考虑了企业长远发展对资金的需要。

（2）发展能力风险识别

Y 企业不断进行扩张，其目的在于通过外延投资方式促进企业发展，为了掌握企业扩张所带来的发展效果，本章选择主营业务收入增长率、营业利润增长率、净利润增长率、总资产增长率、净资产增长率、技术投入比率识别企业发展能力风险，相关发展能力指标值（见表 7.8）。

表 7.8　Y 企业 2017—2021 年发展能力指标值

发展能力指标	2017 年	2018 年	2019 年	2020 年	2021 年
主营业务增长率（%）	28.76	43.79	48.66	27.91	16.60
营业利润增长率（%）	44.25	35.39	41.00	43.48	14.43
净利润增长率（%）	39.29	39.09	37.89	42.37	14.29
总资产增长率（%）	13.29	64.52	16.61	41.14	31.68
净资产增长率（%）	6.87	31.14	12.93	22.79	36.02
技术投入比率（%）	0.42	0.34	0.29	0.19	0.32

通过分析，可以得到以下结论。

① 2017—2019 年营业收入增长率呈增长趋势，之后开始明显下降，一方面与新冠肺炎疫情有关，药店由于新冠肺炎疫情处于歇业状态，许多药品被限制出

售，购药量有所减少；另一方面也说明，市场竞争激烈，竞争对手抢占部分市场份额。

②营业利润增加较明显。特别是2018年之后，企业规模经营效应得到体现，经营成本有所降低。

③净利润增长波动性较大，说明企业成本费用控制不稳定，同时，突发性成本费用无法控制，特别是新冠肺炎疫情的影响不可忽视。

④总资产增长波动性较大。2018年、2021年总资产增长率高于净利润增长率之外，其他年度都明显低于净利润增长率。

⑤净资产增长率波动性较大。2017年和2019年其净资产增长率高于总资产增长率之外，其他年度都低于总资产增长率。这些因素都是企业发展需要思考的问题。

⑥技术投入比率较低。2017—2020年技术投入呈下降趋势，2021年虽稍有上升，但技术投入额仍明显不足，说明企业主要是销售其他制药厂的产品，缺乏研发能力。

（二）量身定做——评价指标构建

为了构建财务风险评价指标，本章在财务风险识别的基础上，邀请衡阳区域一些知名大药房的财务经理，成立财务风险评价指标筛选小组，将财务风险识别指标交由筛选小组成员进行选择，然后汇总10个小组成员的选择结果，将选择率达到80%的指标，作为财务风险评价指标。根据财务风险评价指标识别与筛选的结果，Y企业财务风险评价指标体系由4个一级指标、18个二级指标组成，筹资风险指标中的资产负债率、带息负债比率为负向指标，其他指标均为正向指标（见图7.5）。

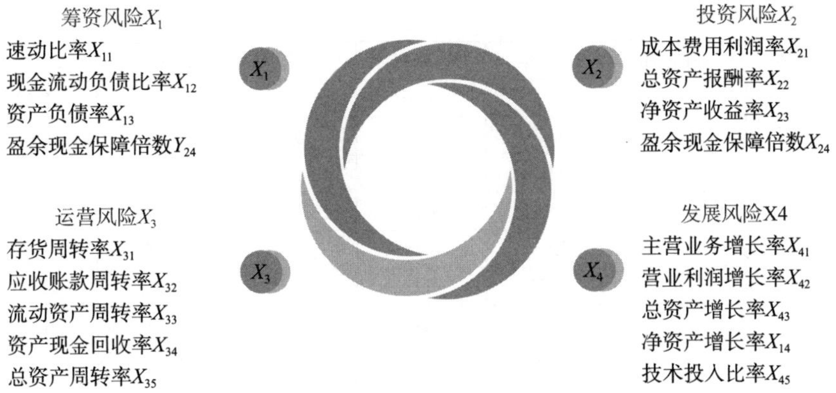

筹资风险 X_1
速动比率 X_{11}
现金流动负债比率 X_{12}
资产负债率 X_{13}
盈余现金保障倍数 Y_{24}

投资风险 X_2
成本费用利润率 X_{21}
总资产报酬率 X_{22}
净资产收益率 X_{23}
盈余现金保障倍数 X_{24}

运营风险 X_3
存货周转率 X_{31}
应收账款周转率 X_{32}
流动资产周转率 X_{33}
资产现金回收率 X_{34}
总资产周转率 X_{35}

发展风险 X4
主营业务增长率 X_{41}
营业利润增长率 X_{42}
总资产增长率 X_{43}
净资产增长率 X_{14}
技术投入比率 X_{45}

图 7.5　Y 企业财务风险评价指标财务风险指标体系

四、洞若观火·风险评价篇

一针见血弊病出，直击要害明了当。

巧用熵值量风险，再向系数借东风。

（一）本固枝荣——熵值理论量权重

1.计算财务指标值

为按熵值法原理计算财务指标的权重，需要根据 2017—2021 年的财务报表数据，计算财务风险评价指标各年度的财务指标值并得出结果（见表 7.9）。

表 7.9　Y 企业各年度财务指标值

一级指标	二级指标	2017 年	2018 年	2019 年	2020 年	2021 年
		1.66	0.97	0.85	0.92	0.72
		20	18	26	26	32
		33.52	47.00	48.68	63.09	53.88
		57.41	62.16	65.55	71.09	52.68

续表

一级指标	二级指标	2017年	2018年	2019年	2020年	2021年
		9.71	9.10	8.59	9.69	9.54
		9.83	8.62	10.02	9.67	8.67
		9.90	10.26	12.06	14.05	11.87
		0.99	1.16	1.58	1.54	2.17
		3.86	3.78	3.84	4.08	3.51
		16.42	14.66	15.17	16.63	16.07
		1.48	1.82	2.22	2.01	1.92
		7.04	8.07	11.30	12.07	14.33
		1.07	1.09	1.20	1.19	1.02
		28.76	43.79	48.66	27.91	16.60
		44.25	35.39	41.00	43.48	14.43
		13.29	64.52	16.61	41.14	31.68
		6.87	31.14	12.93	22.79	36.02
		0.41	0.34	0.29	0.19	0.32

2.数据标准化处理

本章选取Y企业2017—2021年共计5年数据，18个财务指标值，构建初始矩阵如下。

$$\begin{pmatrix} 1.66 & 0.20 & 33.52 & 57.41 & 9.71 & 9.83 & 9.90 & 0.99 & 3.86 & 16.42 & 1.48 & 7.04 & 1.07 & 28.76 & 44.25 & 13.29 & 106.87 & 0.41 \\ 0.97 & 0.18 & 47.00 & 62.16 & 9.10 & 8.62 & 10.26 & 1.16 & 3.78 & 14.66 & 1.82 & 8.07 & 1.09 & 43.79 & 35.39 & 64.52 & 131.14 & 0.34 \\ 0.85 & 0.26 & 48.68 & 65.55 & 8.59 & 10.02 & 12.06 & 1.58 & 3.84 & 15.17 & 2.22 & 11.30 & 1.20 & 48.66 & 41.00 & 16.61 & 112.93 & 0.29 \\ 0.92 & 0.26 & 63.09 & 71.09 & 9.69 & 9.67 & 14.05 & 1.54 & 4.08 & 16.63 & 2.01 & 12.07 & 1.19 & 27.91 & 43.48 & 41.14 & 122.79 & 0.19 \\ 0.72 & 0.32 & 53.88 & 52.68 & 9.54 & 8.67 & 11.87 & 2.17 & 3.51 & 16.07 & 1.92 & 14.33 & 1.02 & 16.60 & 14.43 & 31.68 & 136.02 & 0.32 \end{pmatrix}$$

根据熵值法的操作步骤，需要对财务指标值进行标准化处理，处理时需要区分正向指标与负向指标进行计算，具体计算公式如下：

正向指标计算公式：$X_{ij} = \dfrac{X_{ij} - \min(X_{1j}, X_{2j}, \ldots, X_{nj})}{\max(X_{1j}, X_{2j}, \ldots, X_{nj}) - \min(X_{1j}, X_{2j}, \ldots, X_{nj})} + d$

负向指标计算公式：$X_{ij} = \dfrac{\max(X_{1j}, X_{2j}, \ldots, X_{nj}) - X_{ij}}{\max(X_{1j}, X_{2j}, \ldots, X_{nj}) - \min(X_{1j}, X_{2j}, \ldots, X_{nj})} + d$

对于初始矩阵出现负数的指标，必须按非负化进行处理，即采用数据平移方式进行处理，若d取值越大，其计算结果的差异性就会越小，从而导致分析结果出现较大的偏差，进而影响结果的准确性。本章将 d 取值为 0.01，以此减少常数对计算结果的影响。标准化处理后的矩阵如下。

$$\begin{pmatrix} 1.01 & 0.15 & 1.01 & 0.75 & 1.01 & 0.87 & 0.01 & 0.01 & 0.62 & 0.90 & 0.01 & 0.01 & 0.29 & 0.39 & 1.01 & 0.01 & 0.75 & 1.01 \\ 0.28 & 0.01 & 0.55 & 0.50 & 0.47 & 0.01 & 0.10 & 0.15 & 0.01 & 0.01 & 0.47 & 0.15 & 0.40 & 0.86 & 0.71 & 1.01 & 1.01 & 0.69 \\ 0.15 & 0.58 & 0.50 & 0.31 & 0.01 & 1.01 & 0.53 & 0.51 & 0.27 & 0.27 & 1.01 & 0.59 & 1.01 & 1.01 & 0.90 & 0.07 & 0.82 & 0.46 \\ 0.22 & 0.58 & 0.01 & 0.01 & 0.99 & 0.76 & 1.01 & 0.48 & 1.01 & 1.01 & 0.73 & 0.70 & 0.95 & 0.36 & 0.98 & 0.55 & 0.92 & 0.01 \\ 0.01 & 1.01 & 0.32 & 1.01 & 0.86 & 0.05 & 0.48 & 1.01 & 0.01 & 0.73 & 0.60 & 1.01 & 0.01 & 0.01 & 0.01 & 0.37 & 0.01 & 0.60 \end{pmatrix}$$

计算第 j 项指标下第 i 年所占的比重 P_{ij}，运用以下公式进行计算：

$$P_{ij} = \frac{X_{ij}}{\sum_{i=1}^{n} X_{ij}}$$

标准化后的矩阵见表 7.10，在此基础上 P_{ij} 值代入后续计算，就可以计算各指标的熵值。

表 7.10　Y 企业各年度财务指标值标准化矩阵

一级指标	二级指标	2017 年	2018 年	2019 年	2020 年	2021 年
X_1	X_{11}	0.605 9	0.165 5	0.089 0	0.133 6	0.006 0
	X_{12}	0.065 4	0.004 3	0.248 9	0.248 9	0.432 4
	X_{13}	0.422 1	0.231 6	0.207 8	0.004 2	0.134 3
	X_{14}	0.292 0	0.192 0	0.120 6	0.003 9	0.391 6
X_2	X_{21}	0.302 8	0.139 5	0.003 0	0.297 4	0.257 3
	X_{22}	0.323 8	0.003 7	0.374 1	0.281 5	0.016 9
	X_{23}	0.004 7	0.045 4	0.248 8	0.473 7	0.227 4
	X_{24}	0.004 6	0.071 3	0.236 1	0.220 4	0.467 6
X_3	X_{31}	0.229 7	0.178 0	0.216 8	0.371 8	0.003 7
	X_{32}	0.309 6	0.003 4	0.092 1	0.346 1	0.248 7
	X_{33}	0.003 5	0.166 6	0.358 1	0.257 5	0.214 4
	X_{34}	0.004 1	0.061 4	0.241 1	0.283 9	0.409 6
	X_{35}	0.108 1	0.149 9	0.379 5	0.358 7	0.003 8
X_4	X_{41}	0.148 0	0.326 3	0.384 0	0.137 9	0.003 8
	X_{42}	0.279 2	0.197 0	0.249 0	0.272 0	0.002 8
	X_{43}	0.005 0	0.500 6	0.037 0	0.274 4	0.182 9
	X_{44}	0.003 8	0.319 6	0.082 6	0.210 9	0.383 1
	X_{45}	0.363 7	0.249 1	0.167 3	0.003 6	0.216 4

3.计算各指标的权重

熵值计算公式如下：

$E_{ij} = -K \sum_{i=1}^{n} P_{ij} \times \ln(P_{ij})$，$(0 \leq E_{ij} \leq 1)$其中为大于 0 的值，$K = \dfrac{1}{\ln(n)}$，本章 n 的取值为 5，则 $\ln(5) = 1.61$，由此可得 $K = 0.6211$。

通过计算，各指标的熵值结果如下：

$E_{11} = 0.69 \quad E_{12} = 0.78 \quad E_{13} = 0.82 \quad E_{14} = 0.82$
$E_{21} = 0.85 \quad E_{22} = 0.73 \quad E_{23} = 0.75 \quad E_{24} = 0.77$
$E_{31} = 0.85 \quad E_{32} = 0.82 \quad E_{33} = 0.85 \quad E_{34} = 0.78 \quad E_{35} = 0.80$
$E_{41} = 0.81 \quad E_{42} = 0.87 \quad E_{43} = 0.72 \quad E_{44} = 0.80 \quad E_{45} = 0.85$

根据 $G_{ij} = 1 - E_{ij}$ 计算第 j 项指标的差异系数，计算结果如下：

$G_{11} = 0.31 \quad G_{12} = 0.22 \quad G_{13} = 0.18 \quad G_{14} = 0.18$
$G_{21} = 0.15 \quad G_{22} = 0.27 \quad G_{23} = 0.25 \quad G_{24} = 0.23$
$G_{31} = 0.15 \quad G_{32} = 0.18 \quad G_{33} = 0.15 \quad G_{34} = 0.22 \quad G_{35} = 0.20$
$G_{41} = 0.19 \quad G_{42} = 0.13 \quad G_{43} = 0.28 \quad G_{44} = 0.20 \quad G_{45} = 0.15$

计算各项指标的权重，其计算公式如下：

$$W_{ij} = \dfrac{G_{ij}}{\sum_{i=1}^{n} G_{ij}}, \quad (j=1,2,\ldots\ldots,m)$$

根据上述公式及各指标的差异系数值，计算各指标的权重，结果如下：

$W_{11} = 0.084\ 1 \quad W_{12} = 0.060\ 2 \quad W_{13} = 0.049\ 0 \quad W_{14} = 0.049\ 4$
$W_{21} = 0.041\ 9 \quad W_{22} = 0.073\ 3 \quad W_{23} = 0.069\ 4 \quad W_{24} = 0.062\ 5$
$W_{31} = 0.041\ 7 \quad W_{32} = 0.050\ 1 \quad W_{33} = 0.041\ 6 \quad W_{34} = 0.059\ 7 \quad W_{35} = 0.055\ 9$
$W_{41} = 0.051\ 0 \quad W_{42} = 0.037\ 0 \quad W_{43} = 0.076\ 5 \quad W_{44} = 0.054\ 9 \quad W_{45} = 0.041\ 8$

（二）毫毛斧柯——总分结合评风险

1.确定财务风险评价标准值

为确保财务风险评价结果具有权威性，本章选择国务院国资委《企业绩效评价标准值》作为财务风险评价标准值（见表7.11）。

第七章 数字化助推新冠肺炎疫情背景下 Y 企业风险管理与财务战略转型

表 7.11 财务风险评价标准值

评价标准	标准系数值
实际值≥最优秀值	1.0
实际值≥良好值	0.8
实际值≥平均值	0.6
实际值≥较低值	0.4
实际值≥较差值	0.2
实际值＜较差值	0.0

Y 企业主营业务为药品、保健品、医疗器械以及与健康相关的日用便利品，根据《企业绩效评价行业基本分类与代码对照表》的划分标准（见表 7.12），该企业属于"医药及医疗器械批发与零售"，本章根据 Y 企业 2021 年的财务数据，对其财务风险进行评价研究。

表 7.12　2020 年医药及医疗器械批发与零售全行业绩效评价标准值

一级指标	二级指标	优秀值	良好值	平均值	较低值	较差值
X_1	X_{11}	1.359	1.174	1.015	0.873	0.715
	X_{12}	0.151	0.085	0.042	−0.0120	−0.095
	X_{13}（%）	53.60	58.60	63.60	73.60	88.60
	X_{14}（%）	19.10	24.70	28.80	35.10	41.30
X_2	X_{21}（%）	4.60	3.30	3.10	0.60	−1.60
	X_{22}（%）	8.20	6.40	5.60	1.70	−2.10
	X_{23}（%）	25.70	19.50	10.70	3.10	−2.20
	X_{24}	2.90	1.50	0.70	−0.50	−2.20
X_3	X_{31}	19.70	15.40	10.40	6.30	4.10
	X_{32}	15.90	8.30	4.00	2.50	2.00
	X_{33}（%）	2.60	2.20	1.70	1.30	1.00
	X_{34}	11.20	6.20	2.80	−0.80	−4.60
	X_{35}	2.30	1.90	1.40	1.10	0.50
X_4	X_{41}（%）	15.20	8.90	5.10	−5.30	−13.20
	X_{42}（%）	14.70	10.90	6.10	1.00	−8.20
	X_{43}（%）	21.40	16.30	12.10	−0.90	−7.20
	X_{44}（%）	119.70	113.00	110.20	101.00	95.90
	X_{45}（%）	1.80	1.60	1.40	1.20	1.00

2.财务风险评价等级划分

运用功效系数法对财务风险进行评价,需确定财务风险评价结果等级,因其划分标准较多,为保证评价结果权威性,本章选择国务院国资委颁布的《中央企业综合绩效评价管理暂时办法》作为依据,评价等级划分标准(见图7.6)。

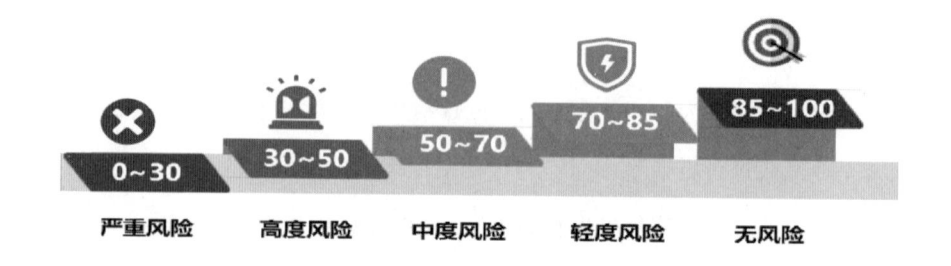

图7.6 财务风险评价等级划分图

3.财务指标实际值计算

根据Y企业2021年的财务报表数据及所构建的财务风险评价指标,计算2021年度企业实际财务指标值(见表7.13)。

表7.13 Y企业2021年度实际财务指标值

一级指标	二级指标	财务指标实际值
X_1	X_{11}	0.72
	X_{12}	32
	X_{13}	53.88
	X_{14}	52.68
X_2	X_{21}	9.54
	X_{22}	8.67
	X_{23}	11.87
	X_{24}	2.17
X_3	X_{31}	3.51
	X_{32}	16.07
	X_{33}	1.92
	X_{34}	14.33
	X_{35}	1.02

续表

一级指标	二级指标	财务指标实际值
X_4	X_{41}	16.6
	X_{42}	14.43
	X_{43}	31.68
	X_{44}	136.02
	X_{45}	0.32

4.单项财务风险指标评价分计算

根据功效系数法的操作步骤（见图7.7），为了说明单项财务风险指标功效系数的计算，现以速动比率指标为例对其计算过程进行说明。

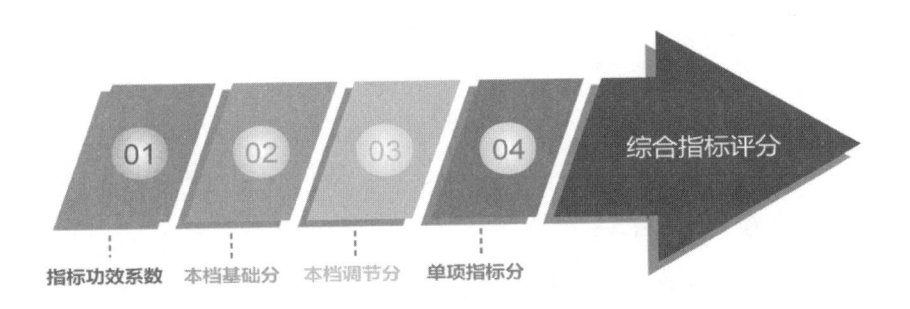

图 7.7 功效系数法操作步骤

（1）单项财务风险指标功效系数计算

速动比率2021年度财务指标实际值为0.72（见表7.13），速动比率本档标准值为0.715（见表7.12），上档标准值为0.873。根据单项指标功效系数计算公式：

$$单项指标功效系数 = \frac{指标实际值 - 本档标准值}{上档标准值 - 本档标准值}$$

则：

$$速动比率功效系数 = \frac{0.72 - 0.715}{0.873 - 0.715} = 0.03$$

（2）单项财务指标本档基础分计算

根据各单项指标计算的权重可知，速动比率权重为8.29，速动比率实际值为0.72，速动比率标准系数为0.2（见表7.11、表7.12与表7.13）。根据单项指标本档基础分计算公式：

$$本档基础分=单项指标权重×本档标准系数$$

则：

$$速动比率本档基础分=8.29×0.2=1.66$$

（3）单项财务指标本档调整分计算

根据各单项指标计算的权重可知，速动比率权重为8.29，速动比率实际值为0.72，速动比率上档标准系数为0.4（见表7.12与图7.6）。根据单项指标上档基础分计算公式：

$$上档基础分=单项指标权重×上档标准系数$$

则：

$$速动比率上档基础分=8.29×0.4=3.32$$

由前文计算结果可知，速动比率功效系数为0.03，本档基础分1.66，根据单项指标本档调整分计算公式：

$$本档调整分=功效系数×（上档基础分-本档基础分）$$

则，

$$速动比率本档调整分=0.03×（3.32-1.66）=0.05$$

单由前文计算结果可知，速动比率本档基础分为1.66分，速动比率本档调整分为0.05分。根据单项指标评价分计算公式：

则：

$$速动比率评价分=1.66+0.05=1.71$$

其他各项指标评价分的计算过程同上，最终可计算出Y企业2021年单项财务指标评价分，计算出具体结果（见表7.14）。

表7.14　Y企业2021年度单项财务指标评价分

一级指标	二级指标	功效系数值	本档基础分	本档调整分	评价分
筹资风险 X_1	速动比率 X_{11}	0.03	1.66	0.05	1.71
	现金流动负债比率 X_{12}	1.00	5.93	0.00	5.93
	资产负债率 X_{13}	0.94	3.87	0.91	4.78
	带息负债比率 X_{14}	0.00	0.00	0.00	0.00
投资风险 X_2	成本费用利润率 X_{21}	1.00	4.13	0.00	4.13
	总资产报酬率 X_{22}	1.00	7.23	0.00	7.23
	净资产收益率 X_{23}	0.13	4.11	0.18	4.29
	盈余现金保障倍数 X_{24}	0.48	4.93	0.59	5.52
运营风险 X_3	存货周转率 X_{31}	0.00	0.00	0.00	0.00
	应收账款周转率 X_{32}	1.00	4.95	0.00	4.95
	流动资产周转率 X_{33}	0.44	2.46	0.36	2.82
	资产现金回收率 X_{34}	1.00	5.88	0.00	5.88
	总资产周转率 X_{35}	0.87	1.10	0.96	2.06
发展风险 X_4	主营业务增长率 X_{41}	1.00	5.04	0.00	5.04
	营业利润增长率 X_{42}	0.93	2.92	0.68	3.59
	总资产增长率 X_{43}	1.00	7.55	0.00	7.55
	净资产增长率 X_{44}	1.00	5.41	0.00	5.41
	技术投入比率 X_{45}	0.00	0.00	0.00	0.00

5.财务风险综合评价分计算

根据功效系数法操作原理，财务风险综合评价分可采用以下公式进行计算。

$$财务风险综合评价分 = \sum 各单项财务指标评价分$$

则：

$$Y企业财务风险综合评价分 = 71.89分$$

根据财务风险评价等级划分表可知Y企业财务风险评价结果为"轻度风险"。

（三）鞭辟入里——风险评价析要害

为了全面准确掌握Y企业财务风险处于"轻度风险"的原因，现根据一级指标与二级指标的评价分及其指标权重，分别计算一级指标与二级指标的评价分。其计算公式如下：

一级指标财务风险评价分=∑二级指标评价分÷∑二级指标权重

二级指标财务风险评价分=二级指标评价分÷二级指标权重

根据Y企业指标权重计算结果及Y企业2021年度单项财务指标评价分（见表7.14）的计算结果，结合上述计算公式，可以计算其一级指标与二级指标的财务风险评价分，具体计算结果见表7.15。

表7.15 Y企业财务风险分析表

一级指标财务风险分析			二级指标财务风险分析		
一级指标	评价分	风险等级	二级指标	评价分	风险等级
筹资风险 X_1	51.93	中度风险	速动比率 X_{11}	20.63	严重风险
			现金流动负债比率 X_{12}	100.00	无风险
			资产负债率 X_{13}	98.88	无风险
			带息负债比率 X_{14}	0.00	严重风险
投资风险 X_2	86.87	无风险	成本费用利润率 X_{21}	100.00	无风险
			总资产报酬率 X_{22}	100.00	无风险
			净资产收益率 X_{23}	62.66	中度风险
			盈余现金保障倍数 X_{24}	89.57	无风险
运营风险 X_3	63.97	中度风险	存货周转率 X_{31}	0.00	严重风险
			应收账款周转率 X_{32}	100.00	无风险
			流动资产周转率 X_{33}	68.80	中度风险
			资产现金回收率 X_{34}	100.00	无风险
			总资产周转率 X_{35}	37.33	高度风险
发展风险 X_4	83.81	轻度风险	主营业务增长率 X_{41}	100.00	无风险
			营业利润增长率 X_{42}	98.58	无风险
			总资产增长率 X_{43}	100.00	无风险
			净资产增长率 X_{44}	100.00	无风险
			技术投入比率 X_{45}	0.00	严重风险

分析可知，Y企业财务风险处于"轻度风险"状态，是由于筹资风险处于"中度风险"、投资风险处于"无风险"、运营风险处于"中度风险"及发展风险处于"轻度风险"的综合结果，需要重点关注筹资风险与运营风险。从二级指标来看，财务风险的防范需要关注：①严重风险需要关注速动比率、带息负债比率、存货周转率、技术投入比率；②高度风险需要关注：总资产周转率；③中度风险需要关注：净资产收益率、流动资产周转率。

五、澄源正本·风险应对篇

忽如一夜春风来，千树万树梨花开。

顺应潮流始为先，数字护航启新章。

（一）推陈出新——筹资战略转型

通过对 Y 企业财务风险分析可知，企业筹资风险处于"中度风险等级"，综合评价分为 51.3 分。其中带息负债比率处于"严重风险"等级，速动比率处于"严重风险"等级。因此，企业必须加强筹资风险的防范。Y 企业要转变筹资战略，促进企业内生动力的发展，树立企业形象，保证良好的商业信用，改变支付方式，提高偿债能力。拓宽企业融资渠道，增加股权融资比例，增强员工的归属感，提高生产积极性。筹资风险防范措施见图 7.8。

防范筹资风险：
- 实施商业信用，降低带息负债比率
- 合理利用财务杠杆，提高短期偿债能力
- 优化资本结构

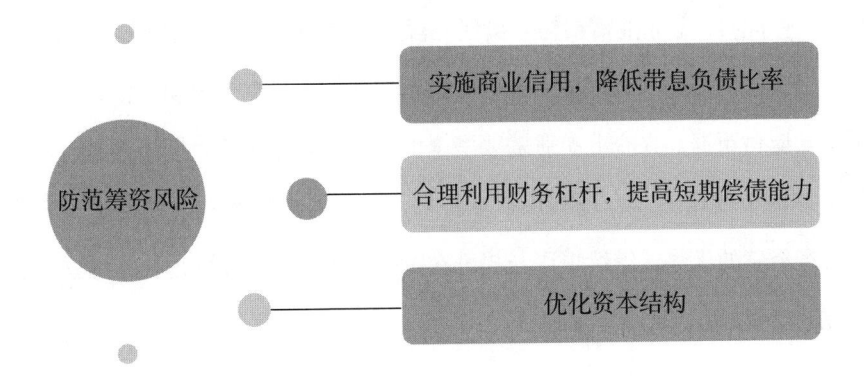

图 7.8 筹资风险防范措施

1.实施商业信用，降低带息负债比率

通过对 Y 企业 2021 年的资产负债表进行分析，其带息负债总额为 484 027.19 万元，其中应付票据 353 897.54 万元，占带息负债总额的 73%。而同期的应付账款 126 657.26 万元，为应付票据额 35.79%。应付账款与应付票据都是企业进行药品采购而形成的未付账款，但应付票据是带息的，而应付账款是免息的。作为药品零售连锁的 Y 企业，其门店数量多，收现能力强，而且具有竞价能力，作为在零售药品经营 20 年的龙头企业，其本身与全国各大制药企业具有良好的合作关系。因此，Y 企业应通过大数据人工智能等手段对应付票据对方企业进行系统分析，巩固提升战略合作地位，将应付票据支付方式改为应付账款支付方式，降低企业债务负担，通过商业信用的合作关系，就可以直接降低带息负债比。

2.利用财务杠杆，提高短期偿债能力

Y 企业 2021 年速动比率 0.72，远低于全行业优秀水平 1.36，属于"严重风险"，说明其短期偿债能力不容乐观，需要加强现金流的管理，做好资金预算管理，防范债务到期违约。因此 Y 企业在财务战略实施过程中，对各项业务的可行性进行调查研究，根据市场反馈及时调整业务发展方向，在项目不同阶段分析其发展是否符合预期，相关预算是否管控到位，并对企业的资本结构、期间费用以及现金流向进行数据分析，利用数字技术，加强企业的流程管理，提升企业的信息化水平。同时，Y 企业需要树立负债经营的理念，减少与降低带息负债的比例，在企业净资产收益率及发展能力比较好的情况下，一是减少流动负债，特别是短期借款与应付票据，在企业扩张需要资金的阶段，降低企业短期还债压力；二是保持合理的负债比例，合理利用财务杠杆，在行业竞争激烈的情况下，充分发挥轻资产经营的优势，继续巩固与提升在医药零售连锁企业的地位，增强盈利能力，提升偿债能力。

3.拓宽融资渠道，优化资本结构

Y 企业为了抢占市场，采用了借款方式实施扩张，其中 2021 年的长期借款与应付债权额达到 36 565 万元。从总量进行分析，Y 企业上市以来 7 年的扩张，其营业收入与净利润是增加的，但随着扩张所带来的门店数大量增加，从门店的年均营业收入及净利润来看，分别下降了 47.78 万元及 2.28 万元，说明 Y 企业需

第七章　数字化助推新冠肺炎疫情背景下 Y 企业风险管理与财务战略转型

要放缓扩张步伐，合理预测资金的筹资数量，避免资金投入无效，同时，拓宽融资渠道不断尝试新的融资方式，例如项目融资、应收账款融资等，还可以采用融资租赁方式租入用于升级企业数字化转型的设备。优化资本结构，实施股权融资方式，以员工入股方式，将员工利益与门店经营捆绑在一起，既能减少债务融资量，又能激发员工创业热情，同时，更能改善长期偿债能力。

（二）日臻完善——运营战略转型

通过对 Y 企业财务风险分析可知，企业运营风险处于"中度风险等级"，综合评价分为 63.97 分。虽然企业属于轻资产经营，但其采用收购门店方式进行快速扩张，2021 年财务报表中商誉为 371 788.95 万元，占非流动资产总额的 40.69%，商誉的形成与收购门店有关。虽然新冠肺炎疫情下医药产品需求被放大，但是目前 Y 企业内部运营存在弊端，其存货周转率处于"严重风险"等级，总资产周转率处于"高度风险"等级，流动资产周转率也处于"中度风险"等级，必须注重发展质量，放慢扩张速度，从外延扩张转向内涵式发展，发展核心业务，加强竞争优势。企业应利用大数据，获取有效信息，发展医药电子商务，加快技术升级，增强产品竞争力。融合互联网＋医疗，构建联网数字健康平台。运营风险防范措施见图 7.9。

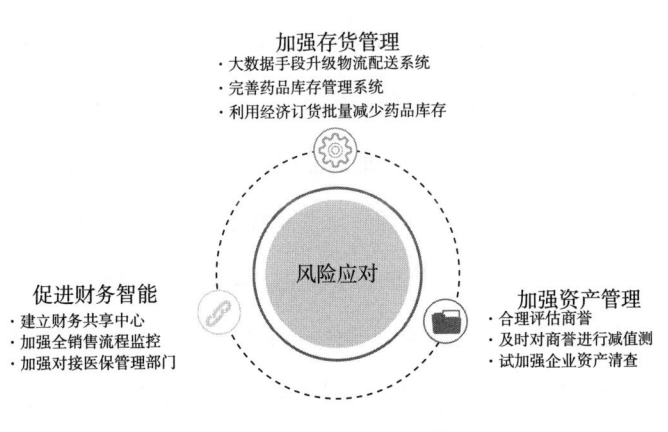

图 7.9　运营风险防范措施

1.加强存货管理，提高存货周转速度

通过对 Y 企业 2021 年的资产负债表进行分析，其存货 304 061.36 万元，占流动资产总额的 38.41%，与 2020 年相比，其存货增加 86 843.74 万元，增长率 11.47%。其原因与扩张所引发的过度采购有关，也有可能是为了获取价格折扣，导致采购量超量，药品积压。同时，也对存货管理不科学有关，因此，Y 企业需要优化物流配送体系，完善药品库存管理系统，改善存货的管理水平。第一，调查了解药品积压的原因，运用大数据手段，加快物流配送系统的升级，将集中采购药品及时送达各门店，优化药品库存管理系统，动态掌握药品库存变化情况，积极制订采购计划，确保各门店正常有序经营（见图 7.10）。第二，制订经济订货批量，降低采购资金占用，减少药品库存，降低药品库存时间，提高药品的周转速度，为患者提供放心药。

图 7.10　存货管理优化措施

2.加强资产管理，提高总资产周转速度

Y 企业 2021 年因企业合并增加商誉 2 488 万元，占期末商誉的 7.46%，商誉是合并过程中所产生的，属于非流动资产，是企业整体价值的一部分。为了提高总资产周转速度，需要加强对资产的科学管理。第一，合理评估商誉。由于商誉不能单独使用，不合理的评估价格会导致商誉形成，从而影响总资产的周转速度，因此，要加强对企业合并价格的科学评估，防止虚增商誉。第二，及时对商誉进行减值测试，按照现行会计准则的核算方法，期末要对商誉进行减值测试，防止商誉挂账。第三，加强企业资产清查，盘活存量资产，提高资产的使用效率。第四，加强新建项目完工进度，防止新建项目停工，影响资产使用效率。

3. 促进财务智能,提高流动资产周转速度

Y 企业 2021 年流动资产周转速度处于"轻中风险"等级,需要进行防范,通过其资产负债表进行分析,影响流动资产周转速度的另一个影响因素是应收账款,其金额为 107 692.24 万元,占流动资产总额的 13.6%。一方面门店医保资质,可以促进药品的销售;另一方面,患者结算的购药款,又需要与当地患者的医保管理部门进行结算。随着数字化应用的普及,医药市场不断与互联网融合线上销售将成为另一个主流销售渠道。企业在数字化背景下,要加快企业日常经营全流程控制的进程,不断提升企业处理财务信息的能力,建立财务共享中心,实现企业对日常运营流程的全程信息掌控,增强财务调度的能力,提升企业管理水平,为企业的可持续发展提供基础保障。与此同时,为了加速账款的回收,各门店所在的区域责任人,需要积极加强与医保管理部门对接,稳妥处理好账款的结算,防止账款长期占用,影响企业资金周转。

(三)防微杜渐——投资战略转型

通过对 Y 企业财务风险分析可知,企业投资风险综合评价分为 86.87 分,属于"无风险"状态,在一定程度上说明企业扩张带来的成效是显著的。进一步分析可以发现,净资产收益率处于"中度风险"等级,盈余现金保障倍数处于"无风险"等级。但企业也有必要加强投资风险的防范(见图 7.11)。

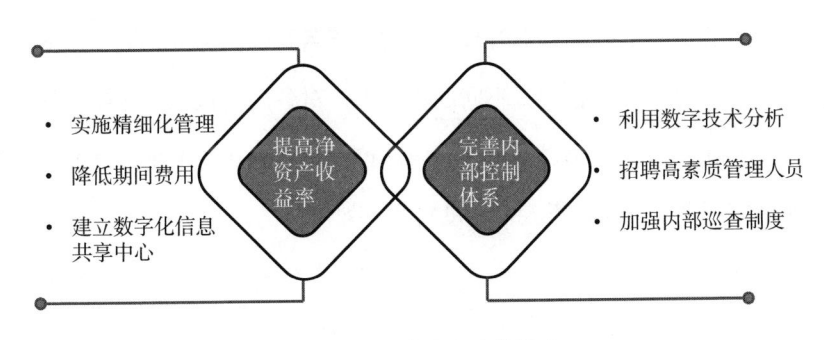

图 7.11 投资风险防范措施

1.把握扩张节奏,提高净资产收益率

股东作为企业的投资者,一方面承担企业经营的风险,另一方面也享受经营所带来的收益。净资产收益率是股东最为关注的财务指标,净资产收益率越高,说明股东投资增值能力越强。随着Y企业快速扩张步伐的加快,其净资产收益率却不理想,因此,Y企业需要把握扩张的节奏,加强对扩张所引发的筹资用量增加及利息费用增加,导致企业利润下降的风险,同时,实施精细化管理,提高门店的经营效率,通过单店收入的增长,达到利润提升的目的;降低期间费用,实现扩张所带来的规模效应。Y企业快速扩张型的财务战略,在不断投资新业务和新渠道的过程中,企业的投融资方式逐渐多元化,增加了企业的偿债风险,因此Y企业在财务战略实施过程中,需要建立数字化信息共享中心,便于管理者更好地掌握实时数据,科学决策。

2.建立以风险为导向的内部控制体系

数字化背景下,Y企业采用财务快速扩张型的财务战略,转变企业的发展方向,实施投资战略转型。企业积极使用负债融资,增加了企业的偿债风险,因此企业在投资战略过程中,应当建立以风险为导向的内部控制体系。第一,利用数字技术,对企业的资本结构及资金流向进行数据分析,对可能出现的问题进行事前预防,提升企业的信息化水平。第二,招聘高素质的管理人员。随着数字化时代的发展,对企业管理人员自身素养要求越来越严苛,既要懂管理还要懂信息技术,属于复合型人才,因此,对管理人员的招聘需要提高标准。第三,加强内部巡查制度。通过交叉方式,指派不同巡查小组,对各门店执行内部控制制度的情况进行不定期的巡查,既可以发现现有内部控制制度存在的不足,也可以识别与防范共同舞弊行为,确保内部控制制度科学有效。

（四）未雨绸缪——发展战略转型

通过对Y企业财务风险分析可知，企业发展风险综合评价分为83.81分，属于"轻度风险"状态，在一定程度上说明企业扩张促进了企业的发展。进一步分析可以发现，技术投入比率处于"严重风险"等级。因此，企业需要关注技术投入风险的防范。

根据2021年利润表进行，分析其主营业务收入、毛利及增减变动情况（见表7.16）可知Y企业需要加强非药品产品的收入，其原因在于非药品产品毛得率最高，其营业成本增长率是下降的，毛利率是增长的，这对企业提高盈利能力是有效的。因此，企业技术投入需要加强，第一，要加大对物流配送系统升级的投入，推进云计算、大数据、人工智能和物联网等众多数字技术方案的深度融合，打造从顾客引导、顾客咨询、顾客交易和顾客维护的流程产品闭环系统，实现产品赋能业务应用，业务创造顾客价值。第二，要加大对恒修堂药业数字工厂的投入，加速新一代数字技术与中药炮制工艺、管理流程等的深度融合，为企业占领市场创造条件。

表7.16 Y企业主营业务盈利情况分析表

产品类别	营业收入（万元）	营业成本（万元）	毛利率（%）	营业收入增长率（%）	营业成本增长率（%）	毛利率增长率（%）
中西成药	1 062 625.18	691 491.82	34.93	18.17	16.07	1.17
中药	142 481.04	76 014.36	46.65	18.88	18.41	0.21
非药品	275 624.60	143 720.36	47.86	5.11	−6.01	6.17
合计	1 480 730.82	911 226.54	38.46	15.56	12.10	1.90

六、继往开来·总结启示篇[①]

忽如一夜春风来,千树万树梨花开。

顺应潮流始为先,数字护航启新章。

(一)明鉴既往——徙薪曲突观全貌

明者因时而变,知者随势而治。本章以 Y 企业作为研究对象,根据企业 2017—2021 年财务报表数据,运用财务报表与财务指标相结合的方法,识别企业发展的筹资风险、投资风险、运营风险及发展风险,构建风险评价指标体系,评价企业风险现状,分析其存在的具体问题,并以财务风险管理理论为指导,立足企业经营与财务状况,融合数字化技术,从降低筹资风险、提高运营能力、加强资产管理及加大技术研发投入等方面提出企业财务转型优化方案。

(二)与时俱进——运筹帷幄谋全局

往者不可谏,来者犹可追。财务战略转型并非一蹴而就,提前进行战略布局,把握数字化转型核心本质,才能实现企业转型升级。数字化发展已经成为时代的主旋律,企业作为推动国家发展的主力军,应当把握技术变革浪潮,优化现有经济结构,构建数字经济体系,提升企业运营效率,实现企业高质量发展。

---

① 本案例分析研究由雷振华老师指导,研究人员有陈自航、饶心雨、孙慧涛、谭薇、全薇、彭篱村,荣获湖南省第七届高校 MPACC 企业案例大赛二等奖。

第八章 "全员合伙制"：永辉超市的组织变革之路

一、卢橘杨梅次第新——简介篇

深耕生鲜敬初心，独创合伙领风骚。

（一）永辉超市的发展剪影

永辉超市成立于 2000 年，于 2010 年在沪上市（股票代码：601933）。它的前身是 2000 年 7 月福州的第一家"农改超"超市——福州屏西生鲜超市。而创始人张轩松在成立生鲜超市前，已经做了多年超市，完成了最初的资金和管理经验的积累。永辉经过多年的飞跃发展，成为中国企业 500 强之一，也是国家级"流通"及"农业产业化"双龙头企业，获得"中国驰名商标"，并被国务院授予"全国就业先进企业""全国五一劳动奖状"等荣誉称号。

永辉超市是中国大陆首批将生鲜农产品引进现代超市的流通企业之一，被国家七部委誉为中国"农改超"推广的典范，被百姓誉为"民生超市、百姓永辉"。永辉已发展成为以零售业为龙头，以现代物流为支撑，以现代农业和食品工业为两翼，以实业开发为基础的大型集团企业。永辉超市坚持"融合共享、成于至善"的理念开创蓝海，与境内外零售企业共同繁荣中国零售市场，目前在福建等 19 个省市已发展超 580 家连锁超市，经营面积超过 500 万平方米，位居 2019 年中国连锁百强企业 6 强、中国快速消费品连锁百强 3 强。永辉超市的发展历程见图 8.1。

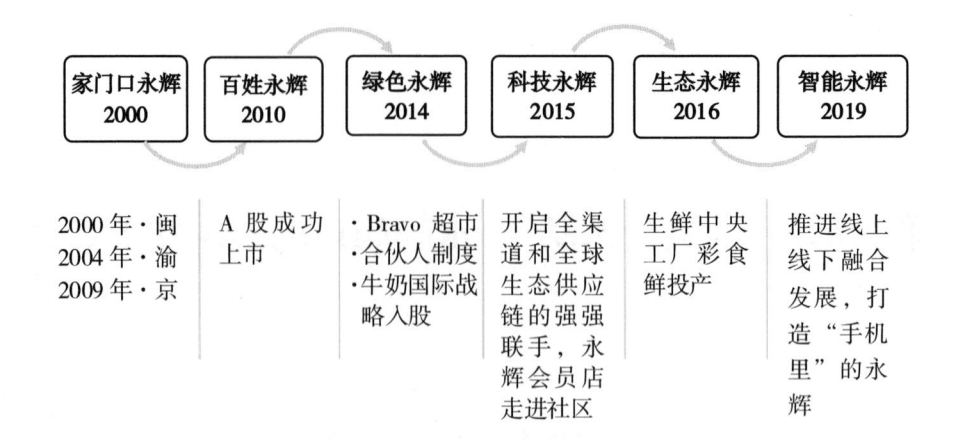

```
家门口永辉  百姓永辉  绿色永辉  科技永辉  生态永辉  智能永辉
  2000      2010      2014     2015     2016     2019
```

| 2000年·闽
2004年·渝
2009年·京 | A股成功上市 | ·Bravo超市
·合伙人制度
·牛奶国际战略入股 | 开启全渠道和全球生态供应链的强强联手，永辉会员店走进社区 | 生鲜中央工厂彩食鲜投产 | 推进线上线下融合发展，打造"手机里"的永辉 |

图8.1 永辉超市发展主要历程

发展至今，永辉超市已经形成了较完善的生态价值网，以自身为主体，与资本金融、直购供应链形成了共生共赢的合作关系。从"点"到"线"、化"线"为"圈"，永辉超市已经形成了一个完整的、闭环的生态链（见图8.2）。

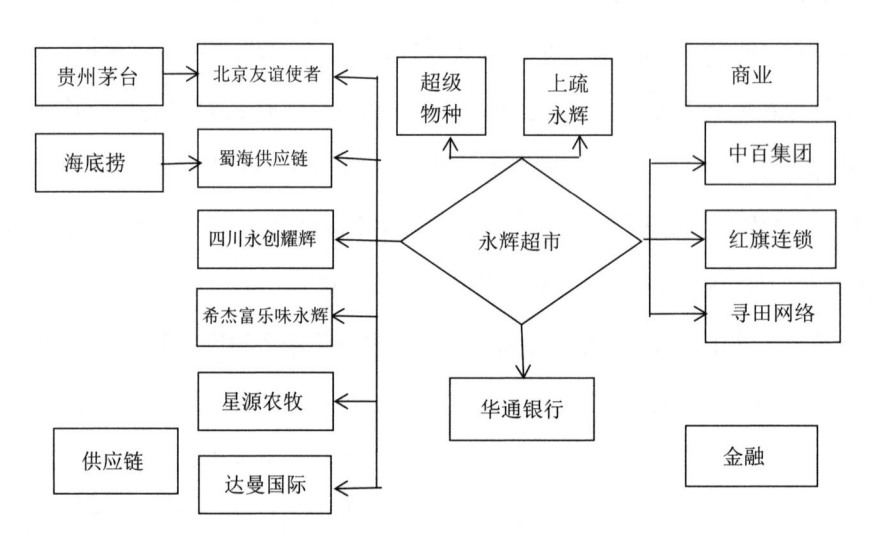

图8.2 永辉超市生态链

（三）永辉超市的组织变革之路："全员合伙"制

1.拂堤杨柳，与君初见：永辉超市合伙人制度简介

基本上可以认为市面流行有三种合伙人模式（见表8.1），永辉超市采用的"全员合伙制"是OP合伙人制度（见图8.3），其具体机制可分为三个层级：针对中高层职业经理人的事业合伙人机制；针对一线员工雇工的岗位合伙人模式；与直购供应链的买手和农户合伙模式。

表 8.1　三种类型的合伙人制度

合伙人类型	简称	合伙人的定位	目的	适用范围	模式运用
普通合伙人	GP	对企业经营责任、债务承担无限责任的人	规范高管行为	咨询公司、证券基金公司	合伙制企业或有限合伙企业
有限合伙人	LP	根据出资比例承担有限责任、不能代表公司、无重大决策权、投资人	掌握公司的再控制权	互联网企业、科技创新企业	有限合伙企业
李式合伙人	OP	既出钱又出力，不承担企业风险但要担当经营责任、达到经营目标的人	激励员工	房地产企业、零售业企业	有限责任公司、个体企业

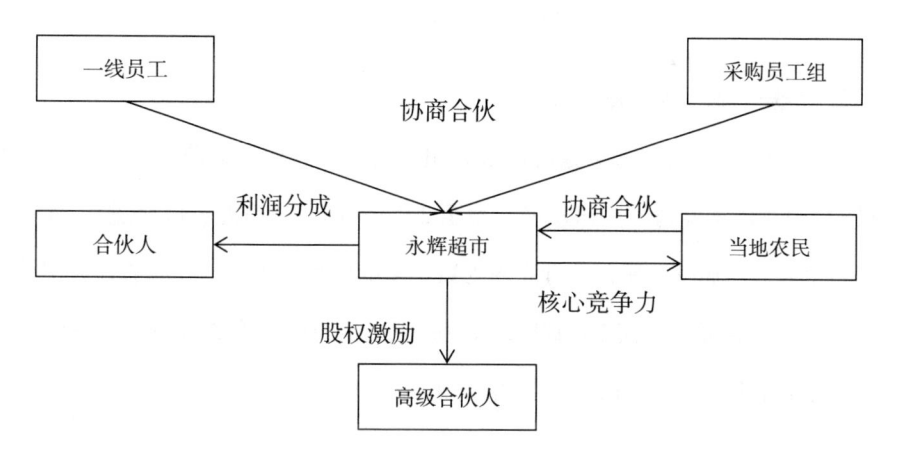

图 8.3　永辉超市"合伙人"制度示意图

2.小荷露角，虫声透纱：永辉超市"全员合伙"发展历程

从 2012 年底至今，永辉开始从福建大区试点门店合伙人项目到坚持人力资源管理持续优化，打破传统中高层职业经理人和雇员的概念，运用共享平台打造事业合伙人和岗位合伙人为公司共同创造价值的模式，永辉"全员合伙"发展历程如图 8.4 所示。

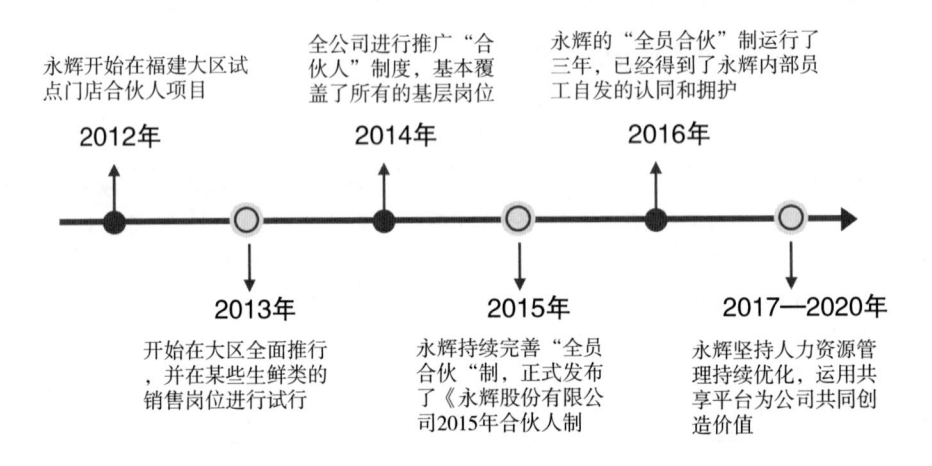

```
2012年                   2014年                    2016年
永辉开始在福建大区试      全公司进行推广"合        永辉的"全员合伙"制运行了
点门店合伙人项目          伙人"制度，基本覆         三年，已经得到了永辉内部员
                         盖了所有的基层岗位        工自发的认同和拥护

         2013年                   2015年                    2017—2020年
         开始在大区全面推行        永辉持续完善"全员        永辉坚持人力资源管
         ，并在某些生鲜类的        合伙"制，正式发布        理持续优化，运用共
         销售岗位进行试行          了《永辉股份有限公        享平台为公司共同创
                                  司2015年合伙人制         造价值
```

图 8.4 永辉超市"合伙人"制度的发展历程

3."全员合伙"制实施的效果

在"合伙人"制度的实施后，永辉超市的员工人效和薪酬得到了大幅提升（见图 8.5），企业得到了快速发展。截至 2019 年底，超市业务已经进入 24 个省市，超市业态门店 911 家，是行业内为数不多的依然在扩张，并能够在大部分地区盈利的超市企业。即使 2020 年受新冠肺炎疫情防控政策的影响，永辉在 2020 年上半年的毛利率仍增长较大（见图 8.6）。

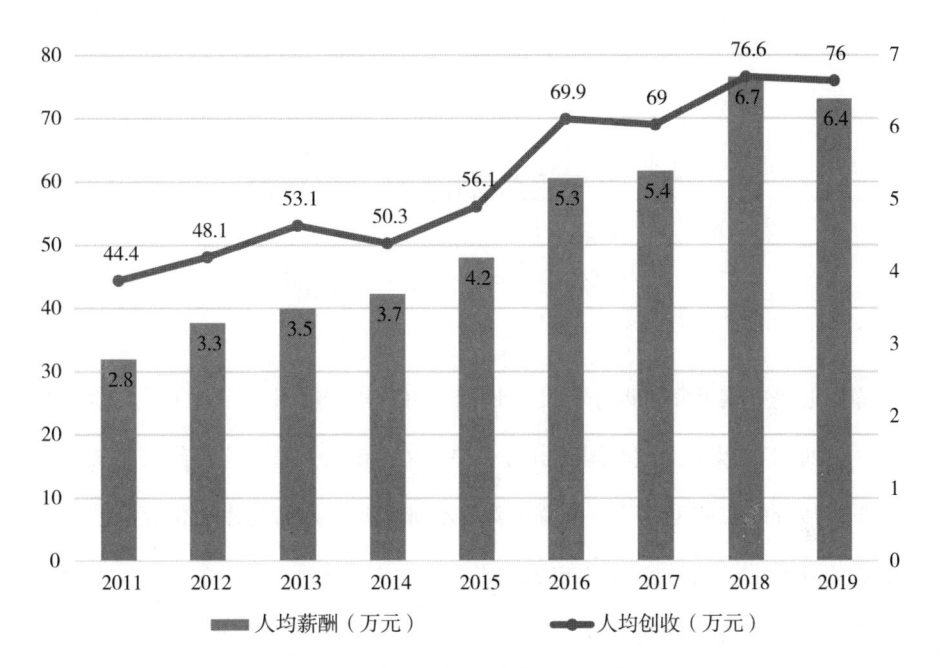

图 8.5　2011—2019 年"合伙人"制度实施前后员工人效和薪酬对比

图 8.6　2011—2019 年永辉超市销售毛利率趋势

4.小结

目前龙头企业和零散单店超市并存，其中龙头企业主要由全国性超市企业、区域优势企业和国际零售集团所构成，并且超市行业无产业政策准入阻碍，资本门槛较低。"全员合伙制"让永辉超市驶上发展快车道，但在共享经济和互联网思维蓬勃发展的时代背景，以及在国外零售巨头逐渐涌入国内市场的行业背景下，我国实体零售企业发展艰辛，为了继续生存，永辉超市未来组织变革该何去何从？

二、八千里路云和月——现状篇

百舸争流千帆竞,乘风破浪正当时。

零售业是中国近年来改革中变化最快、市场化程度最高、竞争最为激烈的行业之一。2018年以来,随着国际贸易保护主义的抬头,整个世界经济增长放缓的情况下,传统的实体零售企业面临的竞争更加激烈。永辉超市股份有限公司经过十余载的发展已经成为全国领先的大型零售集团,但进入第二个十年发展期的永辉遇上了中国零售业的转型期,在推动以"全员合伙"制为核心的组织变革后,取得了较显著的阶段性成果。为迎接下一阶段的挑战,了解永辉目前所处的环境,需要对永辉超市的内外部环境进行分析。

(一)超市零售行业的宏观环境分析

1.时不可兮骤得:政治环境

我国现有的针对零售行业的政策是以维持稳定为主,着重引领消费升级,细化经营业态,完善现有零售政策。在国民经济增速放缓的背景下,相关部门在商贸流通领域陆续推出多项促进消费升级措施,为零售行业发展营造了良好氛围。这些政策给我们传统零售企业犹如打了一剂强心针(见表8.2),借助政策之风,加快完成符合自身的组织变革之路,走出传统零售企业走向下滑的困境。

表8.2 政府颁布文件核心内容一览表

颁布时间	文件名称	核心内容及主旨
2018年9月	《关于完善促进消费体制机制进一步激发居民消费潜力的若干意见》	为完善促进消费体制机制，进一步激发居民消费潜力，提出构建更加成熟的消费细分市场，壮大消费新增长点，健全质量标准和信用体系，营造安全放心消费环境，强化政策配套和宣传引导，改善居民消费能力和预测
2019年8月	《关于加快发展流通促进商业消费的意见》	提出了20条稳定消费预期、提振消费信心的政策措施
2019年12月	中央经济工作会议	促进产业和消费"双升级"，明确了国家拉动内需的政策导向
2020年5月	政府工作报告	我们要把满足国内需求作为发展的出发点和落脚点，加快构建完整的内需体系。扩大内需，既是应对新冠肺炎疫情冲击的需要，又是保证我国经济长期持续健康发展的需要，也是更好地满足人民日益增长的美好生活需要

2.乘骐骥以驰骋兮：经济环境

经济下行压力下，零售业增速放缓，减税降费措施提振居民消费信心及购买力，行业总体保持平稳发展。如图8.7所示，2019年，全年国内生产总值98.65万亿元，比上年增长6%，2015—2019年中国商品零售总额持续增长，2019年中国商品零售总额达36.49万亿元，同比增长7.90%。2020年1—5月，受新冠肺炎疫情防控政策的影响，中国商品零售总额仅为12.74万亿元，同比下降10.60%。同时，我国人均购买力平价GDP持续上升，居民购买力普遍提高，这对超市零售业而言，是一个机遇，2016—2020年中国人均购买力平价GDP预测如图8.8所示。

图8.7 2015—2019年国内生产总值及社会消费品零售总额

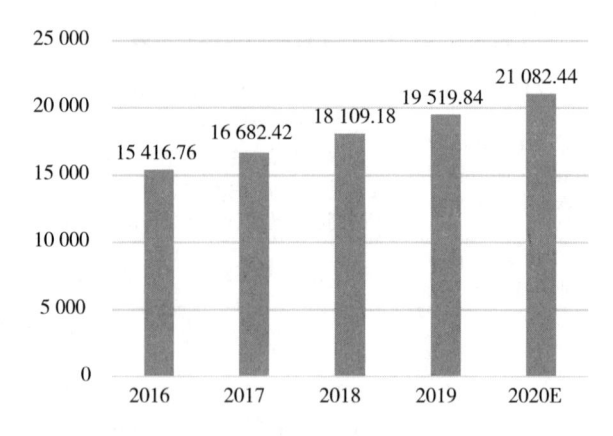

图 8.8　2016—2020 年中国人均购买力平价 GDP 预测（单位：美元）

数据（从左至右）：2016年 15 416.76；2017年 16 682.42；2018年 18 109.18；2019年 19 519.84；2020E 21 082.44。

3.民生各有所乐兮：社会文化环境

近年来，全国流通产业发展迅猛，有较大的消费市场发展空间，零售业市场呈现出专业化、个性化与多样化等特征。人们的消费结构明显变化，消费档次明显提升，消费理念转变，越来越注重品质和服务。传统百货商店逐渐被新超市零售业所淘汰。城市化进程加快，城乡一体化稳步推进，极大拉动了零售商品的消费需求。物流产业迅猛发展，商品流动极为便捷，随着居民收入水平的提升和受教育程度的提高，人们消费观念由价格敏感转向追求品质，这为大型零售企业的发展提供了较好的社会环境。同时，由于新冠肺炎疫情的影响，人们对国外产品的推崇程度明显下降，国内需求明显增加。但目前，人们的消费方式开始从线下转向线上，新冠肺炎疫情防控期间，线上优势更为明显，永辉在线下的发展持稳，但线上模式仍缺乏必要的条件，目前，永辉要适应消费者观念和消费方式的转变，探究新的消费观念和消费模式，来适应企业的发展变革。

4.霓为衣兮风为马：技术环境

当前经济发展形势下，社会科技发展水平与科技力量急速提高，新产品、新流程和新材料等层出不穷，给消费者带来更多的物质享受与选择范围。目前计算机软硬件水平、网络技术、数据处理等能够满足企业物流、大数据分析的需求。2018 年以来，无论是实体零售还是线上与线下零售的融合都意味着零售企业将全面步入整合阶段,强者越强和强者恒强效应将逐步凸显。如图8.9所示,2020上半年我国生鲜电商交易额达到新高,随着电商的不断发展和技术支持,对于现在的永辉来说,只有通过科技信息系统,运用大数据分析消费者行为,提升业务处理水平,才能在当前激烈的竞争环境下有立足之地。

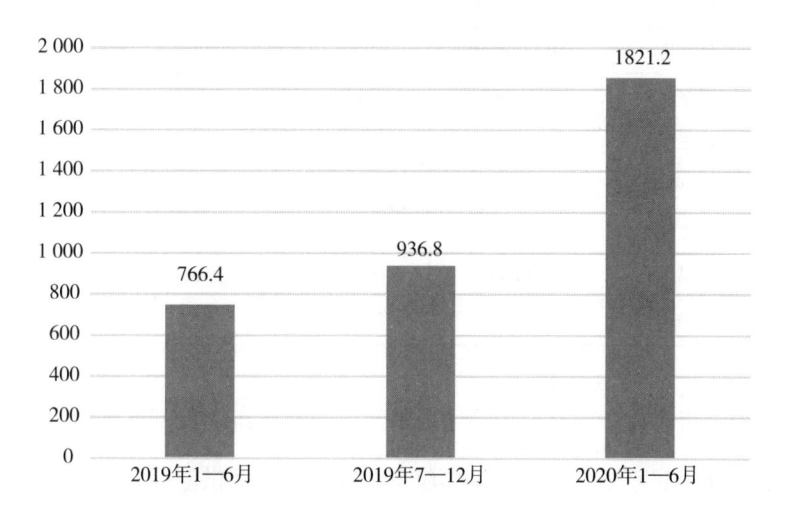

图8.9 2019—2020年中国生鲜电商交易额(单位:亿元)

(二)行业背景分析

1.春色满园关不住:现有竞争对手之间的竞争

在2019年中国连锁百强TOP10中,苏宁易购集团以3 787.4亿元的销售额领先其他连锁企业。从具体业态看,超市业态在连锁百强TOP10的比例达到4家(见表8.3),表明超市业态在零售行业中具有举足轻重的地位,并且开始朝着社区超市方向发展。对于传统的零售业态,我国的超市行业在2013年开始遭遇严峻的经济环境,永辉超市也正是在这个时候开始探索组织变革之路,并果断采取了全员合伙制企业,永辉超市已经在连锁百强中占据第六位,而且保持着明显高于同行业的销售额和门店数量的增长率,说明永辉在实行的战略布局效果显著,抓住了机遇。

表8.3　2019年中国百强连锁超市TOP10

排名	企业名称	销售额（含税万元）	销售增长率（%）	门店总数（家）	门店增长率（%）
1	苏宁易购	37 874 000	12.5%	8 216	−25.7%
2	国美零售控股	12 764 600	−7.6%	2 602	22.6%
3	红星美凯龙	12 563 318	12.6%	428	19.2%
4	高鑫零售	10 186 800	0.5%	486	0.4%
5	华润万家	9 510 000	−6.1%	3 234	1.3%
6	永辉超市	9 315 003	21.3%	1 440	12.9%
7	沃尔玛	8 228 000	3.8%	442	0.2%
8	居然之家	8 111 000	14.2%	355	24.6%
9	中石化易捷	7 000 000	12.9%	27 600	1.5%
10	重庆（商社）	6 042 103	−10.7%	373	−9.7%

在传统零售行业，永辉超市最主要的对手还是传统的大型连锁超市。在永辉成立之初，外资超市强敌环伺，国内超市管理经验以及供应链效率明显低下，外资超市利用其强大的资本能力以及实行低价策略，使得我们本土超市陷入生存困境。在市场环境变化后，行业内竞争越来越激烈，永辉超市要想继续发展，不被同行竞争者淘汰，必须进行企业转型和组织变革，因此，永辉超市及时积极响应国家"农改超"政策，实施了"全员合伙制"，大大提高员工积极性，让员工参与到企业发展中去，人人都是老板，为企业注入了新鲜活力，极大提升了企业的竞争力。同时，永辉超市自成立初期就确定了以生鲜为特色的发展策略，赢得了独特的发展机遇。长期以来，永辉的生鲜营业收入占比非常高，2019年永辉与竞争对手生鲜营收占比如图8.10所示。

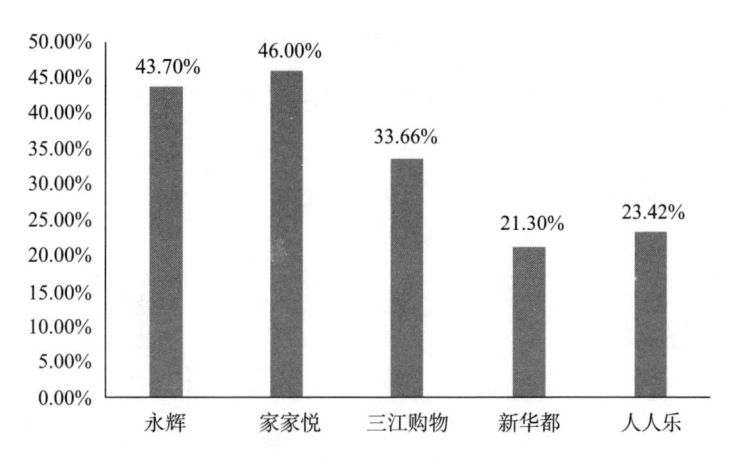

第八章 "全员合伙制"：永辉超市的组织变革之路

```
50.00%
45.00%  43.70%    46.00%
40.00%
35.00%              33.66%
30.00%
25.00%                      21.30%  23.42%
20.00%
15.00%
10.00%
 5.00%
 0.00%
        永辉    家家悦   三江购物  新华都   人人乐
```

图 8.10　2019 年永辉与竞争对手生鲜营收占比

2.山回路转不见君：潜在新进入者的威胁

大型连锁超市行业这个领域存在着较高的进入壁垒。对于大型连锁超市这个行业而言，要想在一个新的市场获得成功，规模以及由规模带来的各种成本、低价等优势是必要条件。大规模企业的刚性需求必然包括相当雄厚的资金。因此，大型连锁超市行业的市场进入门槛很高。但目前，出现了一系列的小而精的会员店和便利店分离了大型超市的部分业务，在这一背景下，永辉超市必须进行组织革新，而随着消费者生活品质的提升，对消费的要求越来越高，因此，永辉超市面临着更新服务和产品质量的问题。

3.此情无计可消除：来自替代品的压力

替代品是指那些与特定市场的产品有着同样功能的产品。相对于传统的零售超市而且，在现代社会，他们最主要的替代者就是电商。如天猫超市、京东超市等，随着他们的发展，线上超市的渗透率会逐步提升，有望达到 30% 的渗透率（见图 8.11）。这是切了传统超市的蛋糕，传统超市的客流量会明显地减少，传统超市的盈利会受到很大的影响，其市场份额未来可能会进一步减少。此外，在新冠肺炎疫情的影响下，社区团购电商如雨后春笋般异军突起，如兴盛优选、橙心优选、十荟团、美家买菜等，都可视作是永辉超市的替代品。未来的购买主力 80

后、90后的消费习惯逐步向线上交易转变，尽管永辉超市也成立了永辉生活等线上交易平台，但是从目前的成交额来看，并未占据市场优势。

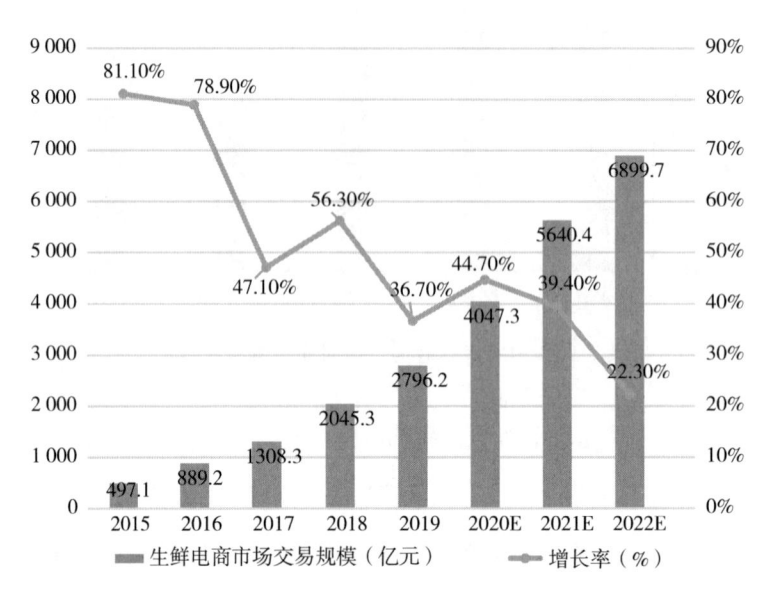

图8.11　2015—2022年中国生鲜电商市场交易规模

4.江枫渔火对愁眠：购买者的议价能力

顾客总是希望花较少的钱获得高质的产品，在这种情况下，行业内的竞争者竞争加剧，在成本维持不变的情况下，行业利润下降。购买者主要采用不断压低商品价格、要求生产者提高品质等方式，来影响行业内竞争者的盈利能力。现在很多电商平台为了抢夺市场，经常打出全网最低价的招牌来吸引消费者，消费者能够很方便地货比三家，这就大大提高了购买者的议价能力。永辉超市本身所具有的低价优势在议价能力方面具有一定的抵抗能力，全员合伙制的实施大大提升了员工的积极性，让员工明确是在为自己做事，他们愿意更好地服务消费者，这将成为永辉新的优势和特点。

5.天下英雄谁敌手：供应商的议价能力

如图 8.12 所示，供应商是零售企业的产品来源，供应商的议价能力会影响产品的竞争程度。永辉超市采用的是基地直采以及厂家直供的模式，与供应商之间保持了良好的沟通。供应商给买主提供的生产要素的重要程度，决定了供应商议价能力的强弱。永辉超市在省内供货渠道广，供应商之间争夺市场，议价能力弱；省外供应商具有较强的选择余地，议价能力强。但是总的来说，由于永辉超市对商品的品质要求非常高，他们的供应商并不是所有能够生产生鲜产品的农户或厂家，原材料对于永辉而言重要性很高，因此，永辉超市供应商的讨价还价能力高。

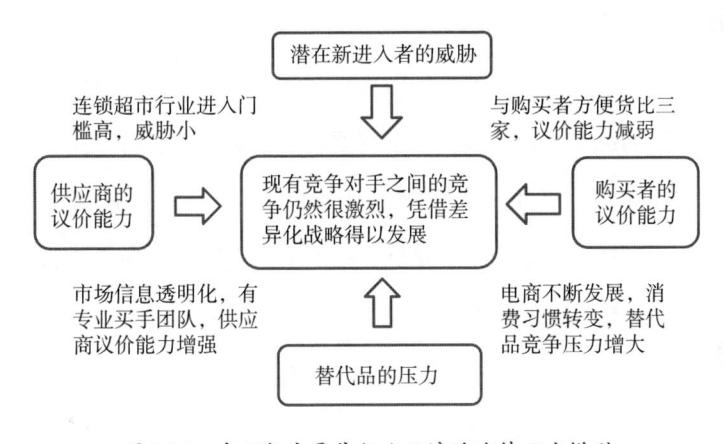

图 8.12 永辉超市零售行业环境的波特五力模型

（三）永辉超市SWOT分析

为了掌握永辉超市在行业发展中的地位，借助 SWOT 分析工具，从优势、劣势、机会及威胁等四个方面进行分析，为永辉超市发展战略指明方向，具体见图 8.13。

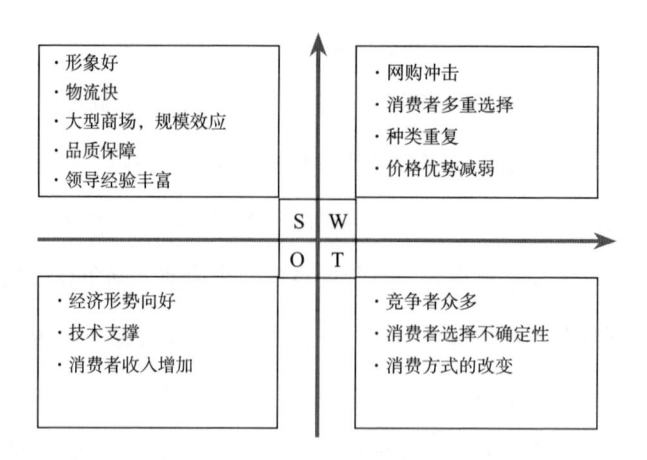

```
           ·形象好                    ·网购冲击
           ·物流快                    ·消费者多重选择
           ·大型商场,规模效应          ·种类重复
           ·品质保障                  ·价格优势减弱
           ·领导经验丰富
                            S │ W
                          ────┼────→
                            O │ T
           ·经济形势向好              ·竞争者众多
           ·技术支撑                  ·消费者选择不确定性
           ·消费者收入增加            ·消费方式的改变
```

图 8.13 永辉超市 SWOT 分析

1.花在杯中，月在杯中：优势

核心竞争力突出。永辉超市是国内首批将生鲜农产品引进现代超市之一，实现了"农改超"的运作方式，被国家七部委誉为中国"农改超"推广的典范，被百姓看作"民生超市、百姓永辉"，形成了自己"融合共享、成于至善"的企业文化，构建自己的核心竞争力：质量好、成本低的生鲜产品和广泛的生鲜物流渠道。永辉超市在大众的视角里就是品质好的代名词。

完善的物流体系。为了降低销售成本，提升市场竞争能力，永辉超市在全国建立了近百个物流配送中心。紧跟区域门店扩张的步伐，重视物流体系的建设和发展。大多数快速消费品供应商都缺乏全国基础设施，不能以低廉的成本连贯地为超市采购员提供标准化的定价、物流、销售和宣传支持。与此同时，永辉超市通过生鲜产品优势在新市场的快速扩张为其赢得了议价能力，能够从全国快速消费品供应商取得更低报价。

规模化商场经营。永辉非常注重门店的升级和体验。永辉超市的大店有红标店、绿标店，他们的合伙人机制不同，店面面积有 2 000、5 000、10 000 平方米三种模式。永辉超市正在一线城市中将原有的普通红标超市，升级成绿标 Bravo 精致超市。升级门店的同时，永辉还对标阿里旗下盒马生鲜，新开了主推全球优质食材（三文鱼、波士顿龙虾、澳洲牛肉等）的"超级物种"。

产品质量上乘。生鲜直采不但可以大幅降低产品的物流成本和产品价格，而且还可以保证产品的生鲜度，在价格和生鲜两个方面提供有效的支撑。生鲜直采模式可以大大提高生鲜产品的质量和新鲜度。生鲜直采的产业链需要多年的积累才会建立起来，建立之后具有排他性效应，属于核心竞争力。产业链有很强的规模优势，随着永辉大店和永辉 mini 店铺的大量增加，在成本和品质两个方面均具备巨大优势。

组织结构独树一帜。创始人张轩宁和张轩松兄弟俩之前的创业经历给永辉形成良好的管理经验，他们从基层做起，能够清晰了解宏观环境和微观环境的变化。永辉的全员合伙制度非常注重人才的培养。它会安排优秀的合伙人去轮岗，快速培养梯队管理干部，让人才裂变起来。优秀的制度激发了人性的巨大潜力。永辉的全员合伙制为员工提供了平台，帮助普通员工实现创业梦想，同时，也为员工提供了多种职业发展通道。

2.才下眉头，却上心头：劣势

线上、线下竞争激烈。随着互联网的发展，网络零售快速增长，消费者偏向线上的消费习惯使网络零售成为新的增长点。另外，会员店、便利店等小而精的超市会对超市零售业产生一定的影响，会从超市零售业进行分流，减少超市的客流量。目前，消费者可选择性越来越强，买方市场越来越明显，他们拥有更大的选择权，加之，这种快节奏的城市生活，让超市业发展举步维艰，超市必须要做出转型，满足消费者新的需求。另一方面，永辉在价格和销售模式上的优势并不明显。永辉超市产品种类虽然丰富但多与其他竞争者重复，且价格并非完全优势，永辉超市在市场竞争中的优势和亮点是产品齐全、品质好，供货渠道完整，生鲜产品应有尽有。但是，目前在一些小而精的超市也会出现一些生鲜产品，尽管他们可能能够供应的生鲜产品不全，但是他们能够满足消费者的一部分需求。并且，商品与一般生鲜超市大同小异，价格并非低廉特别明显，大多数顾客会以离家远近作为选择标准。

3.雁字回时，月满西楼：机会

经济水平日益增长，消费者的购买力稳步上升，在经济增长、技术水平提升的大环境下使得超市本身可以提供更能满足消费者需求的商品。经济形势向好，人们收入就会不断增加，从而对品质生活的要求越来越高，对生鲜产品的要求也越来越多，经济的发展让人们有了追求高质量生活的欲望和购买高品质产品的能力，经济是基础，经济收入的增加，自然会增强自身欲望，从而可以带动各行各业的发展，这是一个良性循环。技术的进步让人们追求的东西能够得到满足，在20世纪网络没有普及之前，人们是不可能在家里能够买到东西的，因此，技术进步也是永辉超市发展的一大机会，通过使用技术研发出的智能化设备大大减少工作量，节省不少的劳动力成本，省下的资金可以继续投入下一轮的研发，这又形成了一个良性循环。总之，经济形势的向好和科学技术的进步给永辉超市带来了大好的机会。我国人口众多，消费需求和缺口巨大。

4.寻寻觅觅，冷冷清清：威胁

同类竞争者多，竞争对手不止于同行业，便利商店也是竞争对手。目前，超市零售业欣欣向荣，华润世家、步步高、家乐福等连锁超市越来越多，它们对永辉超市的冲击不容小觑。同时，便利商店迅速发展，芙蓉兴盛等连锁便利店接连出现，对超市零售业带来了巨大的冲击。这些连锁便利店模式规范，产品齐全，更加便捷，能满足消费者的部分需求，同时，运营成本低，因此，商品价格相对更加的低廉，这给永辉超市这种以产品齐全，以服务到位，以价格低廉为特点和优势的超市带来了威胁。行业进入壁垒低，行业竞争十分激烈。

消费者的选择是最大的不确定因素。消费者选择机会增多，稍有疏忽就可能会遗失消费群。面对竞争如此激烈的市场，要想尽可能多地抢占市场份额是不太明智的选择，如今消费者的选择越来越多，他们可以尽可能多地进行比较，信息不对称反而越来越偏向消费者，消费者可以尽可能地去追求物美价廉，永辉超市已经不能明确知道消费者会如何选择，然而超市零售的一点点疏忽很可能会导致整个消费群体的遗失。

（四）小结

通过对永辉超市内外部环境以及自身条件进行分析，永辉超市目前发展形势明朗，自身优势明确且可持续。形象好是永辉的门面，物流快、品质保障是永辉的根本，经济形势好、技术支撑稳定为永辉保驾护航，但是永辉目前仍然存在一些问题，落后于电商步伐，消费者选择不确定性等。对永辉超市所在的宏观外部环境、所在行业发展环境以及永辉超市企业自身情况进行了具体分析，对永辉超市有了一个基本的判断。永辉超市表示未来将会推行线上、线下全渠道服务，布局云金融和云计算，打造云金融和云计算的生态价值圈，继续实施"全员合伙制"的经营模式，永辉超市不再把眼光局限于线下。未来的永辉超市是否能在线上市场创造辉煌呢？对标线上电商平台，永辉超市是否可以不再局限于做一家生鲜超市呢？永辉接下来还有很长的一段路要走，怎么进行组织变革才能顺应时代环境，实现它远大的目标呢？

三、山雨欲来风满楼——问题篇

莫看江面平如镜，要看水底万丈深。

永辉自 2000 年从福州发家，历经 20 年的发展。截至 2020 年，永辉超市经营收入达 848.77 亿元，员工人数超过 7 万人，占领中国 29 个省份，市场门店达 985 家。在生鲜超市行业永辉超越沃尔玛，与大润发决战千亿之巅。尽管在 2018 年遭遇负增长，但傲视群雄的净利润证明了永辉模式的成功，永辉"全员合伙"制度也为其他传统企业组织变革和转型升级起了良好的示范作用。在取得可喜成绩的同时，永辉的组织变革也面临着一些问题，如何让这种组织创新的效果更长久，实现企业的良性发展，是永辉下一步需要思考的问题。本章就永辉超市企业组织变革下面临的一些问题，作相应的分析，并以期通过这些问题的提出和示警，让永辉"全员合伙"制的未来更加灿烂辉煌。

（一）外部环境动态变化，线上销售竞争力薄弱

我国生鲜市场消费体量巨大，消费者对生鲜产品的需求较高。在移动支付的普及下，中国生鲜电商发展迅猛。生鲜电商行业渗透率同比增长173.7%，生鲜电商已逐渐成为消费者购买生鲜产品的主要渠道。面对如此强有力的竞争对手，线下生鲜超市的转型升级已经迫在眉睫[1]。2019年永辉超市营业总收入为848.77亿元，同比增长20.36%，在超市行业总体呈现负增长的趋势下，永辉超市的利润率却领跑整个行业，这与永辉超市的转型升级分不开。近几年，永辉超市引进阿米巴模式，推行永辉合伙人制度，抢先布局全产业链并逐渐领跑O2O零售行业。合伙人制度为永辉构建了更为扁平化的组织结构，并通过利润分成、协商合伙和股权激励等方式有效解决了永辉超市转型过程中的激励问题。然而，永辉超市线上运营新零售板块的永辉云创，在2019年的亏损达12.88亿元。在"合伙人"制度的管理模式下的永辉云创自创立以来持续亏损（表8.4），3年累计亏损近10亿元，严重影响永辉超市业绩。就云创业务的亏损，永辉超市在2018半年报中解释为"新业务需要培育"。2020年上半年，永辉云创营收为9.56亿元，净利润为5.53亿元。2020年1—5月，永辉云创转让蜀海（北京）供应链管理有限责任公司8.44%股权确认投资收益11.27亿元，该笔投资收益属于非经常性损益。2020年1—5月永辉云创归属于母公司股东的扣除非经营性损益的净利润为4.26亿元。

---

[1] 2018年移动互联网行业数据研究报告。

表 8.4　永辉云创营业收入和净利润

年份	2016 年	2017 年	2018 年	2019 年	2020 年上半年
营业收入（亿元）	0.48	5.66	21.78	28.58	9.56
净利润（亿元）	−1.16	−2.67	−9.78	−12.88	5.53

（二）内部"小团体"式组织模式，团队凝聚力不够

永辉超市实行了"全员合伙"制，覆盖人群广泛，以门店为单元，基本覆盖全员，实现了"大公司、小组织"的架构，各个小组都以合伙人的模式来运作，与经典的阿米巴经营模式不完全一样，永辉超市"全员合伙"制基本思路是将永辉转变成一个支持小团队创业的平台，鼓励员工为自己工作、为自己创业，以自我竞争、自我发展为导向，帮助普通员工实现创业梦想，同时，也为员工提供了多种职业发展通道。根据永辉模式采用的"小店—大店—区域"的构架，如图8.14，蔬菜小店和干货小店是两个不同的经营单元，各个经营单元相互之间不交叉，营运和采购也是各司其职。在这种若干个经营单位组成的店中，员工按部就班地完成本组任务，对门店销售达成率和利润达成率的完成起到积极作用。但是，在同一个超市内有不同品牌的产品，负责不同品牌销售的员工之间存在竞争关系，会为了提高自己的业绩相互拆台，影响员工之间的关系，容易形成小团体，这种小团体的存在影响了管理效率。根据相关报道，消费者在永辉超市购物线下体验较差，超市一线员工因为业绩达标等原因对消费者进行围追堵截，存在不同经营单元的员工为招揽顾客当面吵架，引起消费者反感。在当前新零售线上、线下全渠道布局的竞争环境下，永辉一线员工团队中存在的非正式组织负面影响大，不利于面对激烈的市场竞争。

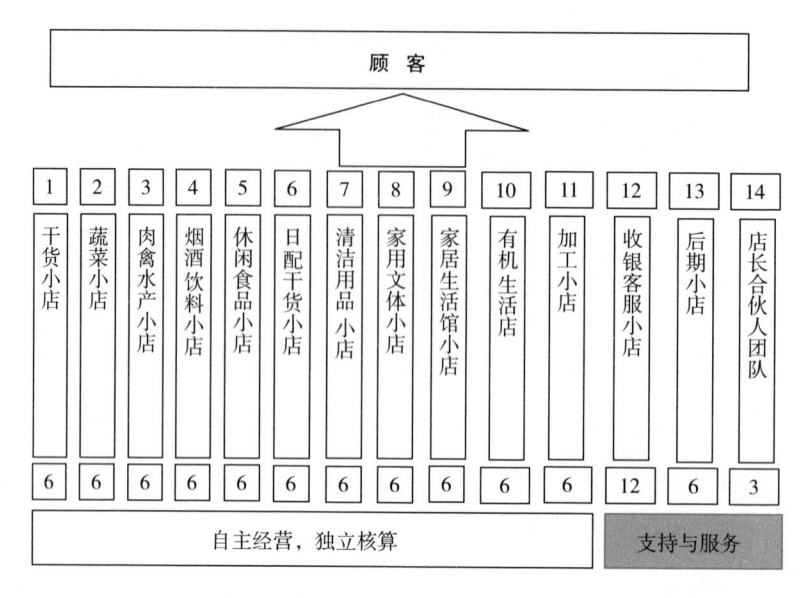

```
                              顾 客
     ┌─────────────────────────────────────────────────┐
     └─────────────────────┬───────────────────────────┘
                           ▲
  1   2   3   4   5   6   7   8   9   10  11  12  13  14
 ┌─┐ ┌─┐ ┌─┐ ┌─┐ ┌─┐ ┌─┐ ┌─┐ ┌─┐ ┌─┐ ┌──┐ ┌──┐ ┌──┐ ┌──┐ ┌──┐
 干  蔬  肉  烟  休  日  清  家  家  有   加   收   后   店
 货  菜  禽  酒  闲  配  洁  用  居  机   工   银   期   长
 小  小  水  饮  食  干  用  文  生  生   小   客   小   合
 店  店  产  料  品  货  品  体  活  活   店   服   店   伙
         小  小  小  小  小  小  馆       店   小        人
         店  店  店  店  店  店  小       店             团
                              店                        队
 6   6   6   6   6   6   6   6   6   6    6    12   6    3

       自主经营，独立核算                      支持与服务
```

图 8.14 永辉超市"全员合伙"制的经营单元

从组织架构方面，永辉合伙人制度改革赋予了各团队，也就是重新划分的基本业务单元更大的自主权，这就意味着业务单元上层的管理权限被削弱，在永辉，表现为店长的角色转变为品类教练。各类业务单元上层的专业管理条线，比如原来的生鲜事业部、食品事业部权力弱化。这原本是改革的本意，即弱化管理，扩大自主权，实现自我组织、自我迭代，但反过来看，不同专业条线之间的协调将变得更为困难，因为原本由在垂直管理体系下比较容易实现的跨部门协调如今要由无数个小团队来分散进行。极端的情况，就是整个公司变成一个个体户的大杂烩，形成一个共治社会，在一些内部的"公共性"问题上决策将变得很缓慢。

（三）"赛马"机制存在短板，长期执行难以持续

永辉"赛马"机制成为绩效评比的重要方式，一个赛马群中的同级别合伙人讨论设定本月赛马指标。"赛马"机制让合伙人更快速地成长，但末位淘汰是否真的能够"去粗取精"？我们仍需要打问号。营造过于残酷的氛围，不符合现代

人本管理思想，可能导致优秀员工流失。在长期强烈竞争氛围下，可能导致优秀员工的身心疲惫，使他们失去工作和生活的平衡，忽视员工的长远发展和潜力发挥。永辉超市优秀员工在目睹绩效考核末端10%的团队成员遭到淘汰，而这些成员可能恰恰是团队的"活宝"和"黏胶"时，当这些"末位"走了之后，整个团队的气氛不良，导致绩效优秀的员工感受到无趣和不适，而产生走人的想法。"赛马"机制主张通过内部员工的竞争从而激烈竞争，员工外在的环境是紧张的，在这种环境下员工的心理压力很大，各门店同事关系也很紧张，团队精神差，必然导致职能部门的非增值活动的增加。另一方面，"赛马"机制的持续使用有可能对企业的总体绩效造成损失。几年淘汰下来之后，留下的优秀员工之间的距离可能已经很小，前10%和后10%员工的绩效几乎无显著差异，如果继续淘汰，有可能造成在市场上找不到比淘汰掉的员工更优秀人才的问题。每一个在团队中工作的员工，都有某一方面的专长，当团队出现什么方面的问题时应该找谁解决，谁能找到资源，谁具有专业知识，都是有目共睹的。如果其中的团队成员不断被淘汰，那么，他带走的就不仅是他自己的专长和资讯，而将造成整个团队部分记忆的缺失，进而影响团队的工作氛围和工作绩效。

（四）业绩增长趋于平缓，后续激励动力不足

收益分配风险主要表现在两个方面：一方面实行低股利分配政策会抑制股东的积极性；另一方面高股利的分配政策会影响企业偿还债务的能力，再生产能力。永辉超市以发放现金股利为主，这种方式虽然让股东、债权人和广大投资者获得收益，从而对企业未来的发展充满信心。但是从表8.5中可以看出，永辉超市近几年的股利支付率上升明显，尤其是在2015年和2018年股利分配的金额超出了净利润，这不仅会加速企业的现金流出，而且会让企业留存的自有资金减少，而事实上企业的盈余公积增长率也确实在逐年下降。

表 8.5　永辉超市 2015—2019 年与收益分配风险相关的指标情况

项目	2015 年	2016 年	2017 年	2018 年	2019 年
股利支付率（%）	101.68	94.62	83.73	105.55	85.15
盈余公积增长率（%）	34.8	30.37	31.06	17.42	28.77

如表 8.6 所示，过多的股利分配会影响到企业自有资金的留存，限制企业的发展。如 2018 年净利润共 9.974 亿元，但现金分红总额达到了 10.528 亿元，对于正处于扩张阶段的永辉超市来说，过多股利分配无疑会加重企业的负担。

表 8.6　永辉超市分红明细表

年份（年）	净利润（亿元）	现金分红总额（亿元）
2014	8.527	4.881
2015	6.001	6.101
2016	12.137	11.485
2017	16.847	14.106
2018	9.974	10.528
2019	15.637	13.315

根据弗鲁姆于 1964 年在《工作与激励》中提出来的期望理论：激动力＝期望值×效价。效价是指达到目标对于满足个人需要的价值，期望值是人们根据过去经验判断自己达到某种目标或满足需要的可能性是大还是小，即能够达到目标的主观概率。这种需要与目标之间的关系用过程模式表示即："个人努力→个人成绩（绩效）→组织奖励（报酬）→个人需要"。通过"全员合伙制"的实行，员工通过个人努力以及与团队协作，达到门店分红条件，从店长、店助、经理到员工都根据对应职别和对应分配系数以及出勤系数获得相应的奖金，门店目标的超额达成除了业绩提升之外，员工最大的收获是有了"主人翁"意识，作为永辉人，身上的责任自然而然更加艰巨，但员工愿意承担这份重担，并且从中收获了精神上和物质上的双重回报。但永辉超市近五年营业收入和净利润的增长趋势从激增到逐渐持平（见图 8.15），员工后续的奖金绩效因此受到影响。在这种情况下，当员工通过经验判断自己达成目标值的可能性不大时，会影响"全员合伙

制"的激励目的,对管理绩效产生影响,后续的激励力如何持续是"永辉模式"需要思考的问题。

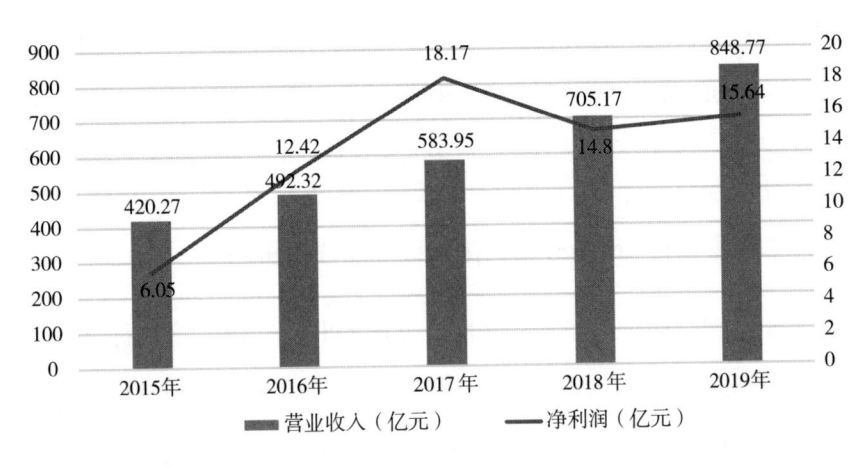

图 8.15 永辉超市 2015—2019 年营业收入与净利润

(五)小结

永辉超市通过合伙人制核心的组织变革,打破垂直的组织架构,使合伙人制度的价值在永辉新孵化的业务板块中体现得淋漓尽致,取得非比寻常的效果。但在激烈的线上电商竞争中,企业出现了外部环境动态变化与组织变革速度不匹配、"全员合伙"制度下带来内部环境变化等一系列问题,还需要去思考如何进一步的完善,望永辉保持王者风范的同时,保持砥砺前行的态度。

四、世上今人胜古人——对策篇

千淘万漉虽辛苦,吹尽狂沙始到金。

永辉超市的价值观中包含了"服务我们的顾客、照顾我们的员工、善待我们的供应商、回报我们的股东"的理念,永辉模式从各项指标分析都取得了巨大的成功，甚至一度成为生鲜零售超市的行业标杆，但不可否认的是"全员合伙"在各大媒体的狂欢下确实存在了许多问题，如何在扶摇直上的巨大利润面前保持冷静，静下心来思考当前模式仍然有所欠缺的地方，是永辉人需要走的下一步路，本章就提出来的问题进行相应的剖析，提出几点建议，以期永辉能在未来线上线下全渠道布局、云商和云金融、云计算多元化发展中走出自己的永远辉煌。

（一）存量管理+市场分割，提升线上销售竞争力

未找到可实现盈利的商业模式之前，切忌盲目扩张规模。实体行业除了扩大流量的获取渠道，还可以对存量市场进行深耕。永辉超市可以通过自身优势，对已获取的流量进行深入挖掘。例如，以消费者需求为中心，通过场景化的打造，从场景化陈列到融入更多体验性元素，满足消费者的消费需求。还可以从商品的多样性和质量上入手，通过现有实体门店的改造，提高消费者的黏性。实体行业可以将基础打牢后，再进行战略性的扩张，这种从存量市场延伸到流量获取市场的方式更有利于实体行业实现稳步发展。

加强自身存量实体市场管理优势，补足线上技术弱势，分割电商手中的主导权。在消费升级的大背景下，新零售得以快速崛起。庞大的市场自然会引来众多势力的追逐，实体行业想要在激烈的竞争中拔得头筹，需要掌握一定的主导权。实体行业的优势在于真实体验带来的消费信任，以及不断升级后形成的完整产业链，通过将传统门店进行改造，赋能更多的场景体验功能，并创造出具备社交、教育等功能的第三方空间。在加强自身优势的基础上，对大数据、人工智能等技术进行掌握并深入研究技术改造，比如优化和升级公司的官方网站，利用信息平台和上下游资源，提升顾客和供应商的黏性，搭建公司内部与外部线上沟通和销售的渠道，通过自身实力的增强，在与电商合作中掌握一定的话语权。

（二）企业文化+人才培养，增强团体凝聚力

建设良好开放的企业文化，塑造踏实卓越的企业形象。首先，可以通过组织员工活动和培训，打通员工"营销+管理"双序列职业发展渠道，重视企业的薪酬福利管理，提高员工对公司的认同感，调动员工工作积极性。其次，永辉超市应该动态推进完善企业文化制度建设，注重企业文化创新性，担当社会责任，比如组织员工生日会，评选明星合伙人团队，开展精准扶贫等。

建立健全人力招聘机制，注意人才梯队分层培养。首先，对于中高层的培训，永辉创立的"永辉微学院"已经有一定经验，但是现在门店扩张迅速，一线员工团队逐步增长，因此对于基层团体的培养是当务之急，可以由公司出资组织系统性的培养计划，比如先进基层员工传帮带，聘请外部专业培训机构，对基层优秀管理者合理放权等，优先提升公司内部的员工，降低招聘成本，提升员工忠诚度。其次，对于人员流失可通过外部招聘补充，适当加大招聘投入，对于基层员工的招聘，一般可以选择当地的电视和报纸招聘；对于知识型员工和中层管理人员，可以选择人才市场和网上招聘；对于公司需要的专业技术人才和高级管理者，可以选择资质和信誉较好的猎头公司进行招聘。加强人才储备，设置合理的薪酬待遇，增强团队凝聚力。

（三）灵活退出+合理补偿，补足"赛马"机制短板

永辉目前采用的是 OP 合伙人模式不承担企业风险，但担当经营责任；建议优化管理机制，根据价值进行多次利益分配；对于业绩长期不达标或超额完成的员工，分别采取灵活退出、晋级制度，并对末位淘汰的员工给予一定资金形式的合理补偿。设置合伙人门店奖金包，联通各职级和工组按比例收益分成，建议永辉在品类、柜台、部门达到基础设定的毛利额或利润额后，由企业和员工进行收益分成。在分成比例方面，都是可以根据市场动态沟通、讨论的，合理适当放

权，对于部门、柜台、品类等的人员招聘、解雇都是由员工组的所有成员决定的。这也就避免了各部门员工劳动任务分配不均衡的情况，极大地降低了企业的管理成本。合伙人收益规则为：出钱——投资（保底收益、投资收益、投资份数、预设价值）；出力——贡献（增值分配、价值衡量、二次分配、贡献价值）。

保持公开性，增加参与度，对于门店目前所处的运行环境，所面临的困难与机遇等，要开诚布公，组织上下形成共识，增强变革的紧迫感，扩大对变革的支持力量，使组织变革有广泛而牢固的群众基础。也要让员工能够参与变革的讨论和设计，发表自己的意见和建议，表达自己的担心和信心，了解组织面临的机遇与挑战，认识变革的意义和重要性，从而降低他们对组织变革的心理抵制，推动变革的顺利进行。

（四）活动促销+制度优化，突破利润瓶颈期

企业应积极组织促销活动和提升员工参与度，提高客流量或客单价。超市业绩的达成＝客流量×客单价，所以要想提高业绩，就有两种办法，一是增加客流量，二是提高客单价。首先，最直接的方法是升级超市商品定位，大力推行买赠促销、限时发售和抽奖等活动；其次，提升超市商品定位，比如适当采购畅销的进口商品，提升售价，充分进行会员制管理，联通会员卡和线上商城进行积分兑换等活动；最后，促销活动中可采用关联销售、组合包装，比如赠送折扣优惠券、互补型商品组合陈列包装等。

图 8.16 一线员工的员工激励契合分析模型

优化创新型"合伙人"制度。根据收集数据和访谈信息，永辉超市近几年开始实施创新型"合伙人"制度，创新员工激励模式，积极探索解决超市一线员工的高流动性难题。图 8.16 所展示的是目前永辉超市合伙人制度的模型框架，建议永辉可以优化管理模式，引入创新型"合伙人"制度。

首先，这是一种分红制度，永辉一线员工合伙人有别于其他公司的合伙人制度，这些合伙人并不享有公司股权、股票，而只有分红权，相当于总部和合伙人门店团队增量利润的再分配。其次，这又是一种激励机制，永辉"合伙制"有别于常规的绩效考核制度，对一线员工实行"合伙人"制度，将部分经营业绩直接和员工联系在一起，增加了员工的薪酬，调整了员工的工作态度，带来的是果蔬等商品损耗成本的节约，以及消费者更多的购买量，同时，定期评选优秀合伙人晋升为高级合伙人。最后，对于专业买手采用股权激励，建立推行"公司＋农户"订单式合作模式，在农户当地建立专业化种植基地，进行规模化、品牌化发展。保证买手团队的稳定性，进而提升与当地农户的复购率和议价能力，综合提升超市核心竞争力。

在财务制度方面，首先应合理调整融资方式。永辉超市应采取以股权融资为主，债务融资为辅，坚持两种融资方式相结合的原则。当企业面临现金短缺等问题时，可采取债权融资的方式解决，比如银行借款、发行公司债券等；当企业需要进行长期的项目投资时，可采取股权融资的筹资战略，比如发行股票、配股、债转股等。合理调整融资方式比例，股权融资和债权融资相结合，有助于提高永辉超市的资金使用率，优化企业资本结构。其次建议选择适当的股利分配比例，确定稳定的股利分配率，降低企业过度分配现金股利的资金流动性风险。

（五）小结

基于目前永辉超市发展中主要存在的四个方面问题，本章从技术升级改造、完善人力机制、补充制度短板和优化创新模式四个角度进行剖析和解决，以期永辉超市在员工、企业和国家层面都能相应实现价值创造，在蓬勃发展的商业社会中，创造自身的经济效益和社会效益。

五、直挂云帆济沧海——愿景篇[①]

大鹏一日同风起，扶摇直上九万里。

2020年恰好是永辉超市成立的第20个年头。纵观永辉20年发展，离不开"善观时变、顺势而为"，更离不开大刀阔斧的全国门店布局和核心竞争力打造。截至2020年底，永辉超市在全国已开业门店1017家，覆盖全国29个省份。[②]永辉超市作为负有社会责任感的上市企业，更会切实履行着社会责任，把共同利益高于一切作为企业精神，把发展经济和履行社会责任有机统一起来，把承担相应的经济、环境和社会责任作为自觉行为，把企业社会责任作为提高竞争力的基础，为国家与社会的发展贡献自己的一份力量。

（一）大鹏一日同风起——使命

帮助企业实现价值创造。永辉以自身的企业文化作为发展理念，在打破传统雇佣观念的同时，创新运用合伙人制度，开创独具特色的全员合伙制，解决一线员工效率低下的问题，提高员工工作积极性，提高企业运营效率，同时，推动组织结构转型升级，助力企业价值成长。

帮助员工实现价值创造。永辉以平等共享共创的管理思维为员工提供成长空间，一方面，在通过分红赛马机制提高员工收益的同时，深度挖掘员工潜力，实

---

① 本案例分析研究由龙云、王曦老师指导，研究人员有余红蕾、曹宝燕、张锦源、邓林飞、邓伟、杜源、杨敏、杨湘粤、肖婕，荣获湖南省第六届高校MBA企业案例大赛三等奖。
② 36氪.永辉超市2020年全年营收超931亿元,2021年一季度净利下降98%[EB/OL].（2021-04-30）[2023-05-01].https://baijiahao.baidu.com/s?id=1698420040025908752&wfr=spider&for=pc.

现自我能力的提升；另一方面，通过共享创业平台的模式，为员工提供创业机会，成为"经营者"，实现个人才华的展现，获得他人的认同，提高个人存在感，提高员工福利及满意度、幸福感。

帮助国家实现实体经济增长。永辉作为一家有良心的企业，积极承担企业社会责任，为经济增长做贡献，以创新发展、专注产品品质锤炼、匠心打造企业自身品牌，不断提升企业在市场上的核心竞争力。以永辉超市长远发展为出发点，站在国际市场竞争的前沿。结合永辉自身发展现状，把握时间节点，勇立潮头，迎接挑战，不断变革永辉来确保未来经济高质量发展。

（二）扶摇直上九万里——展望

永辉不仅是创业者的，也是全体员工的，将来是社会公众的公司；永辉门店建在社区，永辉员工来自社区，永辉服务社区顾客；永辉是员工、顾客、供应商和股东共同发展的平台；永辉超市将进行多元化经营的战略布局，通过线上线下全渠道布局零售生鲜，通过云金融和云计算结合云商，打造属于永辉的生态价值网，同时，走出国门，迎接海外新挑战，打造有国际竞争力的"零售航母"。永辉追求建立良性互动的社会关系，让全社会关心和支持永辉的发展，使永辉通过发展更好地回馈社会，凭借助当前战略布局的好风，直上青云！

第九章 华新水泥绿色高质量发展之路

一、回顾篇

不啻微芒，造炬成阳。

大道如砥，行者无疆。

近20年来，华新水泥发生了翻天覆地的变化，在中国水泥年产量均复合增长率为7.5%的背景下，华新主要经济指标年均复合增长率连续20年保持25%，华新也从一家地方性水泥工厂，发展成为在全国十余个省、市及海外拥有270余家分子公司，涉足水泥、混凝土、骨料、环保、装备制造及工程、新型建筑材料等领域全产业链一体化发展的全球化建材集团，名列中国制造业500强和财富中国500强（净资产收益率位居第10位）。2021年，在"中国500最具价值品牌"榜单中，华新水泥以702.69亿元的品牌价值位列第80位。

（一）企业发展历程

1.公司概况：中国水泥工业的摇篮

华新水泥起源于清末洋务派1907年创办的湖北水泥厂，被誉为"中国水泥工业的摇篮"，至今已有超过110年水泥业务经营历史，成为"中国500最具价值品牌"百强的大型企业集团。公司始终坚持管理和技术创新、科学发展，一直为中国建材行业内具有重要影响力的企业集团之一。2020年，公司为中国制造业500强和财富中国500强企业，资信评级为"AAA"级。20世纪50年代北京的十大建筑、北京亚运村、葛洲坝、京珠高速公路，长江中下游数十座公路和铁路大桥、举世瞩目的三峡工程等国家重点工程，均选用华新水泥。

2.发展沿革：规模扩张与技术创新双轮驱动

如图9.1所示，公司前身湖北水泥厂于1907年创办，之后在湖南、云南等地几经辗转，抗日战争结束后回到湖北黄石更名为"华新水泥厂"；1994年以A、B股同时在上交所上市，在资本市场支持下开始业务版图的扩张；1999年与Holcim建立战略伙伴关系；2002年走出黄石在宜昌建厂；2005年开始拓展混凝土、骨料和环保等业务；2012年在塔吉克斯坦建立水泥建厂，成为中国水泥行业"走出去"的先锋；2016年与大股东拉法基豪瑞的中国区全面整合，收购其位于西南地区的15条水泥产线；2020年总部黄石的产能置换完成，新万吨线投产。

在技术路线上，华新水泥从最初创立时引进德国干法旋窑，到引进美国湿法旋窑，再到20世纪60年代创立湿法"华新型窑"名扬国内外、20世纪90年代吸收国际最新技术转向新型干法使单厂生产能力跃居全国第一，公司坚持在主营业务上采用最新技术提高生产效率与质量。"十一五"以来，公司致力于在水泥窑协同处置废弃物等环保技术领域攻关，近年来逐步打造"华新制造"的数字一体化平台、工业智能化平台和商业智能化平台，加速企业数字化转型，体现出华新水泥以新技术为核心，积极探索传统产业升级转型的道路。

华新水泥发展历程与技术路线更迭

1907 前身由清政府洋务派官督商办湖北水泥厂成立，1909大冶湖北水泥厂引进两条德国日产200吨干法

1946 抗战胜利后迁回湖北黄石，更名为华新水泥厂；1949年华新大冶水泥厂在黄石投产，引进美国湿法旋窑生产线

1960 华新对湿法水泥生产工艺和技术进行了消化吸收和改进，形成名扬国内外的华新型窑

1993 股份制改造，成立华新水泥股份有限公司；华新水泥A、B股在上海证交所上市

1999 华新与Holcim建立战略合作伙伴关系；消化和吸收了国际最新技术的华新5号窑投产，华新水泥单厂生产能力跃升全国第一

2000 华新走出黄石，在宜昌建厂；华新开始向混凝土、骨料、环保等业务拓展

2006 "十一五"以来，自主研发的各类核心发明专利和实用新型发明专利为华新实现环保转型提供有力支撑

2012 华新走出国门，开始建设第一个海外水泥项目（塔吉克斯坦亚湾项目）

2016 与拉豪中国区全面整合，收购其位于云南/重庆/贵州的15家水泥厂

2020 黄石产能置换完成，新万吨线投产；公布B股转H股方案，打造公司国际化的融资平台，助力海外发展

2021 逐步打造"华新制造"的数字一体化平台，工业智能化平台和商业智能化平台，加速企业数字化转型

资料来源：华新水泥公司年报、官网

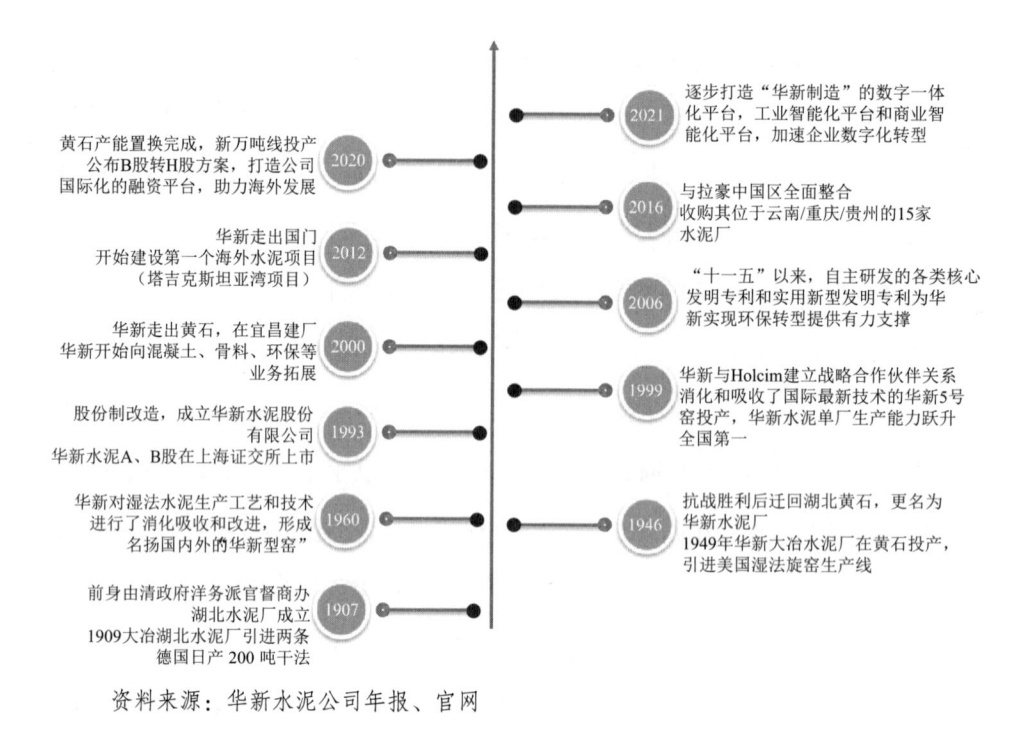

图 9.1 华新水泥发展历程与技术路线更迭

3. 版图扩张："十字形"布局成形，海外进军脚步加快

华新水泥年报显示，截至2021年底，公司在全国和海外总共拥有270余家分子公司，具备水泥产能为每年1.16亿吨（粉磨能力，含联营企业产能）、水泥设备制造年产5万吨、商品混凝土年产4380万方、骨料年产1.54亿吨、综合环保墙材年产5.4亿块、加气混凝土产品（砖、板）年产85万方、砂浆年产30万吨、超高性能混凝土年产4万方、民用幕墙挂板年产80万平方米、工业防腐瓦板年产300万平方米、石灰年产69万吨、水泥包装袋每年生产7亿只及废弃物处置年产量553万吨（含在建）的总体产能。

2021年，水泥业务收入占公司营业收入总额的79%，在公司的所有业务中居主导地位，但非水泥业务也在稳步提升。公司国内西南地区、华中、华东和华南地区以及"一带一路"沿线国家及非洲建立了水泥生产网络。截至2021年底，

公司国内水泥生产基地分布于湖北、湖南、云南、重庆、四川、贵州、西藏、广东及河南，在华中地区具备优势地位并成为西南地区的主要从业者。作为首批走出去的中国水泥企业之一，公司已在中亚、东南亚及非洲的其中八个国家实现产能扩张，尤其是在中亚，公司已成为当地水泥市场的领军者，截至2021年底，公司海外水泥粉磨产能达到每年1083万吨。

（二）企业成功秘诀

1.百年品牌老店，产品质量上乘

华新水泥创办于1907年，至今已有超过110年水泥业务经营历史，被誉为"中国水泥工业的摇篮"，为"中国500最具价值品牌"百强的大型企业集团。公司拥有"华新堡垒"中国驰名商标，商号和品牌在业内享有很高的知名度与认同度。同时，公司为全国"质量标杆"企业之一，是国内水泥行业中首家通过GB/T19001—ISO9001质量体系认证的企业，生产的全部15个水泥品种均为国家首批质量免检产品，水泥产品在全国水泥质量评比中始终名列前茅。在人民大会堂、武汉长江大桥、京珠高速公路、青藏铁路、三峡大坝等众多国家标志性建筑及特大型工程项目中，公司的水泥产品赢得了广泛赞誉。

2.稳定水泥业务，促进产业协同

华新水泥拓宽"赛道"，加速布局非水泥业务，实现以水泥业务为依托，骨料、混凝土、环保墙材、新型建材、环保协同处置、包装等业务蓬勃发展的产业链一体化转型发展[①]。2017—2020年，公司水泥板块的水泥与商品熟料营收贡献均在80%以上，支柱地位显著，在所有业务中居主导地位。同时，华新水泥是中国水泥行业第一家建设规模化、环保化骨料工厂的企业，经过十多年的摸索与扩张，骨料业务规模大幅提升，产能分布于湖北、云南、重庆、湖南、四川、贵州及西藏。其中，华新水泥2018—2021年产品营收见图9.2。

---

① 张帆.华新非水泥主业加速[J].支点，2022（5）：70-71.

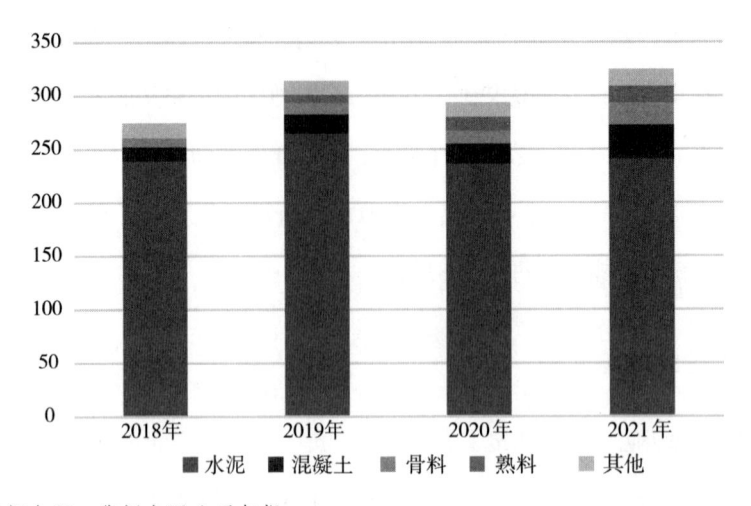

数据来源：华新水泥公司年报

图 9.2　华新水泥 2018—2021 年产品营业收入（单位：亿元）

3. 海外市场领先，区域扩张迅猛

华新水泥海外水泥与熟料产线现状如表 9.1 所示，2012 年在塔吉克斯坦建立水泥厂，并于 2013 年投入生产，成为我国水泥工业产能输出的第一家企业。公司已经在"一带一路"倡议下与非洲的 7 个国家拥有 7 条熟料产线与 1 个粉磨站，年产能由 100 万吨扩张到 2020 年底的近 700 万吨。目前我国水泥企业在海外年产能规模能达到 200 万吨以上的除华新水泥外仅海螺水泥、红狮水泥两家，2020 年华新水泥公司海外投产规模排名第二，海外产能占据公司总产能的 9.6%，海外收入在整体营收中贡献比例为 7%，是我国水泥企业中最高的一家。国际水泥巨头（如拉法基豪瑞）在欧洲业务收入仅占不到三分之一，在我国"一带一路"倡议与产能输出援建非洲的趋势叠加下，预期华新水泥海外业务有增长空间。

表 9.1 华新水泥海外水泥与熟料产线现状

状态	国家	企业名称	企业类型	熟料线产能（吨/日）	投产时间	备注
投入运营	柬埔寨	柬埔寨卓雷丁水泥有限公司	旋窑企业	3 400	2014/8/1	—
	塔吉克斯坦	华新水泥塔吉克斯坦索格特水泥有限	旋窑企业	3 400	2016/3/23	—
	塔吉克斯坦	华新亚湾水泥有限公司	旋窑企业	3 400	2013/8/29	—
	乌兹别克斯坦	华新水泥（吉扎克）有限责任公司	旋窑企业	5 000	2020/6/28	一期，已投产
	吉尔吉斯斯坦	华新吉尔吉斯斯坦南方水泥有限公司	旋窑企业	2 600	2019/12 接管	—
	坦桑尼亚	马文尼石灰石有限公司	旋窑企业	4 000	2020/6/28	20年并购后升级改造
	赞比亚	拉法基赞比亚水泥厂	旋窑企业	5 000	—	2021/6/12 公告收购
	马拉维	拉法基水泥马拉维公司	粉磨站	—	—	2021/6/12 公告收购
规划建设	尼泊尔	华新纳拉亚尼水泥有限公司	旋窑企业	2 800	2021年	在建
	坦桑尼亚	坦桑尼亚粉磨站项目	粉磨站	—	2021年	在建
	乌兹别克斯坦	华新水泥（吉扎克）有限责任公司	旋窑企业	5 000	—	二期，拟建

资料来源：华新水泥年报、公告，中信证券研究部

4.顺应时代潮流，紧跟国家政策

在国家高质量发展、绿色发展要求下，尤其是"十四五"时期节能减排，成了水泥企业的重要任务和重大考验。面对挑战华新水泥迎难而上，与湖南大学联合研发世界首条"水泥窑烟气CO_2吸碳制砖自动化生产线"在华新武穴工业园成功投产运行，为我国水泥行业CO_2利用开辟了新途径。此外，华新水泥在合适的时机把握机遇，沿"一带一路"相关国家进行布局，积极采用新建、并购、扩增等方式推进水泥业务，有效缓解国内产能过剩问题。在我国"一带一路"倡议与

产能输出援建非洲的趋势叠加下，未来华新水泥海外业务增长空间大[①]。

（三）企业发展新机

到"十三五"期间，华新水泥实现了三方面的成就，一是装备工程与研发实力不断提升，建立了国家级企业技术中心。二是创新开发出符合中国国情的分类固体废弃物生态化预处理技术，并与水泥生产相结合，构成水泥窑协同处置系列技术。三是结合水泥工业与现代数字化技术，华新水泥构建了水泥行业唯一的覆盖业务全流程的数字化管理系统和平台。在2019年底，华新水泥的发展已经达到了一个高峰，未来该如何继续增长，既是公司面临的挑战，也是登上另一个事业高峰的机遇，华新水泥制定"十四五"规划战略的原因见图9.3。

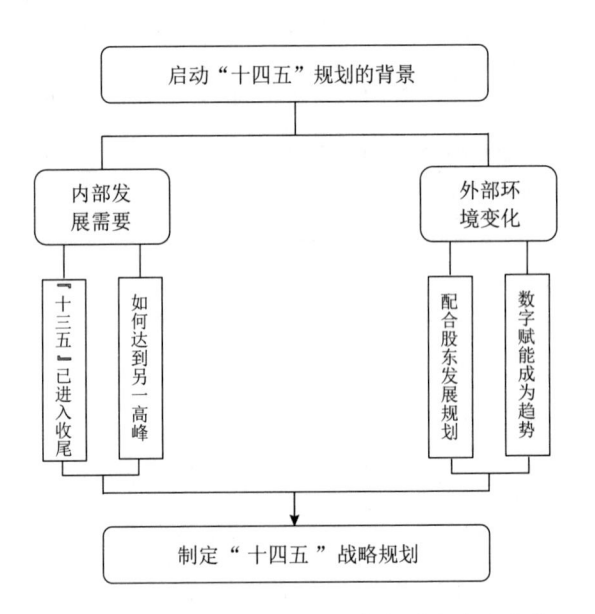

图9.3 华新水泥制定"十四五"规划战略的原因

并且从外部环境来看，华新水泥的第一大股东拉豪制定了其五年发展规划，作为拉豪集团的重要成员，华新需要制定相应的战略目标支撑集团的发展。第二

---

① 徐细勇，王达政，柯兵，等."一带一路"下华新水泥的竞争战略研究［J］.价值工程，2016(17)：37-40.

大股东国资委也要求下属投资企业与国家的五年规划相配合。除此之外，人工智能、区块链、云计算、大数据等技术的发展，成为当前企业发展所处的重要环境。为了应对外部环境变化，华新水泥也需要对战略进行调整。

二、环境篇

百舸争流，奋楫者先。
千帆竞发，勇进者胜。

2021年是"十四五"开局之年，也是我国"双碳"行动的元年。在面对水泥行业产能过剩、环保低碳加码、能源供应紧张等诸多挑战、需求和供给均出现大幅波动的复杂严峻形势下，公司锚定五年业绩倍增计划，坚持绿色低碳发展。华新水泥要想实现"十四五"的规划战略目标，达到600亿元的营业收入并成为具有全产业链竞争优势的国际化环保和建材企业，需要立足于企业自身发展以及对内外部环境进行分析，探寻实现其战略目标的实施路径。

（一）水泥行业宏观环境分析

为了掌握水泥行业宏观环境情况，借助PEST分析工具，从政策、经济、社会及技术等四个方面分析水泥行业的宏观发展环境，为华新水泥寻求发展机遇提供指导。具体见图9.4。

```
        政策                              经济
  ①绿色革新推动转型升级              ①行业经济效益实现增长
  ②减排政策倒逼技术进步              ②产能过剩问题依旧凸显

        社会                              技术
  ①新阶段城镇化增速换挡              ①科技创新能力不断增强
  ②基建发挥经济托底作用              ②CCUS产业链逐渐完善
```

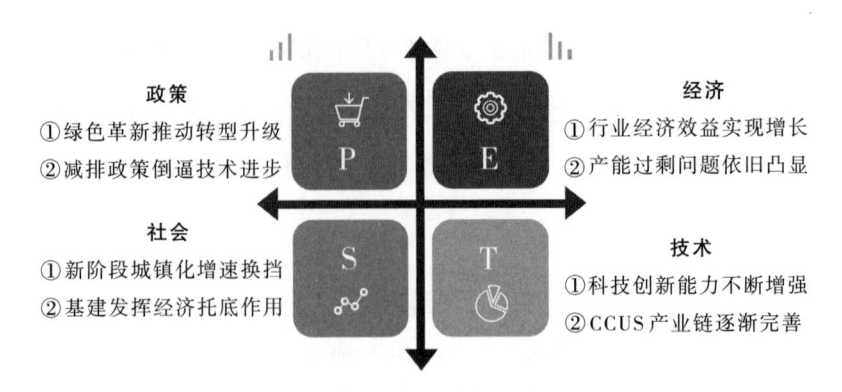

图9.4 水泥行业的外部环境 PEST 分析

1.政策环境

(1) 绿色革新推动转型升级

据《2020全球建筑现状报告》（全球建筑联盟，GlobalABC）统计，2019年全球建筑部门 CO_2 排放总量约为10亿吨，占到了全球能源相关的碳排放总量的28%，若加上建筑工业部分（建材生产等）的排放，这一比例将上升到38%。欧委会2020年发布"革新浪潮"倡议[①]，提出2030年所有建筑实现近零能耗，91个国家在排放承诺中设定具体的减排目标，并且提出每五年报告一次进展情况。这意味着建筑工业在设计之初就要综合考虑节能元素，全面推动绿色转型升级，按标准递交节能减排满意答卷。

(2) 减排政策倒逼技术进步

2021年1月，中国建筑材料联合会向全行业提出水泥等行业要在2023年前率先实现碳达峰的倡议。2020年7月，国务院办公厅提出全面推行"旧改"政策，间接促进了对水泥的需求，对于水泥企业来说是重大利好。2021年10月印发的《中共中央国务院关于完整准确全面贯彻新发展理念做好碳达峰碳中和工作的意见》和《2030年前碳达峰行动方案》明确提出："严禁新增水泥熟料、平板玻璃产能，推动水泥错峰生产常态化，合理缩短水泥熟料装置运转时间。因地制宜利

---

① 为实现"双碳"目标和高质量发展水泥行业在行动[J].中国建材，2021（11）：34-37.

用风能、太阳能等可再生能源，逐步提高电力、天然气应用比重。"这意味着水泥行业已经成为零增长行业，下一步企业发展需要立足于企业管理效率的提升和生产技术的进步。

2.经济环境

（1）行业经济效益实现增长

据国家统计局数据（见图9.5），2021年规模以上建材行业实现营业收入比上年增长12.4%，增速加快11.6%；实现利润总额增长12.1%，增速加快7.9%；规模以上建材行业销售利润率8.8%，与上年持平。2021年，建材行业克服了新冠肺炎疫情多点散发、大宗商品价格快速上涨、限电限产等影响，经济运行呈现平稳较好发展态势，基本摆脱新冠肺炎疫情防控的影响，恢复到之前水平。

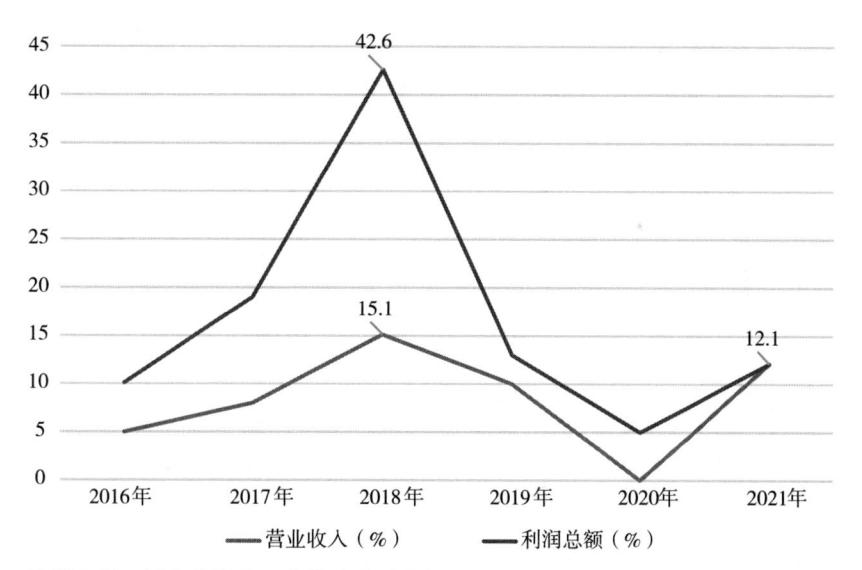

数据来源：国家统计局、中信证券研究部

图9.5 2016—2021年规模以上建材行业营业收入及利润增速

（2）产能过剩问题依旧凸显

根据国家统计局统计（见图 9.6 和图 9.7），2021 年全国水泥产量 23.63 亿吨，比 2020 年下降 1.2%。虽然受能源价格进一步暴涨、能耗双控、限电限产等影响，水泥生产受到严重制约，导致 2021 年 9—12 月份水泥产量同比两位数大幅下滑，分别为 -13.0%，-17.1%，-18.6%，-11.1%。但 2021 年水泥熟料产能利用率为 74%，产能过剩依旧是当前水泥行业面临的主要问题[①]。水泥产能一旦不能充分发挥，就会需求收缩，过剩问题凸显。产能总体过剩，低效产能退出缓慢，先进产能比例偏低，去产能依旧是行业亟待解决的问题。

数据来源：国家统计局、中信证券研究部

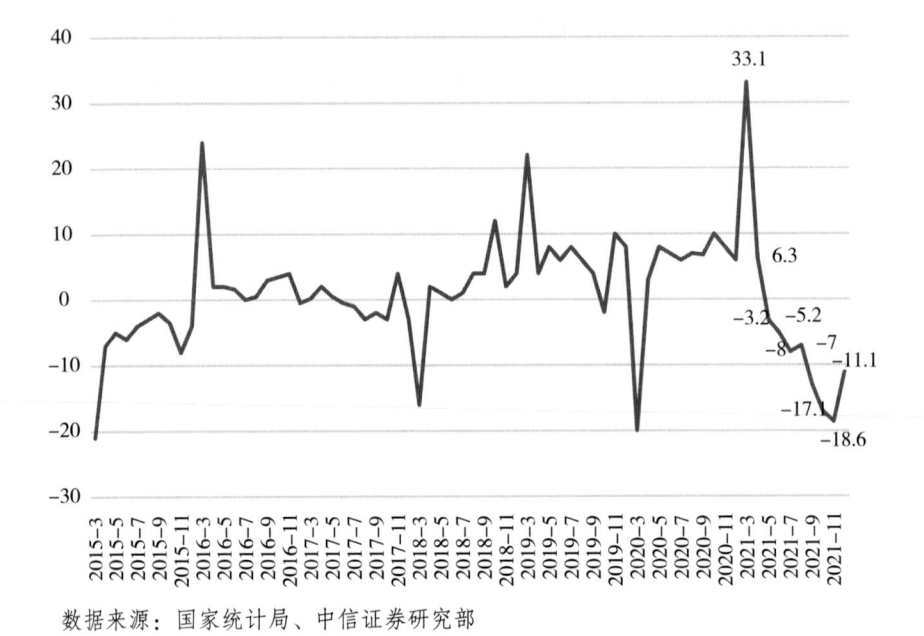

图 9.6　2015 年以来全国单月度水泥产量增速（%）

---

① 黄珂，亢姝婧. 供给侧改革背景下国企过剩产能外输模式创新研究——以华新水泥为例[J]. 现代商贸工业，2018（9）：3-5.

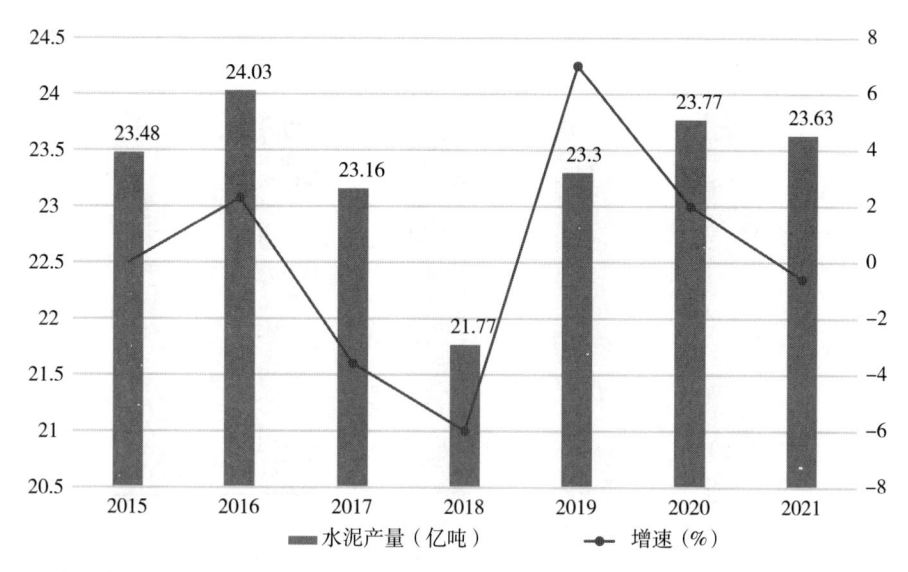

数据来源：国家统计局、中信证券研究部

图9.7 2015年以来全国月度累计水泥产量增速（%）

3.社会环境

（1）新阶段城镇化增速换挡

近年来，随着经济发展进入新历史阶段，我国城镇化进程面临增速换挡。截至2021年底，我国常住人口城镇化率已提升至64.72%，提升幅度是26年来首次低于1个百分点。2021年以来，很多城市放松了楼市调控政策，但放松后效果不尽相同，常住人口城镇化率与人口变化流动有关，人口流动的变化代表需求。目前对于我国楼市来说，城镇化率所带来的人口红利反而没有往年明显，但依然存在。因此整体来看，在城镇化率上升幅度不断下降的情况下，人口净流入常年位居前列的城市，房地产仍有较大的发展空间，作为水泥的最大需求方，也带来了水泥需求的上升。中国2017—2021年城乡人口比重变化如图9.8所示。

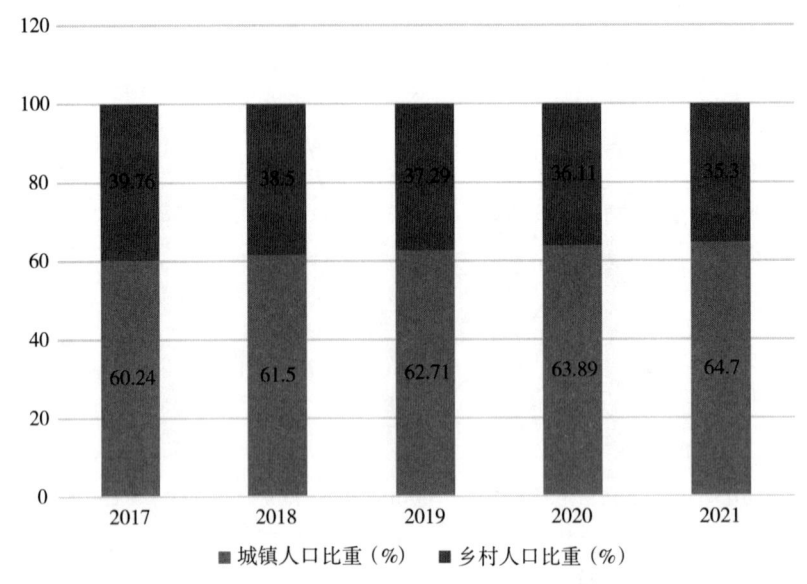

数据来源：《中国统计年鉴2021》、2021年人口普查数据

图9.8 中国2017—2021年城乡人口比重变化

（2）基建发挥经济托底作用

如图9.9所示，"十三五"广义基建潜在年均增速在7%—8%，而2016—2017年间的高增透支了后面三年的增长空间，叠加2018年金融去杠杆，基建投资出现断崖式下降。2021年，宏观政策整体偏向结构调整，我国基建投资增速仅为0.4%，仍维持在低位区间运行[①]。在稳增长基调下，基建投资发力，基础建设已成为2022年我国稳增长的重要抓手。固定资产投资中，制造业投资周期相对较长，预计地产投资也将面临较大的下行压力，经济下行压力背景下，基建稳增长作用不言而喻，基建托底需求成为市场运行主旋律。

---

① 2020年中国混凝土与水泥制品行业经济运行回顾和展望[J].混凝土世界，2021（3）：8-20.

数据来源：钢联数据

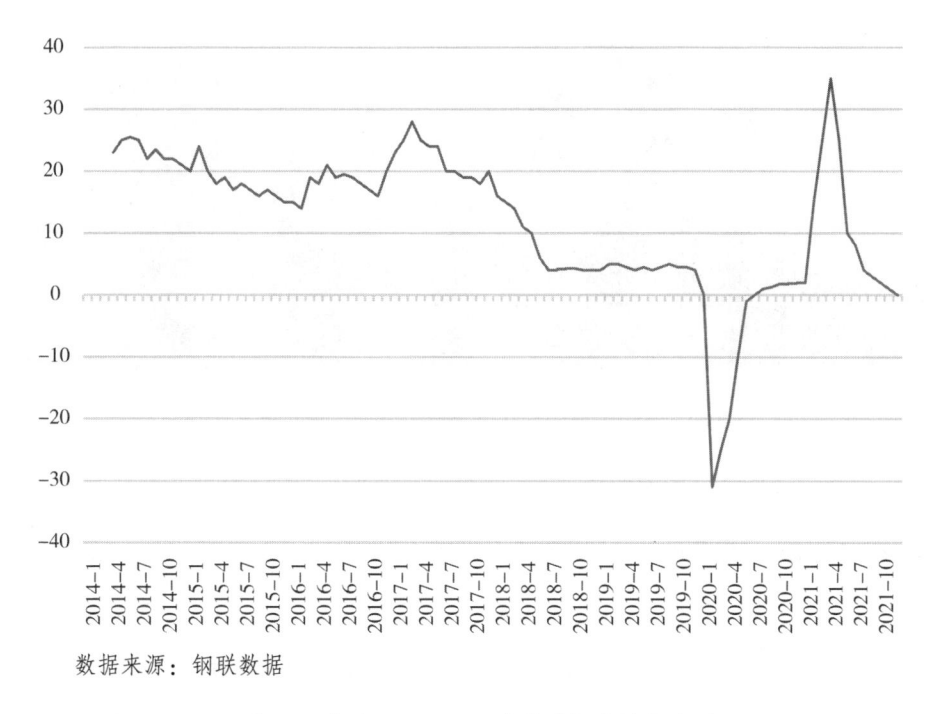

图 9.9 中国 2014—2021 年基建投资增速（%）

4.技术环境

（1）科技创新能力不断增强

近年来，建材行业围绕转换发展动能、转变发展方式，加快实施产业基础再造和产业链提升，重点转向高端、高附加值、产业链发展[①]，全面推进绿色低碳发展，布局新兴产业，不断提升科技实力水平，全方位推动建材高质量发展。

高性能混凝土和特种水泥产品的研发应用，满足了我国川藏公路、港珠澳大桥、大兴国际机场等重大基础设施的建设需求，低热硅酸盐水泥世界首次全坝应用于我国白鹤滩水电站的 300 米级特高拱坝，实现了特高拱坝建造技术的突破；世界首创利用水泥窑烟气 CO_2（见图 9.10），制备混凝土砖生产技术并运行成功，为我国水泥行业 CO_2 利用开辟新途径等。

---

① 建材工业智能制造数字转型行动计划（2021—2023 年）[J].中国水泥，2020（12）：11-15.

图 9.10　水泥窑烟气 CO_2 吸碳制砖自动化生产线生产

（2）CCUS 产业链逐渐完善

在"双碳"目标推动下，许多行业已形成较为清晰的节能降碳路径[1]。实现碳中和离不开 CCUS（碳捕获、利用与封存）技术等的应用，CCUS 技术具体应用则包含碳捕获、碳利用和封存等，这一系列技术应用作为水泥行业重要的减碳技术之一，极有可能在 10 年后迎来增长的爆发期，有条件的企业可投入资源逐步开展技术研发、设备研发等，提前布局 CCUS 产业链。根据中投产业研究院发布的《2022—2026 年碳中和背景下中国水泥行业发展分析及前景趋势预测报告》显示，水泥企业低碳发展路径如图 9.11 所示。

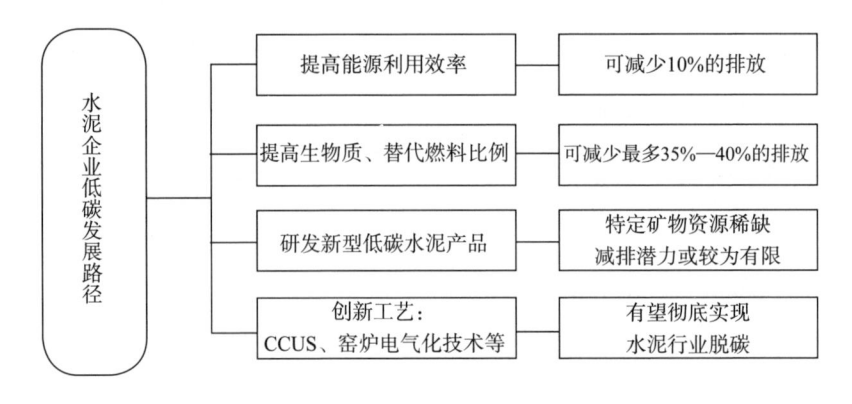

图 9.11　水泥企业低碳发展路径

---

① 赵黎昀，孙宪超．水泥企业全产业链布局应对行业变革［N］．证券时报，2022-04-21（A6）．

（二）水泥行业竞争环境分析

为了掌握水泥行业竞争环境，借助波特五力模型，对行业竞争者、替代品威胁、购买者议价能力、供应商议价能力及新进入者威胁等五个方面进行分析，为华新水泥竞争能力形成提供指导。具体分析见图9.12。

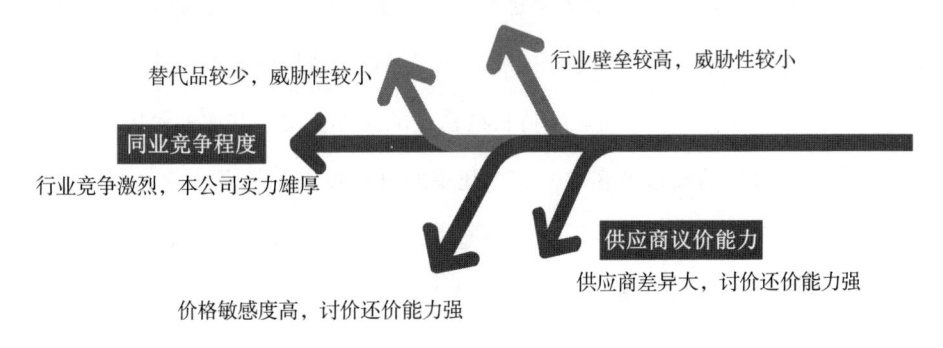

图 9.12　水泥行业竞争环境的波特五力模型

1.行业内竞争者分析

在水泥总产能方面，水泥大数据研究院整理的《2021年全球水泥产能TOP30排行榜》显示，华新水泥位于第七。在水泥熟料产能方面，根据2021年2月中国水泥协会发布的《2021年中国水泥熟料产能百强榜》显示，华新水泥以6 407.7万吨的产能位居第五。华新水泥2021年公司毛利率达到34.1%，高于海螺水泥4.47个百分点；2019年公司营业总收入同比增长高达10.59%，高于海螺水泥15.32个百分点。综上可以看出，华新水泥在行业内有着较强地位和竞争力。

2.相似产品替代可能性分析

从作为建筑材料来看，钢结构和铝合金具有美观性和施工快速型的特点，市场上也曾一度出现采用大量钢结构的建筑，但是由于钢结构的耐火性能较差，因此并不能完全替代水泥。从作为凝胶材料来看，虽然石膏、石灰具有胶凝作用，可以作为凝胶材料使用，但相对于水泥来说稳定性差，容易导致地面不平，从而产生安全性问题，因此，也无法替代水泥。目前看来水泥行业暂无合适的替代品。

3.买方议价能力分析

水泥企业的客户主要分为三种，分别为大客户、中等客户和散户。大客户一般是指建设工程、房地产和搅拌站。这种客户对于水泥的需求量较大，虽然对于水泥的质量和到货时间都有着严格的要求，但是由于这种客户的信誉力度较强而且汇款速度较快，因此是属于水泥企业争夺的客户对象，在谈判中占据优势地位，有较强的议价能力。中等客户一般是一些经销商或民营企业，这种企业的需求量虽然比不上大客户，但可以保持长期稳定的合作。由于水泥的销售会存在淡季和旺季，针对经销商这种客户，其在旺季的时候对水泥的需求量大、时间紧，因此在谈判过程中，水泥企业占据优势地位，议价能力较强；相反，在淡季时，客户的议价能力会变强。散户一般是零星工程和民用建筑，这种客户具有用量小、对质量要求低的特点。由于水泥属于产品高度同质化行业，顾客遴选水泥公司具有相对较低的转换成本，因此水泥制造企业在议价方面不具备优势地位。

4.供应商议价能力

水泥企业的供应商可以分为两类。第一类是石灰石等原材料供应商；第二类是煤炭水电等能源供应商。原材料方面，对于华新水泥而言，截至2021年底，公司已获得采矿许可证的石灰石及砂页岩资源总储量约36亿吨，因此议价能力较弱。能源供应商方面，水电的价格政策都是由国家进行统一规定，所以对于电力供应部分不存在议价问题。煤炭为水泥生产提供了动力部分的支撑，可以说水泥生产的每一天都需要用到煤炭，所以水泥行业对于煤炭供应商的议价能力并不强。

5.潜在竞争者分析

潜在竞争对手对于水泥行业而言进入的壁垒相对比较大。第一，目前水泥行业普遍存在产能过剩现象，随着水泥生产技术的升级，在一定程度上产生了市场相对饱和的结果；第二，水泥行业属于资本密集型产业，现如今各大水泥生产厂使用生产线的技术投资达到5亿元左右，在此种情况下投入巨资建水泥企业的可能性不大；第三，水泥生产属于资源密集型产业，石灰石作为原材料是不可再生资源，在资源使用只增无减且暂未找到替代品的情况下，对于投资者进入水泥行业也是不小的挑战；第四，为了积极解决去产能、加快行业转型升级，国家对新进入的水泥制造企业有严格的控制标准。因此，潜在竞争者对于华新水泥造成的威胁较小。

（三）华新水泥发展的SWOT分析

为了掌握华新水泥发展情况，借助SWOT分析工具，从优势、劣势、机会及威胁等四个方面进行分析，为华新水泥发展战略提供支撑。具体分析见图9.13。

①综合实力位居同行前列
②技术创新推动绿色发展
③骨料业务规模大幅提升

①环保政策引发出生产压力
②运输价格受市场影响较大
③国内产能过剩使业绩下降

①在行业内成本优势不明显
②偿债能力弱且有财务风险
③水泥窑协同处置推广受阻

①降污整源技术取得进展
②无废城市建设带来机遇
③区域优势带来矿山资源

图9.13 华新水泥的SWOT分析

1.竞争优势分析

（1）综合实力位居同行前列

公司以湖北为中心，沿着长江流域和京广线实施"十字形"战略扩张，截至2021年底，公司在全国和海外共拥有270余家分子公司，具备水泥产能1.16亿吨/年、水泥设备制造5万吨/年、商品混凝土4380万方/年、骨料1.54亿吨/年。总资产达500余亿元，员工总数16 000余人，研发人员数量占公司总人数的0.7%，企业综合实力位居国内同行业前列。并且公司在资源和区位、规模以及股东方面均有相当优势，特别是外资股东Holchin B.V.拥有先进的技术和管理经验以及领先的发展战略，在循环经济发展、营销、财务、企业社会责任等方面都可能会产生积极影响。

（2）技术创新推动绿色发展

如表 9.2 和表 9.3 所示，公司始终坚持"创新驱动发展，引领行业前沿"的理念，以工业实践运用为出发点，通过引进和自主研发相结合，建立起了一整套完善的技术创新体系，培育出了一支实力雄厚的技术研发专业团队，在行业中始终保持着领先的技术创新能力[①]。与湖南大学联合研发的世界首条"水泥窑烟气CO_2吸碳制砖自动化生产线"在华新武穴工业园成功投产运行。截至 2021 年底，公司具有自主知识产权的"水泥窑高效生态化协同利用固体废弃物成套技术"已在国内 7 个省、市下辖的 20 家水泥工厂内应用，全集团水泥窑线环保业务覆盖率达 50%。新投产的黄石万吨线工厂，峰值燃料热替代率可达到 40% 以上，处于国际领先水平。

表 9.2　华新水泥研发投入情况表

项目	费用
本期费用化研发投入（元）	71 401 459
本期资本化研发投入（元）	8 342 714
研发投入合计（元）	79 744 173
研发投入总额占营业收入比例（%）	0.25
研发投入资本化的比重（%）	—

数据来源：华新水泥官网

---

① 《"十四五"原材料工业发展规划》解读［J］. 上海建材，2022（1）：13-14+27.

表 9.3 华新水泥研发人员情况表

分类	数量
公司研发人员的数量（人）	106
研发人员数量占公司总人数的比例（%）	0.7
研发人员学历结构	
博士研究生（人）	5
硕士研究生（人）	66
本科（人）	25
专科（人）	8
高中及以下（人）	2

数据来源：华新水泥官网

（3）骨料业务规模大幅提升

水泥之外的砂石骨料行业发展趋势良好，2019年骨料市场规模达到17 672亿元，明显大于水泥行业，且行业毛利率高（如上峰水泥在70%左右），正在成为水泥企业新的增长赛道。水泥熟料产能前50强的企业中约一半涉足骨料生产业务。华新是中国水泥行业第一家建设规模化、环保化骨料工厂的企业，经过十多年的摸索与扩张，骨料业务规模大幅提升，产能分布于湖北、云南、重庆、湖南、四川、贵州及西藏等7省、市、自治区。截至2021年，昭通、赤壁交投二期、鹤峰等12条骨料生产线投产，阳新亿吨机制砂项目等10个在建骨料项目稳步推进中，项目全部投产后，公司骨料产能可达每年2.7亿吨，将会显著提升公司的竞争实力。

2.内部劣势分析

（1）在行业内成本优势不明显

水泥的成本主要是原材料（石灰石）、煤电、折旧和人工，根据华新2021年年报数据（见图9.14），煤电占比50.24%，原材料26.2%，折旧6.78%，人工及其他6.33%。华新吨成本在行业中处于较高位置，2011—2016年吨成本华新与行业整体均呈下降趋势，2017—2021年由于煤炭价格上涨有所回升。并且近10年吨成本平均值为每吨230元，比行业平均值高36元[1]。对比海螺水泥，华新水泥在原材料、电耗煤耗及折旧方面均不存在明显优势。

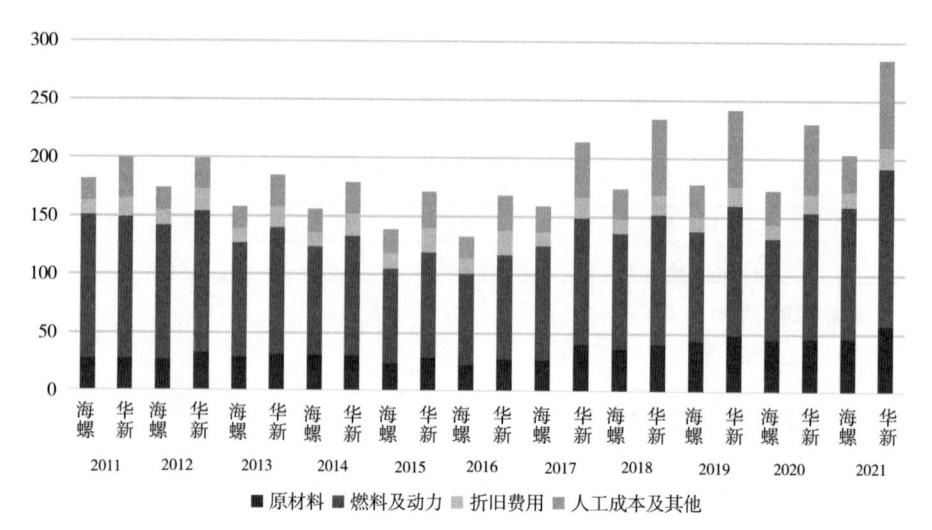

图9.14 2011—2020年海螺与华新每吨成本构成对比（元/吨）

数据来源：公司年报、西部证券研发中心

（2）偿债能力较弱且存在财务风险

从图9.15中可以看出，虽然华新水泥速动比率呈现稳步上升趋势，但与行业整体水平相比，还存在一定差距，一定程度上反映了公司资金流动性不够，短期偿债能力较弱[2]。此外，资产负债率呈现先下降后上升的趋势，波动较大，说公司存在一定的财务风险，未来可能出现现金流不足，无法及时偿还债务的问题。

---

[1] 李琛.2021年水泥行业结构调整发展报告[J].中国水泥,2022(1):10-17.
[2] 谢力,唐珍,邓学衷.制度优势、战略转型与财务质量——基于冀东水泥与海螺水泥的双案例研究[J].财会通讯,2022(10):108-114.

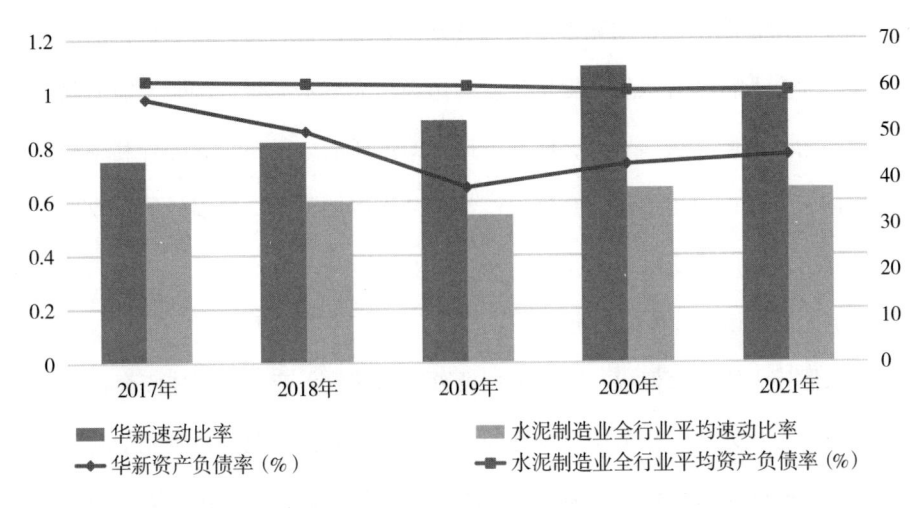

数据来源：公司年报及财务报告

图9.15　2017—2021年华新水泥与行业平均水平速动比率对比

（3）水泥窑协同处置推广受阻

废弃物业务的盈利问题需要解决，华新水泥在协同处置方面的业务在2017年也略亏。水泥窑对于生活垃圾的垃圾收运处置费完全不能覆盖成本，大多时候处于亏损状态，这大大影响了水泥窑协同处置废弃物技术的推广。相比垃圾焚烧发电等企业得到的发电补贴和垃圾处理费用，开展水泥窑协同处置的企业大多只能获得每吨50元至70元的生活垃圾处置费用，而且垃圾处理费用也低于垃圾焚烧发电企业，难以弥补成本。实践已经证明，利用水泥窑协同处置城市生活垃圾是一项系统工程，涉及10多个政府部门。多个部门之间的沟通、联动难度大。而具体的实施政策，也没有出台，只是制定了一些泛泛的规定。可见，当前水泥窑协同处置废弃物，面临的困境并非技术、装备等问题，而是没有相应的政策支持。

3.外部机遇分析

（1）降污整源技术取得进展

水泥行业虽是传统行业，但我国科学技术的进步日新月异，第四代水泥技术已投入应用，智能化、自动化水平大大提升，节能设备、新型耐磨材料的研发速度加快，为企业转型升级发展提供了新的选择。大型水泥企业的研发能力逐步提升，新工艺、新产品层出不穷，展现了良好的创新活力，在资源综合利用和降低污染物排放方面也取得了新的突破。产学研合作更加紧密，更多的研发成果在企业得到应用，取得了较好的成效。

（2）无废城市建设带来机遇

国家倡导无废城市建设，即减少垃圾废物的排放，产生的固体废弃物和危险废弃物做无害化处置，打造城市良好的生态环境。华新水泥公司是完整的熟料水泥生产线，回转窑系统可实现城市垃圾固废的无害化处置。公司可以向处置城市固废、危废方面转型发展，实现经济效益与社会效益的双丰收。

（3）区域优势带来矿山资源

华新水泥主要经营地区的湖北位于长江中游，是重要的交通枢纽，水路交通资源丰富，水路承载量大且运输成本相对低廉，拥有连接全国各地的地理优势。长江沿岸的石灰石资源较丰富，为公司水泥及熟料生产提供持续稳定原材料供应奠定坚实基础。截至2021年底，公司已获得采矿许可证的石灰石及砂页岩资源总储量约36亿吨，矿山主要分布于鄂东、鄂西、湖南、云南、西南（川渝、西藏）。

4.外部威胁分析

（1）环保政策引发出生产压力

近几年，国家对于工业企业安全、低碳环保的管控力度越来越强，安全和环保成为企业发展不可触碰的红线。公司生产作业覆盖矿山开采，水泥及水泥制品生产危险废弃物、生活垃圾、污泥处置等业务，在国家对企业安全生产、环保排放的要求越来越严格的大环境下，为实现环保排放达标和创建一级安全标准化企业，公司需不断加大投入，增加了企业运行成本，也增加了工作量，公司面临转型升级的巨大压力。

（2）运输价格受市场影响较大

水泥生产成本主要为燃料及动力成本，2021年以来煤炭价格的上涨，导致水泥企业生产成本大幅增长。煤炭、钢铁行业的市场波动对公司造成直接影响，如2019年煤炭限采造成供不应求，煤炭价格上涨幅度较大的现象；原材料运输价格受限载治超、计重收费等政策影响，近两年大幅增加，价格上涨造成生产成本增加，进一步压缩利润空间。同时，水泥价格受供需关系影响，水泥成本向下游传导存在一定难度，但当成本大幅上涨及供需趋紧时，水泥成本更易转移下游。

（3）国内产能过剩使业绩下降

水泥需求与国家经济发展及固定资产投资高度相关，具有较强周期性。在当前中国加快构建新发展格局、强化房地产调控、大宗原燃材料价格上涨等因素的影响下，中国水泥需求走弱的可能性较大。在水泥行业产能严重过剩的局面未有改观的情况下，市场存在竞争加剧的风险，水泥价格继续承压。

（四）华新水泥的战略规划

如图9.16所示，华新水泥在充分考虑了外部环境、行业竞争和自身条件的基础上，召开公司高管战略务虚会议，对"十三五"期间公司战略实施情况进行总结，对行业未来五年的发展机遇进行展望与判断。根据公司层、业务层与职能层确定出其发展定位和目标，构成企业战略体系，在规划编制者以及利益相关者的共同努力之下制定出了华新水泥"十四五"长期发展战略（见图9.17）。

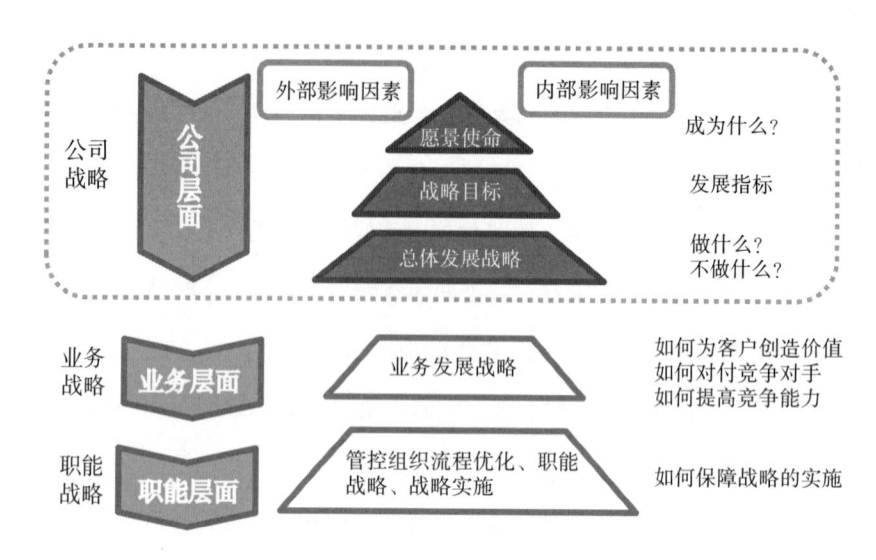

图 9.16 公司的三层战略图

公司战略 / 公司层面：外部影响因素、内部影响因素；愿景使命（成为什么？）、战略目标（发展指标）、总体发展战略（做什么？不做什么？）

业务战略 / 业务层面：业务发展战略（如何为客户创造价值、如何对付竞争对手、如何提高竞争能力）

职能战略 / 职能层面：管控组织流程优化、职能战略、战略实施（如何保障战略的实施）

在国家加强水泥产业结构调整、环保要求愈发趋严、国内水泥行业持续产能过剩、水泥需求呈下降趋势的情况下，华新水泥未来五年在水泥赛道上的增长有限。基于此，公司提出四大发展战略：一是在公司现有骨料、混凝土等业务的基础上，提出一体化转型的核心战略思路。二是结合新型环保建材发展机遇，提出持续拓展高新建材业务战略。三是基于国内产能过剩的现状，提出海外发展水泥业务的战略。四是人工智能等已成为制造业的重要发展趋势，华新水泥企业将加快数字化转型。

在制定完公司总体的战略规划后，根据自身的业务特点和竞争环境，从整体角度对各业务提出发展目标。当前是骨料行业风口期，团队提出了使华新水泥的骨料成为中国骨料行业的领导者的市场地位目标。针对高新建筑材料业务，要持续加大高新建筑材料研发创新、抓住新型建材转型发展机遇，发展新的盈利增长点。作为水泥行业"走出去"的先行者，华新水泥形成了成熟的EPC项目建设技术、专业的海外发展运营体系与管理团队，海外将是未来五年华新水泥的水泥业务重要增长市场。

在确定好的战略目标和战略思想上，根据业务发展需求，华新水泥调整了组织架构，将事业部制调整为矩阵式结构，并在地理区域上整合形成东区、中区、西区三大事业部。与此同时，各职能部门也提出了相应的职能战略，例如水泥生产的原燃料（如煤炭）价格将逐渐上升，成本压力增大。所以华新水泥采购部门积极开展物流与采购变革，提出统购、直供+智慧采购的战略，以合规降本为原则打造竞争与成本优势。

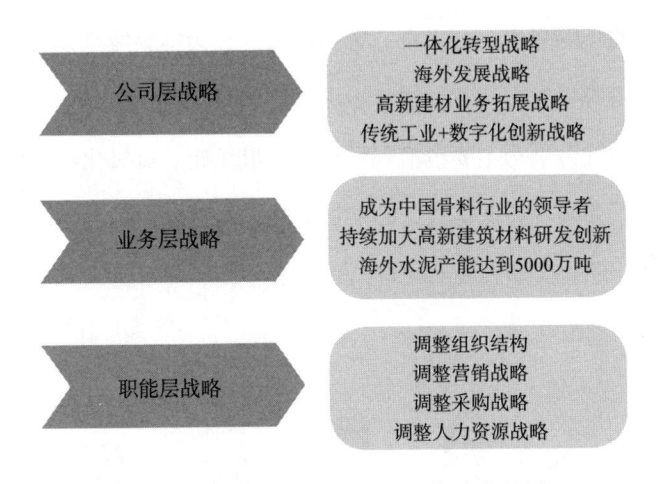

公司层战略	一体化转型战略 海外发展战略 高新建材业务拓展战略 传统工业+数字化创新战略
业务层战略	成为中国骨料行业的领导者 持续加大高新建筑材料研发创新 海外水泥产能达到5000万吨
职能层战略	调整组织结构 调整营销战略 调整采购战略 调整人力资源战略

图 9.17 华新水泥的"十四五"战略规划

三、问题篇

趋势者智，驭势者赢。

栉风沐雨，砥砺前行。

水泥行业是我国国民经济发展的重要基础原材料产业，为改善民生、促进国家经济建设和国防安全起到了重要作用。华新水泥是我国最早的水泥企业之一，公司响应国家"碳达峰、碳中和"号召，积极应对气候变化，做出的成绩有目共睹。但仍存在部分问题，比如受到经济周期和区域发展等的影响，其生产成本在行业内处于较高位置，导致华新在成本方面的竞争力较弱。科研投入及标准化程度较低导致企业在降低污染、整合资源方面能力不足，企业缺乏可持续发展动力。

（一）公司成本控制仍需优化

1. 环保治理成本不断攀升

水泥企业的环保成本主要来自厂区环境治理、污染物减排以及矿山恢复等方面。近年来，随着生态文明建设的逐步深入，华新水泥环保成本呈现不断增长态势。水泥行业传统污染物主要包括颗粒物、二氧化硫、氮氧化物三种，以粉尘治理为例，水泥厂要实现超低排放，必须加大除尘器过滤面积，不仅需要对现有除尘器进行改造，还需要加大后期耗材投入，治理成本大幅提升，2017—2021年华新环保治理成本见图9.18。

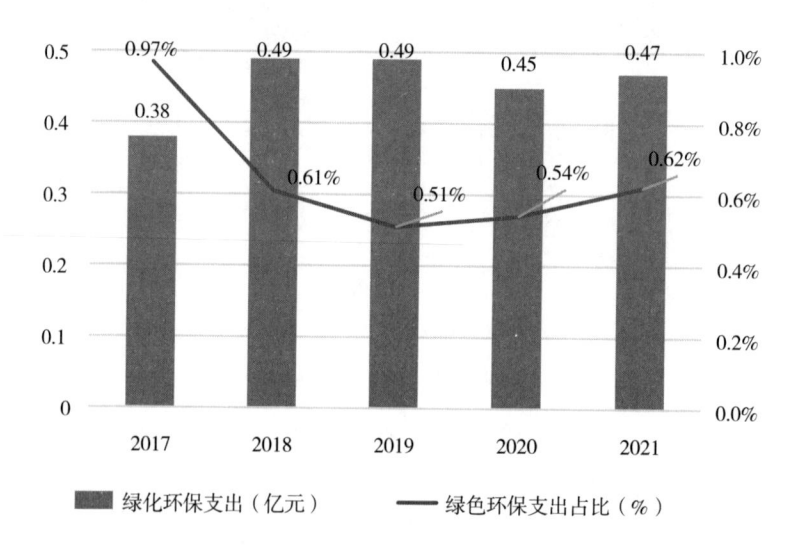

年份	绿化环保支出（亿元）	绿色环保支出占比（%）
2017	0.38	0.97%
2018	0.49	0.61%
2019	0.49	0.51%
2020	0.45	0.54%
2021	0.47	0.62%

数据来源：公司年报及财务报告

图9.18　2017—2021年华新环保治理成本

2.用能成本处于较高位置

水泥的成本主要是原材料（石灰石）、煤电、折旧和人工。根据华新2021年年报数据（见图9.19），华新吨成本在行业中处于较高位置，2012—2016年吨成本华新与行业整体均呈下降趋势，2017—2021年由于煤炭价格上涨有所回升。并且近10年吨成本平均值为230元/吨，比行业平均值194元/吨高36元/吨。对比海螺水泥，华新在燃料动力、折旧和人工方面均不存在明显优势。

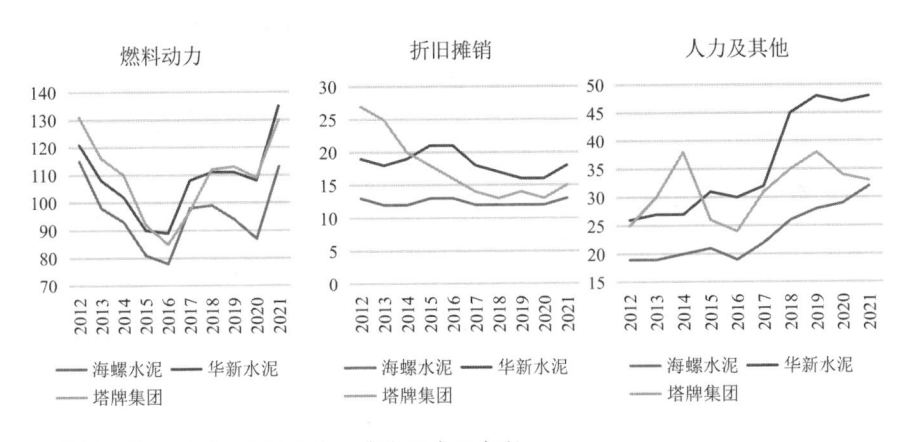

数据来源：wind、公司公告、华安证券研究所

图 9.19　2012—2021 年华新、海螺、塔牌集团吨成本分项目情况（元/吨）

（二）技术创新能力有待提高

1.科技投入的总量与强度不足

科技投入作为战略性投资，是提高企业科技创新能力，提升核心竞争力的重要保障。如图9.20所示，近年来，华新水泥在科技创新、技术进步上取得了举世瞩目的成效，公司在配料、窑炉、拉丝、制品等各个工序取得了新的技术成果。但研发投入存在不足，相比海螺水泥增速较慢，2021年研发费用占比营业收入比例为0.22%，而海螺水泥占比0.78%，华新水泥研发费用投入远远低于海螺水泥研发费用。

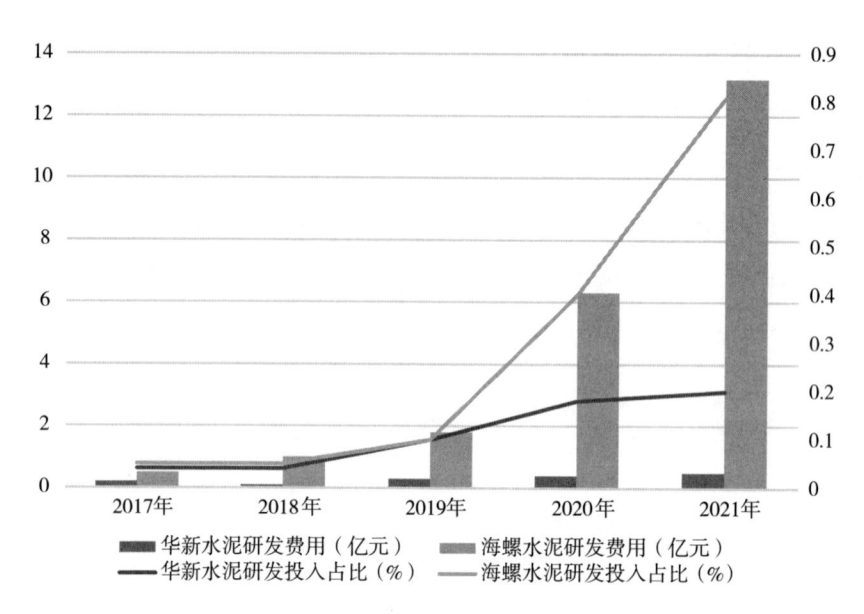

数据来源：公司年报及财务报告

图9.20 2017—2021年华新、海螺研发投入、费用占比

2. 熟料生产线标准化程度不高

由图9.21可知，华新国内熟料生产线超过52条，其中低于3 000吨/天线占比52%，3 000—5 000吨/天线占比9.6%，5 000—10 000吨/天线占比32.7%，超过10 000吨/天线占比1.9%。对标海螺水泥来看，海螺国内共有熟料生产线超过150条，其中2 500吨/天线占比10.5%，标准化的4 500吨/天、5 000吨/天线分别占26.7%和34.4%条，大于10 000吨/天的大型生产线占3.9%。熟料生产的低能耗，一是来自生产设备本身，二是来自人工操作技术。标准化的生产线有利于生产设备的调试和参数设定，也有利于人工操作的培训，更容易达到低能耗。根据熟料、水泥吨能耗设计标准，生产规模大于4 000吨/天时，吨水泥能耗即可达到最优。就国内产线看，华新水泥大于4 000吨/天的生产线超过18条，约仅仅占生产线总数的35%。而海螺水泥大于4 000吨/天的生产线超过100条，占比超68%。因此，华新水泥和海螺水泥相比，熟料生产线标准化程度不高。

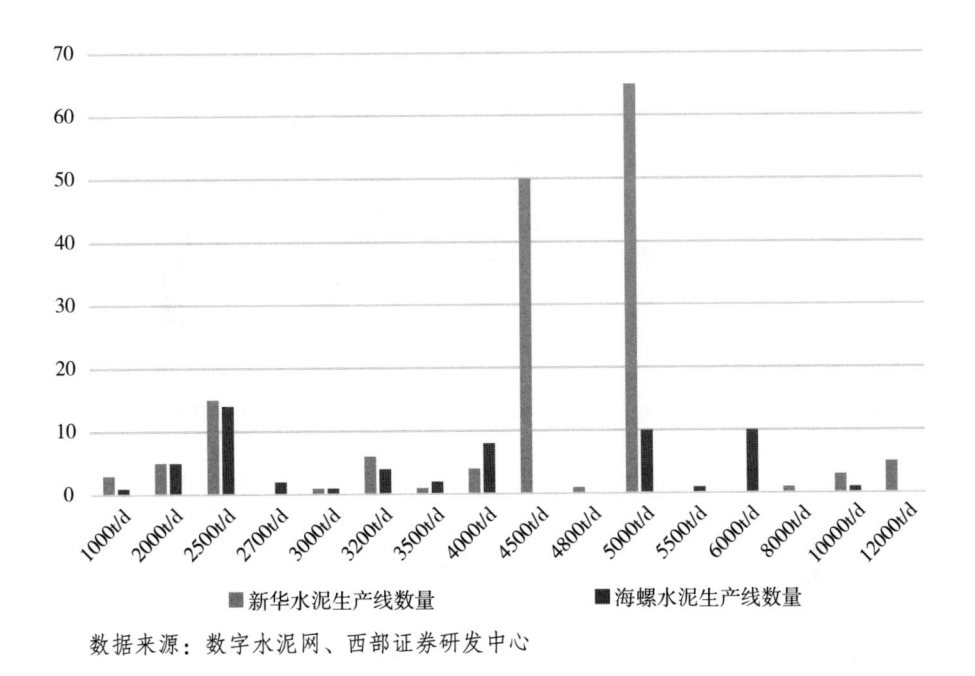

[图表：华新水泥与海螺水泥不同产能生产线数量对比柱状图]

数据来源：数字水泥网、西部证券研发中心

图9.21　华新、海螺熟料标准化对比

（三）经营活动市场风险预判不足

1. 国内业务发展潜在风险

华新水泥在制定"十四五"战略规划后，加大了各业务项目的资金投入力度，更加注重一体化发展和多元化发展。除了在建项目外，骨料、混凝土等新项目的增加都需要投入大量资金与人力，且项目实施存在一定的不确定性，投资面临的风险在不断增加。通过对公司财务报表分析可知（见图9.22），2017—2021年公司投资活动产生的现金流量净额持续减少，资产负债率波动较大。且2021年筹资活动产生的现金流量净额较上年同期减少了436.87%。说明公司投资效益不明显，还债压力大且筹融资存在困难，公司存在一定的经营风险。

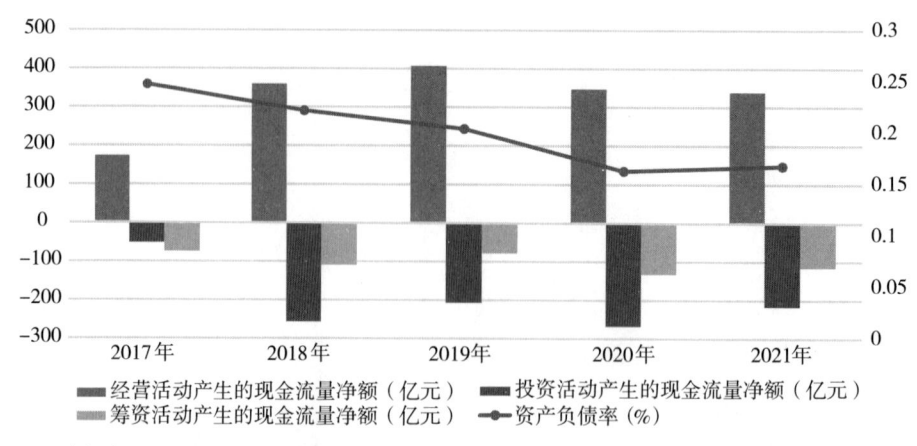

[图表：2017—2021年华新水泥现金流量净额和资产负债率]

数据来源：公司年报及财务报告

图9.22　2017—2021年华新水泥现金流量净额和资产负债率分析

2. 海外业务拓展风险预期

如图9.23所示，华新水泥将海外发展看作公司倍增式发展战略目标的重要支撑，争取到2025年使海外产能占据华新水泥总产能的三分之一，即水泥的增长重点要依靠海外发展。但随着全球政经形势复杂，水泥行业已经面临全球性产能过剩的问题，海外投资竞争必然加剧；2021年《区域全面经济伙伴关系协定（RCEP）》的签署，也对水泥的进出口市场造成影响，海外投资周期长，投资大，尽管政策护航之下，投资意愿激增，但中资在海外投资水泥项目成功率不高；同时，建筑业、基建、房地产等行业增速普遍放缓，致使水泥需求萎缩。因此在海外市场不管是自建还是并购，海外经营活动风险相应变高。

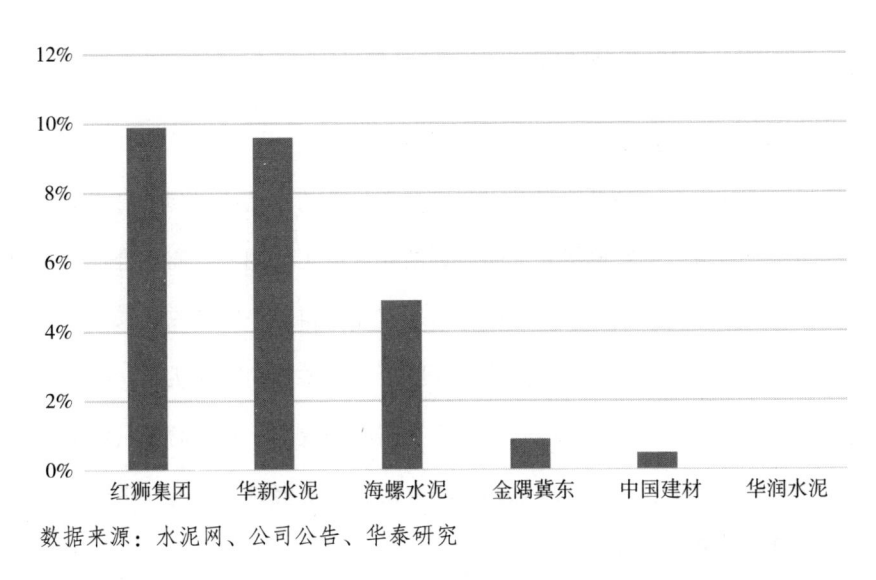

数据来源：水泥网、公司公告、华泰研究

图9.23　华新水泥及其他公司海外水泥产能占比（2021年）

四、对策篇

> 逢山开路，遇水架桥。
> 其时已至，其势已成。

近年来水泥行业节能减排、绿色发展成效显著。华新水泥的"绿"不仅在于绿色环境，更在于绿色管理、绿色生产、绿色发展。通过多年的努力，公司获得"2021年度绿色工厂"等殊荣，建设绿色新材料产业园。在"3060""双碳"目标背景下，要深化水泥行业在碳减排方面的工作，继续大力推动水泥行业绿色发展和智能制造，共同交流碳减排、碳中和的先进技术和经验，推动行业走绿色低碳、高质量发展之路，践行"宜业尚品、造福人类"的发展目标。

（一）降本增效，实现产业协同一体发展

1. 纵向整合延伸产业链条

公司目前的主营产品是熟料和水泥，根据目前的市场情况和自身优势，应进一步延伸产业链条，从原材料到产品再到商品混凝土及用户纵向整合，从中挖掘降本增效的潜力。原材料方面，钙质材料、硅质材料等一次能源应采用购买方式控制资源，电石渣、粉煤灰、石膏等工业废渣资源要建立直采机制，与大型工业企业建立战略合作关系，去掉中间环节，控制源头成本；对于商混企业可以选择收购的方式，输入先进的管理理念和手段，促进提高混凝土品质和供应能力，为客户提供一站式解决方案。

2. 横向拓展推动转型升级

整合周边小粉磨站企业，抓住区域内水泥行业整体低迷的机会，发挥集团资本优势，兼并重组1—2个水泥粉磨企业，复制管理模式，形成主导区域市场的规模，占据主导地位，促进产品价格理性回归。根据宏观政策导向，立足于水泥窑生产工艺的优势，拓展发展空间，重点发展城市生活垃圾、工业危险废弃物的协同处置项目，通过无害化处置固体废弃物、危险废弃物，打造新的利润增长点，并以此推动公司转型升级，向绿色环保型企业转型，实现绿色高质量发展，成为国内一流的现代化花园式水泥工厂。

3. 落实好低成本竞争战略

在国家能源双控政策、产能过剩的情况下，公司要谋求长远的竞争优势，需要制定并落实低成本战略。一是全面技术革新，系统开展科技创新，突破传统思维模式，全面应用新技术、新工艺，向数字化、智能化转型升级，通过技术改造提升生产线的运行效率，实现高产低耗，持续降低生产成本，用科技代替人工，降低用工成本。二是精益管理，打造全员降本的企业文化。实施全流程成本管控，做好与同行业先进企业的成本对标，采取有针对性的措施，补短板、强

弱项，巩固加强核心竞争力，同时，引导全员树立节约光荣、浪费可耻的企业文化，全面降低运营成本，降低管理费用。

（二）提质增效，实现绿色低碳循环发展

1. 优化科技投资布局

一是加大对基础研究的投入力度，依托当地政府、高校、科研机构等，紧紧围绕新兴优势产业，加强基础研究，增强关键技术的创新能力，带动研发投入和科技创新。二是扩大有效研发投入，建立覆盖产品种子期、初创期、成长期、成熟期等不同阶段的财政资金支持体系；落实好企业研发费用加计扣除、促进科技成果转移转化、关于知识产权保护等方面的政策。三是完善科技计划项目管理制度。推进科技计划和科技经费管理体制改革，建立完善市场导向的科技项目和经费分配、成果评价体系。围绕自主创新和转型升级目标，定期发布科技计划项目名录。推广科技攻关项目"揭榜制"、首席专家"组阁制"、项目经费"包干制"。建立健全针对基础研究、应用研究、研究开发与成果转化等不同类创新链活动的科技项目分类评价机制，发挥绩效评估在科技资源配置中的作用。

2. 提升数智赋能实效

一是优化能源过程管理，采用产线能耗 AI 化场景，通过精准定位、视频监控、AI 检测，强化对环境污染实时监测，便于快速追溯，降低能耗异常带来的成本损耗。二是优化能源绩效管理，采用 5G 融合机器视觉、工业模型、云化 PLC 等 AI 和大数据的能力调用，实现能耗各类指标与相关责任人柔性匹配和灵活配置，建立灵活高效的能耗绩效管理机制，推动人员改善能耗水平。三是优化决策管理过程，通过数字孪生技术、事件网技术和知识图谱技术，将华新水泥经营管理活动中的内部要素（财、人、机、物、法、环等）与外部政策环境要素、产业链上下游动态数据等进行清晰刻画，把企业生产运营的复杂场景进行大数据建

模，为企业生产经营提供科学依据，实现精准决策。

3. 推进产学研一体化

创新是引领发展的第一动力，推进产学研一体化是实施创新驱动发展战略的必然要求，是把创新成果转化为现实生产力的必由之路。一是以"用"为导向的创新要素融合新机制，以高质量发展为目标，进一步明确产学研合作的工作重点和着力方向，拓展新技术、新产品市场应用空间，充分发挥市场在配置科技创新资源中的决定性作用。二是充分借鉴发达国家经验，在产学研用合作中综合考虑自身区位特征、创新要素基础、产业结构等实际情况，创新产学研一体化的合作模式。除采取目前比较普遍的项目纽带模式，即高效服务企业之外，还要以区域经济发展中存在的突出问题为导向，以制约产业发展的共性技术难题为牵引，建立立体交叉的多层次产学研用合作模式，来弥补企业在创新技术人才方面的短板，将科技的力量转化为经济和产业竞争优势，充分发挥技术创新能力在高质量发展中的引领作用。三是要整合现有各类技术创新基金，加大对产学研用合作项目的支持力度。可借鉴发达国家的经验，通过项目基金、匹配基金、种子基金、风险基金、青年基金等不同类型的基金推进产学研用一体化。

（三）防范风险，助力业务多元融合发展

1. 优化投资管理流程

面对新投资项目，要注重项目实施全过程收益水平的管理，在投资前、投资中、投资后都要评估项目风险和收益风险。根据科学预测，对未来可能发生的风险提前制定防范措施。建立财务危机预警系统，加强对财务风险指标的分析，适时调整企业营销策略，合理处置不良资产，有效控制存贷结构，适度控制资金投放量，减少资金占用，减少甚至杜绝坏账损失，加速企业变现能力，提高资金使用率。此外，公司应凝聚多方合力提升企业营运质量，推进项目建设进程，寻找

更多的发展机会，以更加务实的合作谋求互利共赢。

2.审慎布局海外市场

要立足已投产国家，根据当地市场条件来发展产能占领市场。目前华新水泥在已投产国家的水泥产量与当地实际需求量之间存在着一定的差距，因此在处于供不应求状态的这部分国家，华新水泥仍需要扩大产能。一方面可以通过当地建厂、收购当地原有水泥厂或扩建已有水泥厂来达成；另一方面可以收购符合自身发展战略的"一带一路"沿线国家的生产线，降低收购成本，提高海外竞争力。与此同时，华新水泥在开拓国外市场的时候，要充分考虑到政治环境对市场需求的影响，并且尽量避免跟国内同行形成恶性竞争。

3.拓展高新建材业务

一是提升传统产业功能，使其进入高新建材系列。通过创新产品原料配方或化学成分，改进工艺制造方法等方式使原有材料产生新的功能，使其跨界发展进入新兴产业。包括特种功能水泥、机制砖、民建幕板墙、高性能跨界使用的混凝土制品等。二是扩大高新建材产能，实现产业化规模化发展。在提高产品质量的前提下，加快制订产品标准，加大市场应用开发力度和应用设计标准的修订，打通应用渠道，推进产业化、规模化发展。三是开发新的需求和新的应用领域。主要对服务于国家战略性新兴产业和新能源、环境保护等重点领域，拓展高新建材业务发展，深入了解兄弟行业和上下游产业发展的目标和新的需求，进而拓展应用范围，增加发展领域。

五、展望篇[①]

> 华潮涌动，百年坚守。
>
> 新势已至，从容应对。

2022年，面对我国经济"三重压力"新形势，面对"双碳"发展模式新变化，面对"五年倍增"业绩新试卷，华新将如何跑出新一轮高质量发展加速度呢？

（一）坚持战略主动，确保前进方向不偏航

紧跟国家绿色发展步伐，是百年华新展现"国之大者"的社会担当。为此，公司要继续坚定"绿色低碳"发展不动摇，加大减碳技术创新的投入，构建行业碳减排的协同机制。加快行业率先碳达峰的步伐，做好完成碳配额指标情况下的产能和产量输出，研究和积极参与碳交易市场。聚焦系统效率提升，稳步推进各项工作。

（二）保持战术精准，锚定既定目标不松劲

一分部署、九分落实。华新水泥提出四大发展战略，即一体化转型战略、海外发展战略、高新建材业务拓展战略、传统工业+数字化创新战略。下属各机构要紧紧围绕公司低碳发展及五年倍增规划的节点目标，着力提升各项工作的前瞻性、预见性，精准施策，以自身工作的有效性，积极应对外部形势变化的不确定

---

① 本案例分析研究由刘保平、龙云老师指导，研究人员有谭晶、文菲菲、李金阳、杨佩、彭卉、张冰、王艺雪、黄浩、罗颖，荣获湖南省第七届高校MBA企业案例大赛三等奖。

性，推进公司高质量发展进程。

（三）提倡揭榜攻坚，聚焦瓶颈堵点巧发力

华新水泥秉承自主研发、自主创新的传统，通过核心业务应用全面数字化、IT 与 OT 融合，构建横向到边、纵向到底的数字化体系，以数字技术助力企业实现智能化转型升级，而数字化转型创新需要依托于强大的"智力"支持，因此"人"的因素至关重要。公司将制定相关"赛马"机制，为敢于担责、勇于创新的团队和个人提供舞台，引导公司全员集众智、聚群力，围绕制约公司数字化创新的瓶颈问题，不断创新，提升企业的经营效益和管理效能，探索出一条水泥工业绿色智能、高质量发展的创新之路。

一百多年前，华新水泥扛起民族工业振兴重任，开创近现代中国制造跨百年品牌老字号；

一百多年后，华新水泥肩负传统行业转型使命，书写新时代绿色转型高质量发展新篇章。

我们期待她：

矢志不渝"创起来"

意气风发"闯下去"

成为具有全产业链竞争优势的国际化环保和建材企业。

第十章　KM 药业财务造假之"法""利"博弈[1]

一、现眼：案例回顾

> 现眼溯真相，高楼顷崩塌。
> 昔日春光好，乱花迷人倒。

（一）要而论之：KM药业简介

KM 药业股份有限公司（以下简称"KM 药业"）成立于 20 世纪 90 年代末，21 世纪初 KM 药业在上海证券交易所上市，上市之初市值不足 10 亿元人民币，十几年后，KM 药业市值突破了 1 000 亿元人民币。

在国家振兴中医药事业的背景下，KM 药业率先规划了整个中药产业链。2006 年起，KM 药业开始实施中医药全产业链一体化运营模式。KM 药业的发展历程见图 10.1。

---

[1] 本章中公司名及人名均为化名，不具备真实效应。

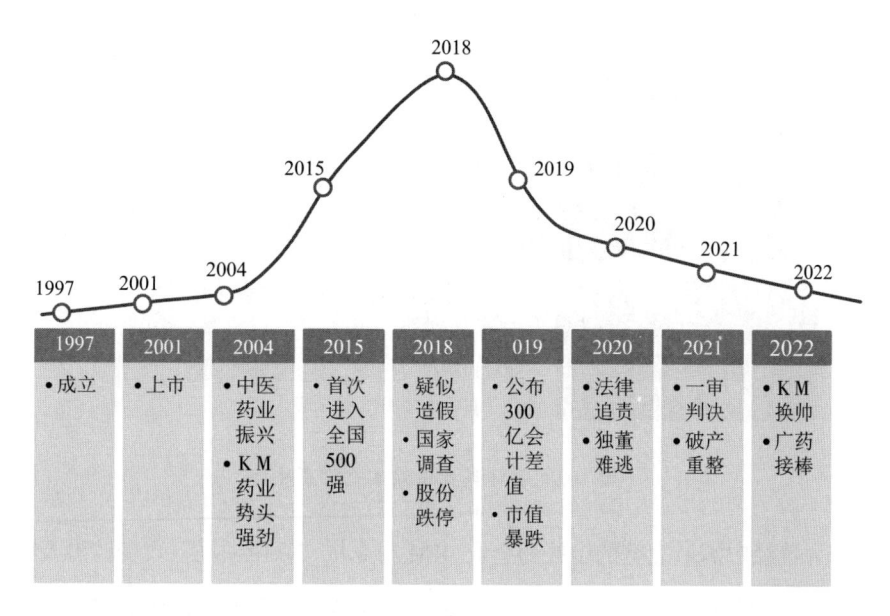

图 10.1　KM 药业发展历程

（二）风诡云谲：析KM造假始末

KM 药业凭借互联网串联起中医药全产业链各环节，于 2015 年稳居医药行业龙头地位。然而，这看似繁华的一切却是一颗七彩泡泡，外表华丽但一戳就破。作为中药行业的龙头企业，KM 药业造假事件惊动了整个资本市场。当虚假被一层层剥开，繁华落尽终成犯罪事实，解析违法乱纪的 KM，不仅能够看到其惊天的财务造假和各种犯罪事实，也能看到第三方审计机构缺乏审计责任以及独立董事制度形同虚设，KM 药业造假案重要事件见图 10.2。

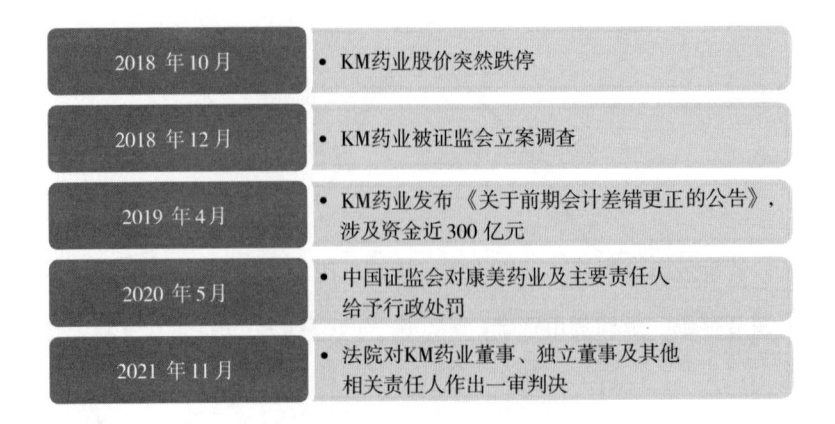

2018 年 10 月	• KM药业股价突然跌停
2018 年 12 月	• KM药业被证监会立案调查
2019 年 4 月	• KM药业发布《关于前期会计差错更正的公告》，涉及资金近300亿元
2020 年 5 月	• 中国证监会对康美药业及主要责任人给予行政处罚
2021 年 11 月	• 法院对KM药业董事、独立董事及其他相关责任人作出一审判决

图 10.2　KM 药业造假案重要事件

作为曾经中国最完整的中医药企业，KM 药业从"高位白马"大变"黑天鹅"，该事件给资本市场带来诸多启示，KM 案不仅仅是一个简单的财务造假故事，本章分析将针对以上质疑来进行深入的研究，挖掘 KM 财务造假背后的真相。

二、冷眼：问题表现

冷眼寻问题，KM 谋欺诈。

独董不作为，审计亦失察。

（一）违道不循：舍本逐利忘初心

不忘初心，方得始终。在本案件中，KM 药业、独立董事、会计师事务所均丢失了自己的初心。以百姓健康出发的 KM 虚构了高额利润，本该保护中小投资者利益的独立董事却不曾履责，事务所也将监督职能置之一旁，促进了事件的发酵。

1. 万丈楼阁凭空起——造假手段

2019年4月，KM药业公布了《关于前期会计差错更正的公告》。据这份公告表明，这几年间至少在资金列支、收入确认及固定资产计提和使用等方面存在重大会计违规操纵行为。此外，在一些会计政策的选择和运用上也存在重大错误。证监会公开披露资料显示，KM药业舞弊手段主要包括三种。

（1）编造存单，虚构货币资金

2016—2018年，KM药业通过财务不记账、虚假记账，伪造、变造大额定期存单和银行对账单，配合营业收入造假伪造销售回款等方式，虚增了货币资金，见表10.1。

表10.1 KM药业2016—2018年虚增货币资金情况

年份	2016年	2017年	2018年
虚增货币资金金额（亿元）	225.49	299.44	361.88
虚增货币资金占当期总资产比例	41.13%	43.57%	45.96%
虚增货币资金占当期净资产比例	76.74%	93.18%	108.24%

（2）虚增收入，调节利润

2016—2018年，KM药业通过伪造销售合同、发货单、银行流水单、增值税发票等，虚构不存在或与事实不符的交易，配合营业收入造假，累计虚增营业利润20.72亿元，营业收入290亿元，见表10.2。

表10.2 KM药业2016—2018年虚增收入与利润情况

年份	2016年	2017年	2018年
虚增营业收入（亿元）	89.99	100.32	84.84
虚增营业利润（亿元）	6.56	2.28	1.31
占当期利润总额的比例	16.44%	25.91%	12.11%

(3)隐瞒关联交易,掩饰财务亏损

KM药业还存在通过资金转入关联方的账户、利用关联方交易对公司股票进行买卖行为,KM药业之后发布的公告也承认了该事实。2016—2018年,KM药业未经审批,累计向控股股东及关联方提供非经营性资金116.19亿元。截至2018年12月31日,KM药业应收大股东及其关联方非经营性往来款88.79亿元,见表10.3。

表10.3 2017—2018公司少计应收关联方款项明细表

公司名称	年份	金额(亿元)	交易事由	关联方类型
普宁康都药业有限公司	2017	57.14	关联方往来	员工及员工配偶持股的企业
普宁康都药业有限公司	2018	32.5	关联方往来	员工及员工配偶持股的企业
普宁市康淳药业有限公司	2017	56.29	关联方往来	员工及员工配偶持股的企业

2.在其位不谋其政——独董渎职

实现企业的可持续发展,需要依靠有效的内控制度。在KM药业财务造假惊天大案中,内控制度缺陷不仅伤害了投资者和债权人的合法权益,也使为公司提供咨询服务和行使监督职能的独立董事不幸成为"殉葬者"。根据证监会调查所掌握的证据,表明独立董事任职期间存在两方面问题。

(1)独董不独

独立性是独立董事行使权力的基础,是保障独立董事在董事会决策中真正发挥作用的前提。本章中独立董事并未发表独立意见,究其原因,"一股独大"是其核心问题。董事长马某田与其妻许某瑾合计持股高达34.8%,是公司的实际控制人,在董事会中发挥了决定性的影响。独立董事的薪酬和任免也与其个人意志直接相关,这就使得独董难以在实质上保持独立性,导致"独董不独",见图10.3。

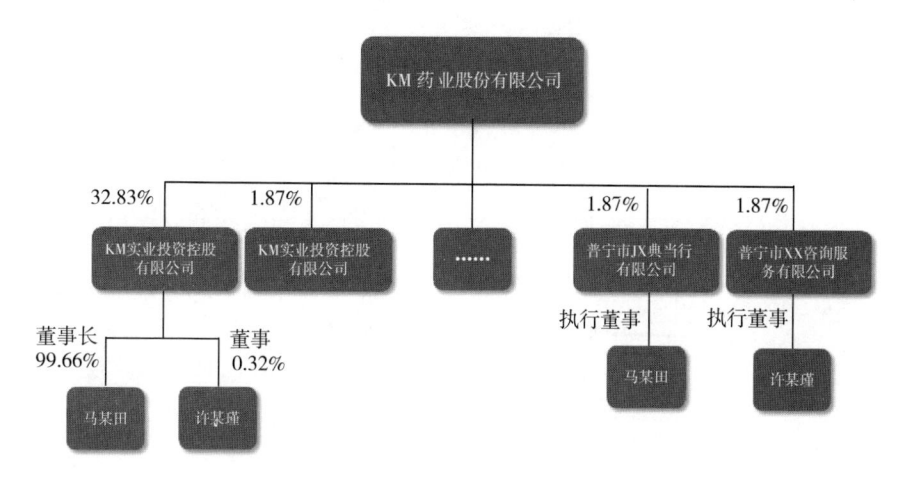

图 10.3　KM 药业股权架构图

（2）独董不懂

独立董事制度被视为解决股东与管理层之间代理问题的重要机制之一，而在本章中独董的投票行为较为消极，没有真正发挥监督作用。根据 KM2016—2018 年独董参加董事会情况统计可知（见图 10.4），财务造假发生的三年间，KM 药业共召开董事会 38 次，独董无缺席的情况，即均正常出席了董事会会议，但值得注意的是，独立董事从未对董事会提案出具否定意见（见图 10.5）。这说明 KM 的独立董事虽然履行了内部控制义务，但并未深入了解上市公司的经营状况，其监管呈现形式重于实质的特点，勤勉义务履行的程度难以判断。

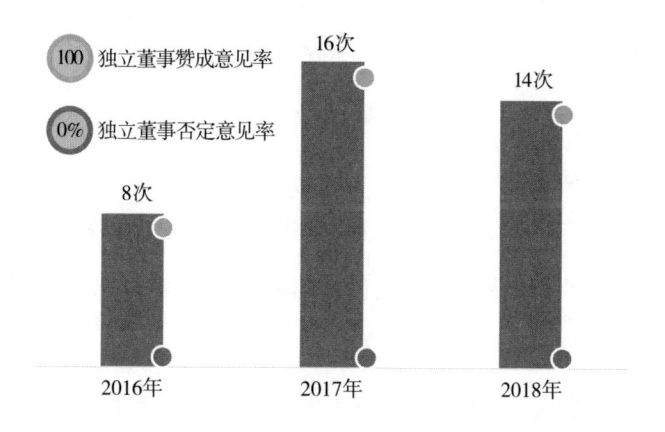

图 10.4　独立董事参会次数

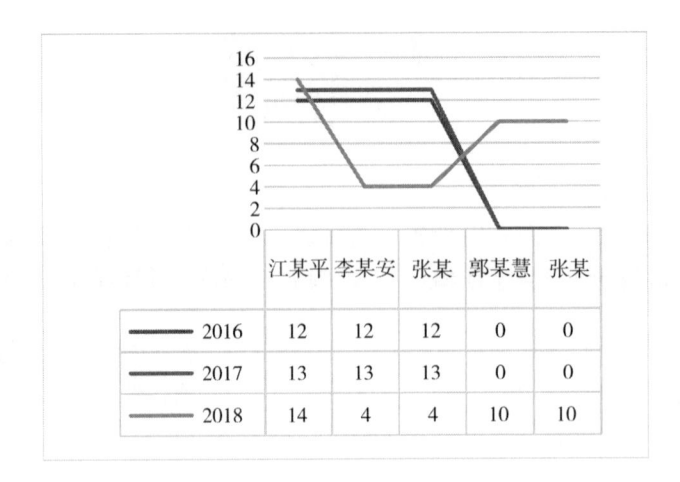

	江某平	李某安	张某	郭某慧	张某
2016	12	12	12	0	0
2017	13	13	13	0	0
2018	14	4	4	10	10

图 10.5 独立董事意见类型

（3）去伪存真，深度思考

KM 财务舞弊案反映出独立董事责任边界模糊，导致独董制度在防范公司违规方面的作用并不明显，因此准确界定独立董事职责是提升制度有效性的关键步骤。从制度的功能定位出发，厘清独立董事职责的两大关键目的分别是，维护中小股东权益与支持上市公司正常运转。

3. 玩忽职守未尽责——审计失败

审计责任是注册会计师执行审计业务、出具审计报告所应负的责任。注册会计师应遵循"诚信、客观和公正、独立性、专业胜任能力和应有的关注、保密、良好职业行为"六大原则。然而 ZZ 会计师事务所在审计过程中，却逐渐迷失初心，忘记作为独立第三方应履行的职能。

（1）审计独立性缺失

会计师事务所与某一审计客户长期存在业务关系，并委派同一名合伙人或员工执行某一审计客户的审计业务，将因密切关系和自身利益对独立性产生不利影响。ZZ 会计师事务所长期作为 KM 药业的审计受托方，从上市到 2018 年都在为 KM 药业提供审计服务。在此期间，审计业务由 ZZ 会计师事务所某几位注册会计师轮换承接完成，KM 药业会计主管人员一直为许某瑾和庄某清。随着双方多年业务往来，关系逐渐密切，注册会计师独立性逐步地被腐蚀，导致审计质量大幅下降。

（2）未保持谨慎性与勤勉尽责

ZZ会计师事务所对交易凭证、存货、函证回函的真实性、应收账款回款的准确性等已取得的明显异常或相互矛盾的证据未保持合理怀疑并采取进一步审计程序，从而导致发表的审计意见不恰当，应当承担审计责任。

（3）审计程序存在重大缺陷

风险识别与评估阶段，KM药业内部控制环境薄弱且董事凌驾于管理层之上，财务报表层面存在重大错报风险。同时，KM药业存在"存贷双高"明显、媒体质疑较多，且收入规模大、业务复杂、涉及关联方交易等问题。而ZZ会计师事务所2016年及2017年认定整体层面风险等级为中等，认定货币资金和营业收入不存在重大错报风险、不属于特别风险，该评估严重不符合中国注册会计师准则的规定。

控制测试与实质性程序阶段，货币资金科目与营业收入科目均存在重大缺陷（见图10.6），在检查、函证、分析等程序时未能完全按照注册会计师准则进行，为KM的造假行为提供"庇护伞"。

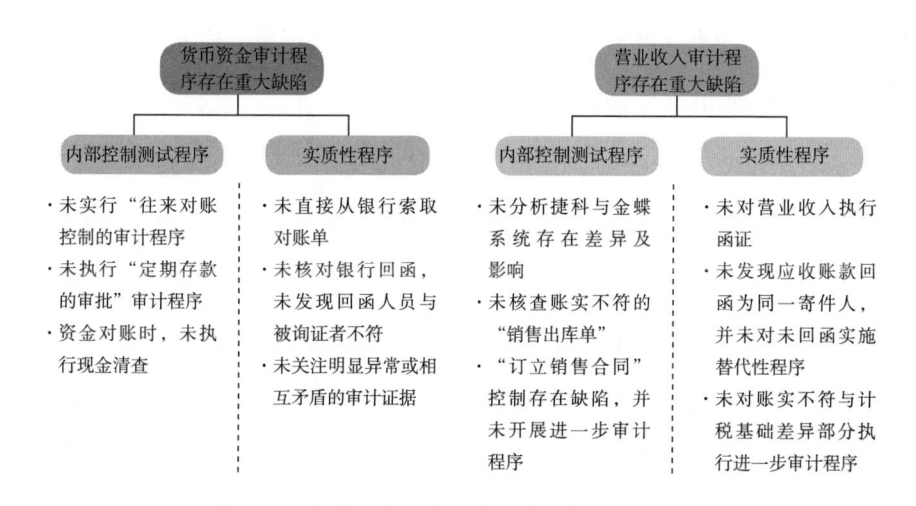

图10.6 控制测试与实质性程序存在的重大缺陷

通过上文的分析不难发现在本案例中会计与审计皆存在极大的问题，只有区分会计责任与审计责任，合理追责担责，才能规范企业和第三方机构行为。会计责任和审计责任由于其职业因素使得两者在目标上存在关联性，在业务上存在依赖性，导致两者难以理清关系。但可以从几个方面进行区分，见表10.4。

表10.4 会计责任与审计责任的区别

	会计责任	审计责任
责任内容	管理层在治理层的监督之下负责具体的财务报表编制，保证会计资料的真实性、合法性与完整性	注册会计师按审计准则的规定对财务报表发表审计意见，保证审计报告的真实性、合法性和公允性。
担责主体	被审计单位的治理层和管理层	会计师事务所和注册会计师
适用法律	《中华人民共和国会计法》	《中华人民共和国注册会计师法》、审计准则

（二）一败涂地："法""利"博弈倾天平

天下熙熙皆为利来，天下攘攘皆为利往。KM药业、独立董事和事务所皆是被"利"欲所蒙蔽，在"法""利"的博弈中失去理智，使正义的天平逐渐倾斜。其作茧自缚的行为不仅失去了"财利"与"名利"，也损害了社会"公利"，给资本市场和中小股东造成了不可估量的损失。

1.突破法理失财利——血本无归

近三年内，KM药业虚增货币资金近900亿元，对于这样劣迹斑斑的企业，证监会依据《中华人民共和国证券法》规定，采取了一系列处罚措施对KM药业及个人进行处罚。值得一提的是，KM药业的五名独立董事被判承担5%、10%不等的连带赔偿责任。在KM药业被曝出虚假陈述后，证监会调查责令ZZ会计师事务所进行改正，没收其审计业务所得并处以罚款，对审计项目组成员进行了罚款与警告，具体罚款金额见表10.5。

表 10.5　罚款具体金额

类型	姓名	罚款（万元）	职务
企业	KM 药业	60	企业
	马某田夫妇	90	董事长
	江某平	24 600	独立董事
	李某安	24 600	独立董事
	张某	24 600	独立董事
	郭某慧	12 300	独立董事
	张某	12 300	独立董事
事务所	ZZ 会计师事务所	4 275	事务所
	苏某	10	项目负责人
	杨某蔚	10	项目组成员
	张某璃	10	项目组成员
	刘某	3	项目组成员

2.罔顾法纪毁名利——名誉扫地

ZZ 会计师事务所被调查后，部分公司中止上市审查。而 ZZ 会计师事务所原本负责年报审计的一些上市公司，在当月也将 ZZ 会计师事务所换掉，聘请了其他会计师事务所进行审计。

2019 年有 50 多家客户与其"分手"，其中不乏合作长达 21 年的客户。与此同时，拥有注册会计师资质的 41 位员工离开，跳槽到其他事务所，ZZ 会计师事务所的信誉一落千丈。

广东省某市中级人民法院对 KM 药业原董事长、总经理马某田等 12 人操纵证券市场案公开宣判。而曾经作为药业神话的 KM 也面临破产重整的结局。无论是高管锒铛入狱还是公司破产都只能说明 KM 药业在这场"法""利"的博弈中输得彻底。对于 5 名独立董事，如果巨额赔偿不能按时到位，会被列入失信人名单，个人财产面临被拍卖的风险，生活会受到很大的限制。

3.漠视法律损公利——害人害己

财务欺诈具有很强的目的性，KM 药业的中小股东受到虚假财务信息的蒙蔽，做出错误性决策，KM药业无力偿还债务，最终遭受损失的只能是中小投资者。财务造假行为会让虚假的财务数据扰乱市场秩序，打击投资者的积极性，影响我国市场活力的激发与创造，虚假的财务数据造成了繁荣的假象，无法为管理部门提供真实有效的财务数据，不利于其对经济形势的准确判断和相应经济政策的正确制定。

万事万物都具有逐利性，但处于高速发展的法治社会，利益固然重要，道德法律的底线必须坚守。一个企业要有担当，一个企业家要有信仰才能不为利益所驱使，才能在"法""利"博弈中获得双赢。

三、慧眼：原因分析

慧眼探原因，首因归道德。

制度随其后，法律是核心。

（一）道德失格：忽于微末，疏于自省

人无德不立，业无德不兴，道德操守是一个人、一个企业安身立命的基本要素。而正是因为道德是最细微的东西，所以很容易被忽略，但往往细节决定成败，唯有时刻自省，才能坚守道德的底线。商业道德缺失是KM失败的原因之一。

1.公司管理层缺乏商业道德

商业道德的核心就是以诚为本、以利为义。商业道德缺失最根本原因是利益的驱动，KM药业管理层缺乏商业道德，为了满足新债还旧债、增发、配股及发行债券等对外筹资的条件，通过虚增收入、虚增固定资产等手段粉饰报表，打破了"法""利"天平。公司管理层道德素养薄弱，权利独大的马某田不考虑公司长远利益，将控制权集中至一人身上，从而使企业内部产生危机。在2000年至2016年期间，马某田参与了众多贿赂官员的案件，见表10.6。

表 10.6　马某田经查处行贿事件

时间	行贿对象	行贿金额	行贿原因
2000—2012 年	李某	人民币约 694 万元	发行股票、上市
2000—2014 年	万某良	港币 200 万元、人民币 60 万元	—
2004—2011 年	陈某平	港币 500 万元	—
2010—2011 年	蒋某平	港币 20 万元	招商引资
2014—2015 年	蔡某	港币 30 万元	一般缺陷

2. 注册会计师缺乏职业道德

ZZ 会计师事务所的失职是 KM 药业财务造假发生的外部原因。通过上文事务所存在的问题的分析，可知 ZZ 会计师事务所存在独立性缺失、未保持应有的关注与职业怀疑，以及审计程序存在缺陷。正是 ZZ 会计师事务所缺乏职业道德，未能有效地发挥独立第三方审计的监督作用，让 KM 药业财务造假被发现的可能性降低，给 KM 药业财务造假提供机会。

（二）制度失效：盗亦有道，道亦无道

各个企业有各个企业的准则和制度，而这种准则和制度如果设置得不合理很可能会适得其反。KM 正是由于企业内部制度的不规范，以及合作事务所对审计质量控制不严格的双重作用下最终走向覆灭。

1. 股权机制不合理

如图 10.7 所示，马某田夫妇合计持股比例 34.8%，第二大股东至第十大股东持股比例均低于 5%，并且第一大股东持股比例远超出九大股东持股比例之和。由此可见，马某田夫妇对 KM 药业拥有绝对的控制权，也进一步说明 KM 药业的股权结构不合理，股权相对集中，不利于股东之间相互制约，中小股东利益可能会因此受损。股权结构不合理会导致控股较高的董事造假时，很难被发现，其他

股东由于持股比例较低，很难对大股东的行为进行监督。KM实业有限公司长期位于第一大股东位置，而且身兼总经理职务，作为实际控制人的马某田权力得不到约束，为财务造假创造了空间。

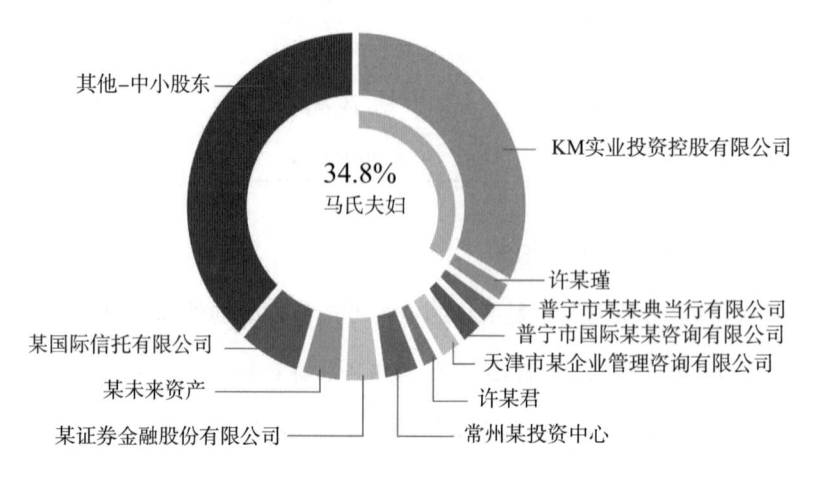

图 10.7　KM药业前十大股东

2.内部控制机制失效

制定科学有效的内部控制机制，对企业实现战略目标起着至关重要的作用。KM药业虽建立了内部控制，定期进行自我评估，并积极对外界公布企业内部控制的评估结果，由表10.7可知，2016年与2017年财务报告中明显存在巨大财务数据造假行为，但仍然认为企业内部控制有效、不存在重大缺陷，内部评估流于形式。另外，第一大股东在董事会中具有绝对话语权，独立董事薪酬、任免、考核等问题均受制于公司管理层。因此，独立董事往往受制于人，必定损害独立董事的独立性，难以维护中小股东利益。由此可见，KM药业内部控制未能有效执行，为财务造假行埋下隐患。

表 10.7　2015—2019 年 KM 药业内部控制的评价

评价期间	是否有效	是否存在缺陷	内部控制缺陷的类型	是否采取整改措施
2015	是	是	一般缺陷	是
2016	是	是	一般缺陷	是
2017	是	是	一般缺陷	是
2018	否	是	一般缺陷、重大缺陷	是
2019	否	是	一般缺陷、重大缺陷	是

3.事务所独立性保障机制失灵

KM 药业财务造假问题并非短期所致，而是长期积累而成。KM 药业上市至 2018 年末，连续聘任 ZZ 会计师事务所 19 年，本案例收集 2014 年至 2018 年 ZZ 会计师事务所为 KM 药业提供审计服务时收取的审计费用，KM 药业的审计费用逐年上升，在近 20 年的合作情谊及高昂的审计费用加持下，很难保证 ZZ 会计师事务所能够秉持独立客观的职业道德，为 KM 药业提供审计服务，见图 10.8。

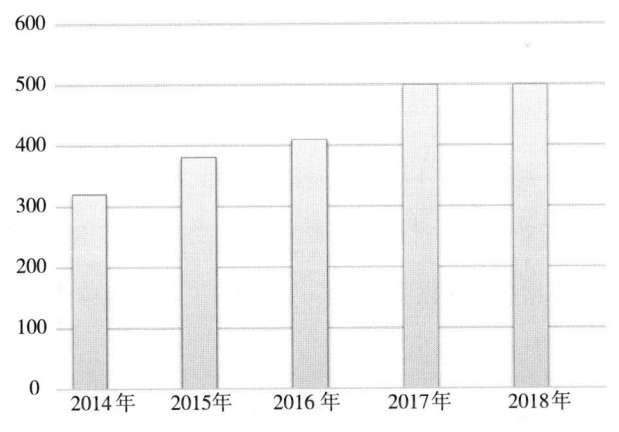

图 10.8　2014—2018 年 KM 药业付事务所审计费（单位：万元）

对于公司的财务数据，审计人员从未提出异议，直到 KM 药业被证监会点名，事务所才在 2018 年出具保留意见。事务所是否能够继续承接业务及其经济回报水平均受制于上市公司而非审计质量，当审计收费高于违反职业道德的成本时，逐年上涨的审计收费使得事务所向上市公司倾斜，独立性逐渐遭到破坏，滋生审计合谋的危险，ZZ会计师事务所未遵循职业道德准则中独立客观的要求，正是此次审计失败的关键原因。

（三）法律世界：恢恢法网，终有漏网

"法网恢恢，疏而不漏"，KM最终没能逃过法律的制裁，但背后的原因引人深思，法律法规存在漏洞，导致KM有了可乘之机；违法成本过低，使得财务造假者在"法""利"博弈中毫无顾忌。

1.法律法规不健全，界定不清晰

（1）轮换制度不完善

尽管中国注册会计师协会正在对《中国注册会计师职业道德守则》进行修订，包括轮换期及冷却期的细化规定，但该制度仅为行业内自律制度，该制度并非强制要求执行，因此仍有较多企业未遵循或遵循不严格，导致会计师事务所独立性缺失。

（2）法律界定不清晰

我国《公司法》界定了违背忠实义务的行为，但未提及勤勉义务的具体含义。法律中勤勉义务判断标准不明确，是独立董事无法有效规避问责风险的根源所在。对于独立董事来说，其对勤勉尽责的认知不足，缺乏具有强制力的行为制度及激励制度，最保险的方式做法为不作为，保证自己不触碰法律底线。

2.违法成本低，惩处力度小

2005年修订的《证券法》顶格罚款为60万元。2020年3月20日，我国出台的新证券法对原有证券法的原本条件进行了修改和扩充，将处罚金额调整为最高2000万元，但新证券法是否能够进一步约束企业的财务舞弊行为，还需要进一步的查验。见图10.9。

KM药业
- 年份：2016—2018年
- 虚增收入 291.28 亿元

东某某钰
- 年份：2016—2018
- 虚增收入 5.57 亿元

索某股份
- 年份：2016—2018
- 虚增收入 8.06 亿元
- 虚增利润 8.5 亿元

予以警告 责令改正

图 10.9　部分虚假信息披露上市公司违规成本介绍

企业造假者为了追逐利益，不断在造假收益和处罚成本之间进行权衡。证监会的处罚公告显示，KM 药业三年内虚增货币近 900 亿元，虚增利润 20 余亿元。证监会给予企业和相关人员的罚款共计 595 万元，同时，给予相关人员警告及禁入证券市场的措施，这与造假者得到的利益相比是微不足道的。财务造假预期收益远大于成本，已然成为上市公司造假的"永动机"。

四、法眼：解决策略

法眼提策略，补牢时未晚。

合力提素养，齐心消漏洞。

（一）道德先行：静以修身，俭以养德

习近平总书记指出"道德之于个人、之于社会，都具有基础性意义，做人做事第一位的是崇德修身"。企业家要做诚信守法的表率，带动全社会道德素质和

文明程度提升，恪守职业道德，书写正义之诗。

1. 加强对管理层诚信建设

应该提高管理人员的道德素质水平，引导一个由上及下的诚信经营的文化。在选拔高层人员时，要将个人的经营理念、道德素质方面纳入考核，在年度工作总结上对诚信道德维度进行打分，如有违背商业伦理等道德问题，及时对管理人员进行警告甚至辞退处理。建立全国性的"企业高管信用库"，将贿赂受罚的失信信息记录库中。

2. 强化企业道德文化建设

在制度上，企业应当把诚信经营文化纳入发展规划中，写进公司规章制度中，赋予企业职工举报内部违规行为的权利，切实保障"吹哨者"权利。在行动上，将道德课程纳入日常培训和考核中，开展相关宣讲会。此外，政府应起统筹发展的作用，坚持积极倡导与诚信经营并举。对表现突出的企业给予一定的奖励、荣誉称号、政策优惠等，导向上引导企业培养道德文化。

（二）制度约束：以道为常，以法为本

道可道，非常道。万事万物都有规律，企业的规律应顺应时代发展潮流，根据企业自身特点，建立符合企业的管理体系，才能做到无往不利，才能尽可能规避造假行为。

1.内部治理结构优化

有效的治理结构是促进企业健康发展的重要保障，而造成 KM 财务舞弊的主要原因是股权结构过于集中。想要做到优化上市公司内部治理结构，可以从三点出发，见图 10.10。

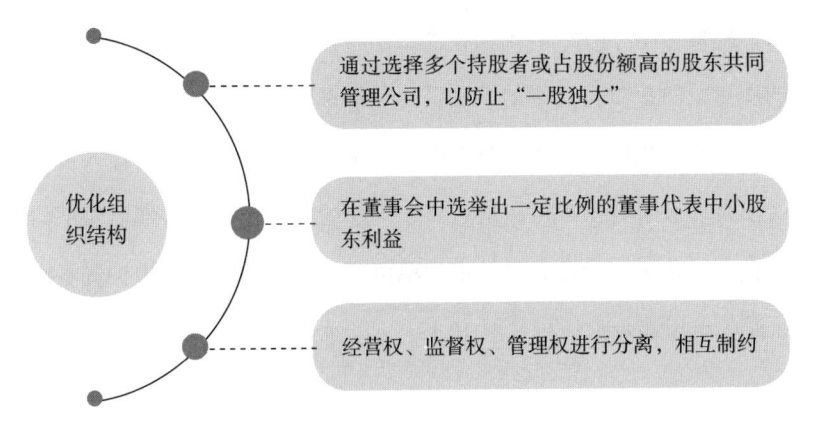

第十章 KM药业财务造假之"法""利"博弈

优化组织结构
- 通过选择多个持股者或占股份额高的股东共同管理公司，以防止"一股独大"
- 在董事会中选举出一定比例的董事代表中小股东利益
- 经营权、监督权、管理权进行分离，相互制约

图10.10 优化内部治理结构的措施

2.内部控制机制增效

KM药业内部控制机制运行无效，使得内部控制制度形同虚设，这为财务造假行为提供了机会。为建立有效的内部控制机制，KM药业需要围绕内部控制做以下工作，提高企业风险防范意识，激励独立董事实行监督权利，见图10.11。

提高沟通效率	•增加信息透明度，保障信息质量更具真实性
成立风险评估小组	•定期进行风险评估，识别潜在风险，给出规避风险的措施
建立全职独立董事制度	•独董薪酬与公司内部董事持平、吸纳优秀的专业人士任职
建立独立董事独立制度	•独立董事的薪酬与中小股东的股权所得收益实现同增同减

图10.11 完善内部控制的措施

3.独立性保障提质

通过上文分析可知，ZZ会计师事务所审计失败主要原因是审计机构独立性保障机制失灵。会计师事务所可以从以下两个方面提高审计独立性。第一，减少单一客户依赖。会计师事务所及合伙人应当避免从单一被审计单位收取的费用在自身收取费用总额中占比过大，会计师事务所及合伙人可以通过扩大高质量客户群

319

体的方式，降低对单一客户的依赖程度，同时，会计师事务所及合伙人应当规避有收费的项目，防止收费金额的不确定性导致舞弊行为发生。第二，建立避险机制自保。在工作过程中，由于来自被审计单位的压力和威胁，审计人员的独立性可能遭受损害，这时合伙人可以通过终止审计的方式或是向外部监管部门汇报等方式保全自身，并引起投资者对被审计单位风险事项的关注，维护资本市场稳定的同时，避免承担连带责任，见图10.12。

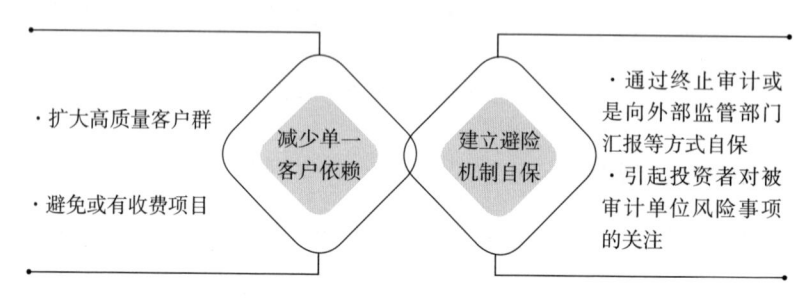

图10.12 独立性保障提质措施

（三）法律为本：不以规矩，不成方圆

习近平总书记指出："小智治事，中智治人，大智立法。治理一个国家、一个社会，关键是要立规矩、讲规矩、守规矩。法律是治国理政最大最重要的规矩。"推进法治体系建设，根本目的是依法保障企业、投资者和债权人权益，为经济高质量发展提供有效法治保障。

1.加大惩治力度

加大对财务造假者惩治力度。国家应该取消财务造假罚款的限额，避免造假者进行"投资收益分析"。加大对财务造假的刑事打击力度，根据财务造假所造成的损失制定相关定罪量刑的法律条文，可借鉴美国萨班斯法案，强化管理层对财务报告的责任。

加大对审计人员惩罚力度。应该加大对违法中介机构及其从业人员等的追责力度，对注册会计师实行终身责任，加大对敢以身试法的造假者的法律震撼，坚决维护资本市场秩序和保护投资者合法权益，见表10.8。

表10.8 加大惩治力度的对策

主体	对策
公司与个人	故意证券欺诈犯罪最高判处20年，犯有欺诈罪个人和公司罚金至高可达500万元和2 500万元
审计人员	加大对违法中介机构及其从业人员等追责力度，对注册会计师实行终身责任制，若违背审计道德行为则吊销执业证，终身不得从事相关行业

2.推行审计强制轮换制度

审计强制轮换制度可以避免注册会计师"日久生情"，防止会计师事务所的审计质量把控流于形式，专业判断和职业道德让位于客户关系。结合我国实践情况，建议适当延长至10年左右；同时，考虑特定行业（如金融、石油和天然气等行业）和企业规模等因素，按照事务所既往表现、审计质量等进行分类分级管理。

3.完善独立董事相关法律

细化问责机制，明确行为指引。进一步细化法律体系中对于独立董事勤勉义务的认定标准，针对独立董事勤勉评估细则以司法解释的形式进行补充完善，如根据兼职数量、专业程度等对独立董事进行评级划分，将不同级别的独立董事责任限定在有限范围内。同时，应该在法律中明确引入经营判断规则作为问责标准，在经营判断规则引入的实现路径上，可借鉴德国股份法，降低责任证明的标准。

构建合理的免责路径，强化履职保障。发挥独立董事责任险应有的作用，我国可以大力发展独立董事责任险，在保证不存在道德风险的前提下，针对不同行业的系统性风险与公司特点，明确承保范围，进一步细化独立董事职能，在独立董事责任险合同中明确具体的责任和任务，提高独立董事的权责匹配度，使独立董事在权利明确、责任保障的基础上发挥应有的效用。

五、总结与展望[①]

> 初心不可忘，正义需坚守。
>
> 宝剑磨砺出，扬帆启新航。

习近平总书记多次提及"国无德不兴，人无德不立"，要推进社会公德、职业道德和个人品德建设。KM药业为追逐利益，违背"服务全人类，用心经营健康"的初心，致使其深陷泥沼，重塑千亿帝国已是道阻且艰。依法诚信经营是企业立身之本，要追求长远发展，必须回归初心，坚守道德底线，切实履行企业社会责任，不忘初心，多措并举提升上市公司信息质量，实现可持续发展。事务所和独立董事要遵守职业道德，勤勉尽责，认真履行应尽义务，才能真正践行社会主义核心价值观，引领社会新发展。

事事有法可依、人人知法守法、各方依法办事。奉公守法是每个公民应当遵循的基本原则，注册会计师和独立董事作为公司管理的专业人士，必须坚定自身立场，诚信待人，依法办事，维护公众利益。相关部门各司其职，形成"正义之网"，才能让财务造假者无所遁形，推进中国特色社会主义事业不断向前发展，为实现中国梦铺平道路。

行稳方能致远，自律放得自在。各监管部门、政府部门和行业协会要时刻拧紧思想"总开关"，加大监管力度，规范市场秩序，企业要把稳经商"方向盘"，服从社会发展大局，适应市场规则，其他主体要上好自律"必修课"，摒弃侥幸心理，莫让"白袍点墨"，不使初心蒙尘，共同守护正义净土。

[①] 本案例分析研究由雷振华老师指导，研究人员有陈自航、饶心雨、孙慧涛、谭薇、全薇、彭篱村。

参考文献

[1] GENG Y, WANG X, JIANG P.Research on the construction of digital cement production line［C］. 2019 Chinese Control And Decision Conference（CCDC）.2019：3866-3872.

[2] KHOSHNAVA M, ROSTAMI R, IN R M, et al.Green efforts to link the economy and infrastructure strategies in the context of sustainable development［J］. Energy, 2020（193）：166759.

[3] 陈元顺.浅析中国水泥行业发展［J］.中国建材，2021（9）：122-124.

[4] 高旭东.推动水泥工业"两能融合"促进行业高质量发展［J］.中国水泥，2021（12）：12-15.

[5] 葛明磊，武亚军.产能过剩背景下国有企业战略变革过程中的主导逻辑研究——以山东青州中联"水泥+"一体化转型为例［J］.科学学与科学技术管理，2021（1）：146-160.

[6] 李叶青，韩前卫，甘玉蓉.环保战略结合碳交易对水泥行业可持续发展的实践［J］.中国管理会计，2019（4）：104-109.

[7] 罗雷，郭旸旸，李寅明，等.碳中和下水泥行业低碳发展技术路径及预测研究［J］.环境科学研究，2022（6）：1527-1537.

[8] 谢力，唐珍，邓学衷.制度优势、战略转型与财务质量——基于冀东水泥与海螺水泥的双案例研究［J］.财会通讯，2022（10）：108-114.

[9] 王法艇.以绿色发展为引领,推动企业高质量发展——以中材国际水泥窑协同处置城市生活垃圾和危弃物为例[J].国际工程与劳务,2021(7):34-38.

[10] 张琮.王岘水泥公司发展战略研究[D].兰州:兰州理工大学,2021.

[11] 何成辉,苏群.应用型本科院校学生能力培养途径的探讨[J].中国高教研究,2002(3):73-74.

[12] 李祖平.交通职业教育发展战略研究[M].武汉:武汉理工大学,2005.

[13] 盛文锋.广东A职业学院发展战略研究[D].成都:西南交通大学,2018.

[14] 廖宗久.A大学现代远程教育发展战略研究[D].南宁:广西大学,2016.

[15] 蔡源杰.A教育培训机构发展战略研究[D].南昌:南昌大学,2016.

[16] 屈晓娟,纪树东,王彦飞.低碳经济与制造业核心竞争力的耦合关系及其对策分析[J].当代化工,2013(9):1277-1279.

[17] 工信部公布13项建材行业标准制修订计划[J].江西建材,2022(5):12.

[18] 杨华江.公司战略和战略风险管理理论的演进研究[J].科学决策,2021(7):124-135.

[19] 邹方园.供给侧改革背景下制造业企业成本控制与销售策略分析[J].现代商业,2021(13):80-82.

[20] 孔颖."互联网+"背景下家电产品市场拓展路径选择——基于SEM模型展开[J].商业经济研究,2017(9):68-70.

[21] 颜星.机遇大于挑战建材行业稳增长存在诸多积极因素——专访中国建筑材料联合会常务副会长陈国庆[J].中国建材,2022(6):16-17.

[22] 章钰.基于技术创新的成本领先战略实施的案例研究[J].企业经济,2010(4):40-42.

[23] 周剑.基于市场竞争的企业成本领先战略研究[J].中国商贸,2011(17):52-53.

[24] 靳惠怡.建材行业绿色制造标杆遴选工作启动［J］.中国建材，2022（5）：37.

[25] 郭捷楠，韩冬阳，沈雪，等.建材行业智能矿山评价指标体系研究［J］.石材，2022（2）：1-7.

[26] 绿色建筑为新型建材业发展带来机遇［J］.混凝土，2013（3）：28.

[27] 熊斌，葛玉辉，陈真英.企业高层管理团队与中层管理者的互动研究述评——基于战略管理过程的视角［J］.工业技术经济，2012（8）：53-59.

[28] 万胤岳.企业信息化战略规划的分析框架模型［J］.山西财经大学学报，2022（44）：23-25.

[29] 李玉刚，胡君莲.企业战略形成过程的类型及受组织因素影响的实证研究［J］.南开管理评论，2007（1）：32-37.

[30] 王菲菲.让清洁能源产业成为推动高质量发展新引擎［N］.青海日报，2022-06-10（4）.

[31] 陆远权，赵婉莹，蒙媛.市场一体化、科技创新与产业结构升级［J/OL］.（2022-06-16）［2023-02-02］.https：//doi.org/10.16192/j.cnki.1003-2053.20220614.004.

[32] 赵宸宇.数字化转型对企业劳动力就业的影响研究［J/OL］.（2022-06-14）［2023-02-02］.https：//doi.org/10.16192/j.cnki.1003-2053.20220613.001.

[33] 李海刚.数字新基建、空间溢出与经济高质量发展［J］.经济问题探索，2022（6）：28-39.

[34] 罗雷，郭旸旸，李寅明，等.碳中和下水泥行业低碳发展技术路径及预测研究［J］.环境科学研究，2022（6）：1527-1537.

[35] 赵博，毕克新.我国制造业低碳突破性创新战略体系与战略组合研究［J］.求是学刊，2016（1）：72-79.

[36] 张卓.西门子长春分公司"数字化工厂"业务营销策略研究［D］.长春：

吉林大学, 2021.

[37] 徐二明, 肖建强. 战略管理研究的演进 [J]. 管理科学, 2021 (4): 101-114.

[38] 徐天舒, 李东. 右脑和左脑思维的互动: 超大型企业战略变革的内部合法化进程——基于苏宁电器集团十年战略 (2010-2020) 制定过程的案例研究 [J]. 南开管理评论, 2022 (1): 4-16.

[39] 石先梅. 制造业数字化转型的三重逻辑与路径探讨 [J]. 当代经济管理, 2022 (9): 1-11.

[40] 范黎波, 李德辉, 甘嵩. 中国制造业企业海外发展战略 [J]. 国际贸易, 2015 (10): 19-24.

[41] 周丽梅. 茶叶企业人力资源管理实践与创新绩效关系研究分析 [J]. 福建茶叶, 2017 (10): 311-312.

[42] 刘敏, 吉根宝, 王润贤. 基于供给侧视角的茶旅融合——培育茶旅产业的新优势 [J]. 中国茶叶, 2017 (10): 6-9.

[43] 侯彦双, 卢进, 龙丽红等. 铜仁茶进京"秀而不甲"之困——铜仁茶"梵净山"品牌系列建设之我见 [J]. 南方农业, 2017 (14): 69-70.

[44] 郑宝选. "互相网+"背景下, 铁观音市场营销战略研究 [J]. 山东工业技术, 2017 (18): 295+153.

[45] 王俊青. 从比较优势谈安顺茶产业的发展策略 [J]. 河南农业, 2016 (26): 8.

[46] 王芬. 茶叶企业信息管理质量的评价模式研究 [J]. 福建茶叶, 2017 (6): 28-29.

[47] 王俊红. 茶叶质量管理与安全控制体系的构建 [J]. 江西农业, 2017 (11): 118.

[48] 张玮玮. 新时期茶企业开展电子商务营销的基本构想和发展框架 [J]. 福建茶叶, 2016 (10): 52-53.

[49] 吴曼曼. 茶产业在新型体验经济时代中的发展策略研究 [J]. 福建茶叶, 2016（6）: 283-284.

[50] 周晓红. 经济新常态下的茶叶企业发展研究 [J]. 福建茶叶, 2016（6）: 83-84.

[51] 袁婧. "互联网+"下茶叶企业的发展策略研究 [J]. 广东茶业, 2016（3）: 22-25.

[52] 郑倩倩, 智淑敏. 数据挖掘在茶叶行业客户关系管理系统的应用研究 [J]. 福建茶叶, 2016（3）: 98-99.

[53] 连花. 浅析企业营销人员的流失问题——以Z茶业有限公司为例 [J]. 吉林省经济管理干部学院学报, 2015（6）: 23-24.

[54] 刘祯. 安化黑茶产业的国际化发展策略研究 [J]. 商场现代化, 2014（16）: 30-31.

[55] 汪超. 平利县绞股蓝茶叶渠道策略分析 [J]. 中小企业管理与科技（下旬刊）, 2012（4）: 63-64.

[56] 陈东灵, 郑振伟. 茶叶文化营销的策略分析 [J]. 中国茶叶加工, 2012（1）: 48-52.

[57] 伍锡岳. 以茶文化及现代营销理念打造广东茶品牌 [J]. 广东茶业, 2011（3）: 24-27.

[58] 陈朝辉. 福建茶叶日本市场4C营销策略 [J]. 福建质量管理, 2015（Z1）: 63-64.

[59] 陈明成. 重庆茶叶产业现状及对策分析 [J]. 南方农业, 2014（6）: 85-86.

[60] 陈杖洲. 以市场为导向 加快茶叶深加工步伐 [J]. 中国茶叶, 2013（5）: 20-21.

[61] 刘小马. 基于企业文化建设在企业管理中的重要性探究 [J]. 现代营销（经营版）, 2019（12）: 143-144.

[62] 夏国钦.探究企业文化在对企业管理中的战略定位[J].中外企业家,2019(32):123.

[63] 杨忠良.为企业持续健康发展提供强有力文化支撑[N].人民铁道,2019-11-04(2).

[64] 朱胜果.企业文化在企业管理中的作用分析[J].中国商论,2019(20):111-112.

[65] 孙晋亮.浅谈如何推进企业文化工作再上新台阶[N].淮北日报,2019-10-25(8).

[66] 薛珠.浅析战略人力资源管理与企业文化的内外部契合[J].现代营销(下旬),2019(11):186-187.

[67] 王清绪.企业人力资源管理中的薪酬管理创新探讨[J].中国商论,2019(21):116-117.

[68] 冯文.教育培训产业人力资源管理优化研究[D].福州:福建师范大学,2017.

[69] 赵文伟.基于终身学习理念的高职财经教育品牌建设[J].管理观察,2015(21):148-149.

[70] 徐芳燕,卓培杰.技术创新和技术引进对经济增长的差异性影响——基于东部地区动态面板数据SUR模型的实证[J].山东工商学院学报,2019(5):80-86.

[71] 单大明.浅谈教育培训机构的目标市场选择及市场定位[J].继续教育,2011(11):30-32.

[72] 孙茜.基于五力模型的中国团购网站品牌竞争力研究[D].大连:大连海事大学,2014.

[73] 高洁.中国上市银行品牌管理与竞争力提升研究[D].济南:山东大学,2011.

[74] 尹晓龙.Z公司ACCA培训项目营销策略研究[D].长春：吉林大学，2019.

[75] 张金良.基于核心竞争力的企业财务战略管理探究[J].全国流通经济，2019（22）：54-55.

[76] 钟明辰，姜昕.论企业财务战略管理与企业核心竞争力的提升[J].中外企业家，2019（13）：22.

[77] 樊永红.承担社会责任提升品牌美誉度[J].西部皮革，2010（15）：60-62.

[78] 赵欣苗，王玉磊.生鲜电商行业发展面临的问题及政策建议[J].中国经贸导刊，2020（20）：17-18.

[79] 王娜."新零售"背景下生鲜超市线上线下融合的可行性路径研究[J].农场经济管理，2020（8）：38-40.

[80] 张奕宁，吕柳.浅析商品流通企业的存货管理——以永辉超市为例[J].物流科技，2020（8）：49-53.

[81] 刘小更.连锁超市生鲜产品物流管理研究[J].全国流通经济，2020（22）：10-11.

[82] 尤文静，汪洋.连锁生鲜超市财务战略优化研究——以永辉超市为例[J].商场现代化，2020（11）：163-165.

[83] 张艺馨，张金辉，陈镜如.互联网下新老生鲜企业的发展研究——以永辉超市与盒马鲜生为例[J].全国流通经济，2020（15）：14-16.

[84] 陈维，张越，吴小勇.零售企业如何有效激励一线员工？——基于永辉超市的案例研究[J].中国人力资源开发，2017（7）：110-122.

[85] 翁文静，黄梦岚，孙丽丽，等.阿米巴经营模式下生鲜超市转型升级研究[J].对外经贸，2020（4）：98-100.

[86] 李志豪，万泽鑫.新零售背后商业变革的逻辑：效率裂变——以盒马鲜生及永辉超市为例[J].中国商论，2019（21）：1-2.

[87] 田馨竹.新零售背景下连锁生鲜超市的商业模式分析——以永辉超市为例[J].环渤海经济瞭望，2019（9）：72-74.

[88] 李文婷，胡北忠.供应链视角下永辉超市生鲜物流成本管理分析[J].企业科技与发展，2019（9）：252-253.

[89] 曹翠珍，张佳辰.永辉超市的盈利模式及财务评价研究[J].时代金融，2019（6）：78-79.

[90] 刘中艳，谭玲.国有中小型企业组织变革阻力分析及应对策略——以某军工企业为例[J].湖南工业大学学报（社会科学版），2014（6）：33-38.

[91] 叶凡，叶钦华，黄世忠.存货舞弊的识别与应对——基于康美药业的案例分析[J].财务与会计，2021（13）：48-52.

[92] 张丽君，冯丽丽，胡海川.财务舞弊动因及经济后果研究——以康美药业为例[J].商业会计，2021（22）：73-80.

[93] 王曙光，董洁.康美药业财务舞弊案例分析——基于审计失败的视角[J].财会通讯，2020（23）：116-120.

[94] 袁小平，刘光军，彭韶兵.会计差错与会计造假辨析——以康美药业为例[J].财会通讯，2020（11）：138-142.

[95] 黄世忠.康美药业财务造假延伸问题分析[J].财会月刊，2019（17）：3-6.

[96] 张敦力，王沁文."包庇"抑或"蒙蔽"——由上市公司财务欺诈反观独立董事问责之困[J].财会月刊，2022（4）：16-22.